TATORTE
Dresdner Kriminalfälle aus fünf Jahrzehnten

Thomas Schade
Karsten Schlinzig

Co-Autoren
Richard Blaha
Manfred Müller
Axel Merbitz
Karl-Heinz Sobierajski
Gert Weidig

IMPRESSUM

© edition Sächsische Zeitung
Saxo`Phon GmbH, Ostra-Allee 20, 01067 Dresden
Internet: editionsz.de

Satz und Gestaltung: Dresdner Verlagshaus Technik GmbH
Druck: Druckhaus Dresden GmbH

Alle Rechte vorbehalten | Februar 2005

Das Werk einschließlich aller seiner Teile ist urheberrechtlich geschützt. Jede Verwertung außerhalb
der engen Grenzen des Urheberrechtsgesetzes ist ohne Zustimmung unzulässig und strafbar.
Das gilt insbesondere für Vervielfältigungen, Übersetzungen, Mikroverfilmungen und die Einspeicherung
und Verarbeitung in elektronischen Systemen.

ISBN: 3-938325-08-9

INHALT

Vorwort	5
Flucht durch den Kamin	7
Die Frauenbeine auf der Müllkippe	19
112 Beutezüge, ein Strickmuster	28
Die Tote im Olbasee	38
Der Kinderschänder im Blaumann	48
Zwei betrügerische Mörder	59
Der verschlampte Schuh	67
Per Anhalter in den Tod	77
Der große Fischzug nach den Alu-Chips	90
Raub im Antlitz der Zehn Gebote	104
Erstochen vor der Haustür	117
Vergebliche Suche nach Felix	127

Ein falscher Hausfreund	146
Tödlicher Flirt am Polterabend	155
Der Tresor im Flur	165
Tod am Kauschaer See	175
Anschlag auf den „Club Alibi"	183
Der vermeintliche „Führer"-Mord	194
Drei Leichen auf zwei Sofas	203
„Die mussten weg"	220
Fotonachweis	231

VORWORT

Tatorte – was sind das eigentlich? Einfach nur x-beliebige Plätze auf dieser Welt, an denen sich irgendetwas ereignet? Trennt man die beiden Worte, die den Begriff bilden, so fällt auf den ersten Blick wenig auf. Jedes Wort für sich allein verströmt Neutralität. Und die schwindet erst mit den unterschiedlichsten „werthaltigen" Zusätzen: Der Mensch vollbringt nun mal gute oder böse Taten. Und die meisten von uns sind eben doch lieber an einem Erholungsort als an einem Unglücksort. Mit Urlaub verbinden wir Angenehmes, mit einem Unfall dagegen Leid oder gar Schrecken.

Auch in der Kombination miteinander verlieren die beiden so wertneutral anmutenden Worte ihre Harmlosigkeit. Und daran sind die Kriminalisten schuld. Vor Jahrzehnten schon prägten sie den Begriff negativ. Denn sie begannen, immer dann von Tatorten zu sprechen oder zu schreiben, wenn es um eingeschlagene Fenster, aufgebrochene Türen, misshandelte oder sogar getötete Menschen ging. So ist der Tatort heute zum Synonym für das Verbrechen schlechthin geworden. Ein Ort, an dem sich immer schon etwas Schlimmes ereignet hat. Ohne dieses Negativereignis gäbe es den Tatort nicht. Er nimmt also eine zentrale Rolle ein in jedem Kriminalfall. Eine der populärsten Serien des deutschen Fernsehens nennt sich wohl auch gerade deshalb „Tatort".

Dieser Platz ist vielfach der Ausgangspunkt kriminalistischer Arbeit. Am Tatort trafen Täter und Opfer aufeinander, am Tatort wurden Menschen geschädigt. Die Arbeit an diesem Platz entscheidet nicht selten über Erfolg oder Misserfolg polizeilicher Arbeit. Hier warten fast immer Spuren darauf, entdeckt zu werden, und hier muss der Kriminalist beweisen, ob er in der Lage ist, die Handschrift eines Einbrechers oder Mörders „zu lesen".

Auch der vorliegende Band trägt diesen Titel, weil er eine kleine Sammlung von Kriminalfällen aus fünf Jahrzehnten enthält. Alle ereigneten sich in Dresden oder in der näheren Umgebung und zeigen, wie nah Licht und Schatten polizeilicher Arbeit oft beieinander liegen. Über alle Fälle wurde mehr oder weniger berichtet, als sie sich ereigneten. Das Buch liefert Episoden und Details, für die auf den Zeitungsspalten damals kein Platz war und die vielleicht auch nicht unbedingt bekannt werden sollten.

Eine Gruppe von Kriminalisten kramte deshalb tief in den Erinnerungen, wälzte noch einmal alte Akten oder ließ sich bereitwillig interviewen. Einige Fälle sind bereits in der ersten Geschichte der Dresdner Polizei (Pflicht und Hingabe, 150 Jahre Polizeigeschichte Dresden) zu finden. Alle wurden überarbeitet. Gedankt sei an dieser Stelle den Archiven des Dresdner Polizeipräsidiums und der Dresdner Staatsanwaltschaft sowie dem Sächsischen Hauptstaatsarchiv für die freundliche Unterstützung. Die Anerkennung gilt allen ehrenamtlichen Autoren, die in ihrem bisherigen Kriminalistenleben immer nur Ermittlungsberichte oder Aktenvermerke schrieben und über den „Schreibkram" fluchten. Sie lieferten ein ausgezeichnetes Material ab.

Thomas Schade

FLUCHT DURCH DEN KAMIN

Dresdens bekannter Fleischermeister Renz muss nach Kriegsende sterben, weil ein 17-Jähriger etwas zu essen suchte.

Von Karl-Heinz Sobierajski

Nach den schweren Bombenangriffen vom 13. und 14. Februar 1945 ist die Dresdner Innenstadt ein Trümmerfeld. Mit unsäglichen Mühen machen die Einwohner in den Wochen und Monaten danach wichtige Magistralen wieder befahrbar. Rechts und links stehen die Ruinen mit brandgeschwärzten Fassaden. Hinter geborstenen Fenstern schauen die Menschen in die gähnende Leere. Wie Höhlen wirken die verlassenen Wohnungen. Kaum ein Haus in der Innenstadt ist bewohnbar. Die ausgebrannten Häuserfluchten bieten ein trostloses Bild.

Mai 1945: Das Ruinengrundstück Wilsdruffer Straße Ecke Wallstraße am Postplatz. Gähnende schwarze Löcher.

Nach dem Zusammenbruch regt sich im Frühjahr 1946 schon wieder Leben in der Stadt. Die Dresdner und viele Flüchtlinge in der Stadt versuchen einen Neubeginn und bringen das städtische Leben wieder in Gang. Auch der Fleischermeister Otto Renz hat an der Wallstraße Ecke Wilsdruffer Straße seine Fleischerei wieder eröffnet – in einer Ruine. Die Menschen arbeiten hart und müssen auch essen. Renz ist seit vielen Jahren für gute Ware bekannt und hat regen Zulauf, trotz Rationierung und Lebensmittelmarken. Und es kommt natürlich auch ungebetene Kundschaft – vor allem nachts, wenn keiner im Laden steht und Wurst und Fleisch verkauft. Hunger und Existenzangst gehen um in Dresden und mit ihnen auch Diebe und Plünderer.

Mehrmals brechen Unbekannte in der Fleischerei ein. Otto Renz wird aufgefordert, sein Geschäft vor solchen unliebsamen nächtlichen Besuchen besser zu schützen. Auch für Renz sind die nächtlichen Einbrüche wirtschaftlich nicht tragbar. So entschließt er sich, gemeinsam mit seinem Sohn und einem Bekannten, immer im Wechsel nachts das Geschäft zu bewachen. Dazu trifft er Vorkehrungen, die das Eindringen in die Räume der Fleischerei erschweren. Sie sollen den Bewachern ungebetene Eindringlinge schon ankündigen, bevor diese die Fleischerei betreten. So legt Renz gemeinsam mit seinem Sohn eine Blechplatte vor die hintere Eingangstür. Nähern sich Einbrecher über die Mauer, so müssen sie auf diese Platte springen und das verursacht in der Ruine einen heftigen Lärm.

Der Tatort: die Fleischerei Otto Renz. Seit vielen Jahren bekannt für gute Waren.

Derart gerüstet, beginnen die drei im Wechsel ihrer Wache in der Fleischerei. In der Nacht vom 8. zum 9. Mai 1946 ist Fleischermeister Renz selbst an der Reihe. Er nutzt die Zeit, um einige Arbeiten zu erledigen, die sich im Laufe der Zeit angesammelt hatten, und er bereitet sein Geschäft für den nächsten Tag vor.

Etwa gegen 23 Uhr hört er ein Geräusch. Es klingt so, als sei jemand vorsichtig auf die Blechplatte gesprungen, die vor der hinteren Eingangstür liegt. Renz unterbricht seine Arbeit und lauscht. Nichts rührt sich, doch dann, als er gerade weitermachen will, hört er erneut ein Geräusch. Renz lauscht wieder. Nun hört er tatsächlich, dass eine Person durch die Räume der Ruine schleicht. Er nimmt den Knüppel, den er sich zur Verteidigung zurechtgemacht hat. Leise öffnet er die Tür zum Vorraum und steht plötzlich vor einem unbekannten Mann. Der leuchtet ihm mit einer Taschenlampe ins Gesicht. Beide haben diese Begegnung nicht erwartet und sind überrascht. Stumm und starr stehen sie sich einige Schrecksekunden lang gegenüber. Otto Renz kann als Erster reagieren und schlägt mit seinem Knüppel zu. Er trifft den Arm des Eindringlings. Es ist ein junger Bursche. Die Taschenlampe fliegt durch die Luft und fällt irgendwo zu Boden. Das Licht geht aus. Renz holt zum nächsten Schlag aus, doch der junge Mann reagiert blitzschnell, geht in die Hocke und der Knüppel saust gegen einen Eisenträger. Bei dem Schlag verliert Renz seinen Knüppel. Der Stock fällt zu Boden, dem Eindringling genau vor die Füße. Der junge Bursche greift schnell zu und ehe sich Renz schützen kann, trifft ihn der erste Schlag am Kopf. Der Fleischermeister stürzt und der Einbrecher schlägt wieder und wieder zu. Renz liegt am Boden, krümmt sich und ruft laut um Hilfe. Doch

Erschlagen: So findet die Polizei den Fleischermeister Otto Renz am Morgen des 9. Mai 1945. Neben dem Toten liegt noch die Tatwaffe, ein Knüppel.

der Bursche schlägt weiter auf ihn ein und hört erst auf, als der Fleischermeister verstummt und reglos am Boden liegt.

Plötzlich wird dem jungen Einbrecher wohl bewusst, dass er Furchtbares angerichtet hat. Er hört, dass Leute kommen. Sie haben offenbar die Hilferufe des Fleischermeisters in den fensterlosen Ruinen gehört. Schon wird an der verschlossenen eisernen Ladentür gerüttelt und gerufen. Den Einbrecher packt die Angst. Er will zur Wallstraße hin fliehen. Doch an dieser Tür ist keine Klinke. So wendet er sich der Kellertreppe zu. Er rennt in den Keller und sieht sich nach einem Versteck um. Sein Blick fällt auf die Kaminöffnung, er schaut hinein und erkennt, dass es für ihn die einzige Versteckmöglichkeit ist. Schnell hat er den Ruß aus der Kaminöffnung geworfen und steigt dann in die Öffnung hinein. Im Kamin sind keine Steigeisen, aber die Angst treibt ihn vorwärts. Er arbeitet sich nach oben. Immer den Rücken und Hände und Füße gegen die Wände gestemmt. So gelangt er bis in die vierte Etage des Hauses. Hier klemmt er sich in dem 50 x 50 Zentimeter breiten Kaminschacht fest und verbringt den Rest der Nacht in dieser unbequemen Lage.

Erst am Morgen des 9. Mai steigt er bis zum Dach nach oben und verbirgt sich dort zwischen dem Schornstein und einer Wand. In den Vormittagsstunden, als es in der Ruine ruhig geworden ist, steigt er in die 3. Etage hinunter. Er schaut nach allen Seiten und beobachtet, dass Polizisten rund um die Ruine Posten bezogen haben. Sie haben einen Ring um die Fleischerei gezogen. Trotzdem wagt er es, die Ruine zu verlassen. Mit einem verkohlten Balken auf der Schulter gibt er sich als Bauarbeiter aus und geht an einem Polizeiposten vorbei. So verlässt er das Ruinengrundstück in Richtung Scheffelstraße.

Der Schutzmann Schreier vom 6. Polizeirevier hat in jener Nacht vom 8. zum 9. Mai Streifendienst. Die Wilsdruffer Straße und die Wallstraße gehören zu seinem Abschnitt. Gegen 23.15 Uhr läuft er gerade auf der Wallstraße. Er ist es, der aus der Ruine die Hilferufe des Fleischermeisters Renz hört. Sofort verständigt er einen Kollegen auf dem Postplatz, und gemeinsam durchsuchen sie die Ruine, in der die Hilferufe inzwischen verstummt sind. Hinter der schweren Ladentür, die zu den Räumen der Fleischerei Renz führt, hören sie Geräusche. Die Polizisten rufen und rütteln an der Tür, erhalten aber keine Antwort. Die Geräusche verstummen und die Uniformierten ahnen, dass etwas geschehen sein könnte. Sie wissen von den ständigen Einbrüchen in der Fleischerei. Auch von seinen Selbstschutzmaßnahmen hatte Otto Renz die Polizei informiert.

Mit einer herumliegenden Eisenstange brechen sie schließlich die hintere Eingangstür auf und finden den Fleischermeister. Er liegt in einer Blutlache. Jede Hilfe kommt zu spät. Sie verständigen das 6. Polizeirevier. Gegen 1 Uhr trifft die Mordkommission am Tatort ein. Schutzmann Schreier schildert, was er erlebt hat und wie der Fleischermeister gefunden wurde. Er berichtet auch über die Schritte, die er nach den Hilferufen gehört hatte. Diese Geräusche kamen aus der Ruine und entfernten sich in Richtung Wilsdruffer Straße. „Ich bin mir sicher", sagt er, „es waren zwei Personen, die über den Rand einer Mauer sahen. Als sie mich gesehen haben, sind sie wieder in der Ruine verschwunden. Das Einzige, was ich zu den Personen sagen kann, ist, dass sie Sportmützen auf den Köpfen hatten."

Die Kriminalisten leiten nach den Schilderungen des Schutzmannes sofort eine örtliche Fahndung nach den beiden Personen mit den Sportmützen ein. Auch alle Krankenhäuser und Ärzte werden verständigt. Sie erfahren, dass Personen auftauchen könnten mit Verletzungen, die von einem Kampf stammen. Sie seien sofort der Polizei zu melden.

Die Fährtenhunde der Polizei überleben das Kriegsende. Im Mai 1946 arbeiten sie am Tatort in der Fleischerei Renz.

Eine Taschenlampenbatterie führt die Kriminalisten auf die Spur des Mörders.

Während dieser Fahndung nimmt der Schutzmann Köbe vom 16. Polizeirevier schon wenige Stunden später einen Mann vorläufig fest. Er wird der Mordkommission vorgeführt. Doch die Kripo entlässt den Verdächtigen noch am gleichen Tag, da sich sein Alibi bestätigt, das er angegeben hatte. Die Polizisten entschuldigen sich sogar bei dem Mann für den Irrtum.

Die Mordkommission ruft schließlich die erforderlichen Spezialisten der Spurensicherung zur Fleischerei, einen Arzt, den Fährtenhundeführer und ein Bestattungsunternehmen. Sie beginnen, den Tatort systematisch zu untersuchen. Die Taschenlampe des Einbrechers, die ihm der Fleischer aus der Hand geschlagen hatte, wird gefunden. Sie wird sofort nach Fingerspuren untersucht, aber ohne Erfolg. Dafür finden die Spezialisten auf der Batterie der Taschenlampe einen Hinweis: „Posteigentum" ist da aufgedruckt. Sofort wird ein Kriminalist zum nahe gelegenen Fernmeldeamt auf der Marienstraße 12 geschickt. Er soll ermitteln, woher die Lampe stammt. Die Mitarbeiter stellen fest, dass die Taschenlampe tatsächlich zum Bestand des Fernmeldeamtes gehören könnte.

Bei der Befragung der Mitarbeiter des Amtes wird außerdem bekannt, dass am 8. Mai ein Mann namens Horst S. etwa gegen 23 Uhr seinen Dienst beendet hatte, aber in den Morgenstunden des 9. Mai nicht zum Dienst erschienen ist. Die Mordkommission ordnet sofort eine Überprüfung der Wohnung des S. an. Er wohnt noch bei seiner Mutter. Doch Horst S. ist bisher nicht in der Wohnung erschienen. Die Kripo entschließt sich, die Wohnung zu überwachen.

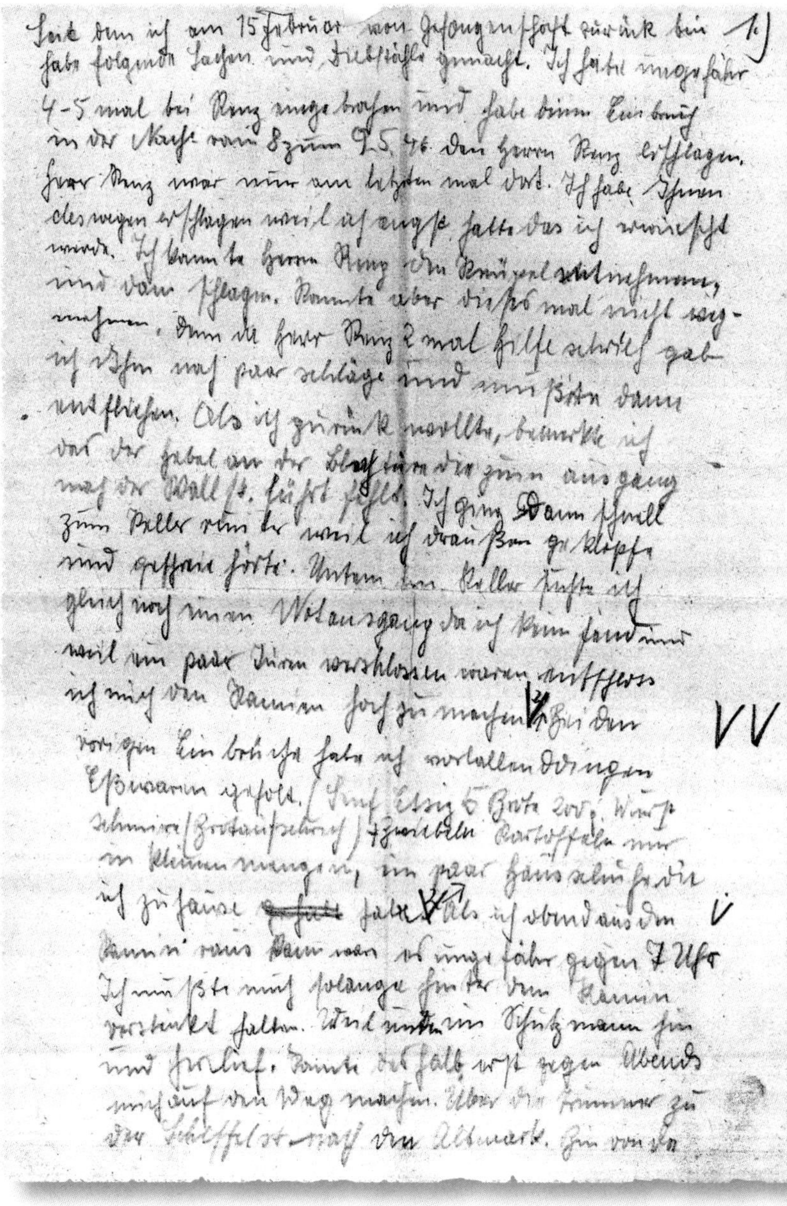

Seit dem ich am 15 Februar von Gefangenschaft zurück bin 1.)
habe folgende Sachen und Diebstähle gemacht. Ich habe ungefähr
4–5 mal bei Rung eingebrochen und habe beim Einbruch
in der Nacht vom 8 zum 9.5.46. den Herrn Rung erschlagen.
Herr Rung war nur am letzten mal dort. Ich habe Ihnen
deswegen erschlagen weil ich angst hatte das ich erwischt
werde. Ich konnte Herrn Rung den Knüppel [illegible]
und dann schlagen. Konnte aber diesesmal nicht wegnehmen. Denn da Herr Rung 2 mal Hilfe schrie gab
ich Ihm noch paar schläge und musste dann
entfliehen. Als ich zurück wollte, bemerkte ich
das der Gabel an der [illegible] zum Ausgang
nach der Wall st. führt fehlt. Ich ging dann schnell
zum Keller runter weil ich draußen geklopfe
und geschrei hörte. Unten im Keller suchte ich
gleich nach einem Notausgang da ich kein fand und
weil ein paar Türen verschlossen waren entschloss
ich mich den Kamin hoch zu machen. Bei den VV
vorigen Einbrüche habe ich vor allen Dingen
Esswaren geholt. (Senf Essig 5 [illegible] Wurst
schmiere (Brotaufstrich) + Zwiebeln Kartoffeln nur
in kleinen mengen, ein paar Hausschuhe die
ich zu hause [illegible] hatte. Als ich abends aus dem V
Kamin raus kam war es ungefähr gegen 7 Uhr
Ich musste mich solange hinter dem Kamin
versteckt halten. Weil unten ein Schutzmann ging
und herlief. Konnte deshalb erst gegen Abends
mich auf den Weg machen. Über die Trümmer zu
der Schifferst. nach dem Altmarkt. Ein von da

Das handschriftliche Geständnis des 18-jährigen Horst S.

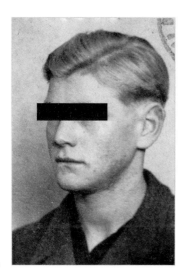

Der 17-jährige Täter Horst S.

Am 9. Mai gegen 19 Uhr, knapp 24 Stunden nach der Tat, löst der Schutzmann Fiolka seinen Kollegen bei der Wohnungsüberwachung ab. Er rechnet mit einer langen Nacht und richtet sich in der Wohnung ein. Gegen 19.30 Uhr hat es sich Fiolka gerade mit einer Zeitung bequem gemacht. Da wird die Wohnungstür aufgeschlossen und ein vollkommen mit Ruß verschmierter junger Mann tritt herein. Als der Bursche den Schutzmann sieht, erschrickt er furchtbar. Auf die Idee, zu fliehen, kommt er gar nicht. Schutzmann Fiolka reagiert schnell, lässt seine Zeitung fallen, springt vom Stuhl auf und greift nach seiner Dienstwaffe. Dabei sieht er den jungen Mann an und sagt: „Ich nehme Sie vorläufig fest wegen des Verdachtes, dass Sie den Fleischermeister Renz erschlagen haben."

Der junge Mann mit dem rußverschmierten Gesicht bricht völlig in sich zusammen und lässt sich ohne Widerstand zum Polizeirevier bringen. Von dort bringt die so genannte Alarmgruppe den mutmaßlichen Täter zur Mordkommission. Während dieser Zeit erholt sich Horst S. offenbar von seinem Schreck. Denn während seiner ersten Vernehmung bestreitet er den Mord. Erst als das Gutachten des Daktyloskopen zu den Fingerspuren vorliegt, haben die Mitarbeiter der Mordkommission ein wichtiges Indiz in der Hand und können den Verdächtigen unter Druck setzen. Das Gutachten weist nach, dass die an einer Scherbe am Fenster der Kellertür gesicherte Fingerspur von Horst S. stammt. Er hatte einen Abdruck seines linken Daumens hinterlassen. Der junge Mann gibt nun auch zu, am Tatort gewesen zu sein. Den Mord bestreitet er aber nach wie vor.

„Es stimmt, ich bin in der Fleischerei gewesen. Ich hatte Hunger und wollte mir etwas zu essen holen. Als ich in die Ruine ging, kamen zwei Männer, ich kenne nur die Spitznamen „Kater" und „Stiebitz" – so sprachen sie sich an", erzählt er der Polizei. Die beiden hätten ihn gefragt, ob er sich in der Fleischerei auskenne und ihnen den Weg zeigen würde. „Sie gingen mit mir mit, als wir dann vor Herrn Renz standen, haben sie ihm den Knüppel weggenommen und damit auf ihn eingeschlagen", sagt Horst S. seinen Vernehmern. Dann seien sie ausgerissen. „Ich auch, denn ich hatte Angst. Die zwei sind mit einem Motorrad weggefahren", gibt der junge Mann zu Protokoll. Gesehen habe er das Motorrad nicht, aber gehört, vermutlich seien „Kater" und „Stiebitz" in Richtung Hauptbahnhof gefahren. „Hast Du Dir wenigstens das Kennzeichen gemerkt?", fragt einer der Kriminalisten. „Nein, ich habe ja das Motorrad gar nicht gesehen, sondern nur gehört", antwortet der Verdächtige. Da Horst S. die beiden recht gut beschreiben kann, wird eine Fahndung nach „Kater" und „Stiebitz" eingeleitet.

Am 11. Mai, zwei Tage nach dem Mord, versucht die Polizei, das nächtliche Geschehen am Tatort zu rekonstruieren. Der Verdächtige ist dabei. Er hat zugegeben, schon einige Einbrüche in der Fleischerei begangen zu haben. „Ums Essen" sei es dabei immer nur gegangen. Auch zum Frühstück sei er ab und zu in der Fleischerei gewesen. Es gab Wurstbrühe und Brot. Deshalb kannte sich Horst S. bei Otto Renz recht gut aus. Und er wusste auch genau, wann es sich lohnte, der Fleischerei außerhalb der Öffnungszeiten einen Besuch abzustatten. Was Horst S. nicht geahnt hatte: Dass Otto Renz nachts Wache schob in seiner Fleischerei.

Während der Rekonstruktion des Geschehens verwickelt sich Horst S. in Widersprüche und erzählt Dinge, die so nicht passiert sein konnten. Deshalb kommen die Kriminalisten immer mehr zu der Überzeugung, dass der junge Mann die Tat alleine begangen hat. Und das sagen sie ihm schließlich sehr deutlich. Noch während der Rekonstruktion am Tatort bricht Horst S. zusammen und gibt zu, dass er den Fleischermeister mit dem Knüppel geschlagen hat. Sein Motiv: Er hatte Angst, als Einbrecher bei der Polizei zu landen.

Später legt er in der Dienststelle ein umfassendes schriftliches Geständnis ab. „Seit ich am 15. Februar von Gefangenschaft zurück bin, habe ich folgende Sachen und Diebstähle gemacht. Ich habe vier- bis fünfmal bei Renz eingebrochen und habe beim Einbruch in der Nacht vom 8. zum 9. Mai 1946 den Herrn Renz erschlagen. Herr Renz war nur am letzten Mal dort. Ich habe ihn deswegen erschlagen, weil ich Angst hatte, dass ich erwischt werde. Ich konnte Herrn Renz den Knüppel wegnehmen und dann schlagen. ...Da der Herr Renz zweimal Hilfe schrie, gab ich ihm noch paar Schläge und musste dann fliehen. Als ich zurück wollte, bemerkte ich, dass der Hebel an der Stahltür, die nach der Wallstraße führte, fehlt. Ich ging dann schnell zum Keller runter, weil ich draußen Geklopfe und Geschrei hörte..."

Am 17. Mai. 1946 nach dem Geständnis, erscheint in der Zeitung die folgende Meldung:

Mitteilung der Polizei

Dresdens bekanntester Fleischermeister, Renz Otto, von Einbrecher erschlagen.
In der Nacht vom 8. zum 9. Mai 1946 wurde in den Räumen des Fleischwarengeschäftes am Postplatz der Besitzer Otto Renz erschlagen. Durch kriminalpolizeiliche Erhebungen gelang es der Mordkommission Dresden, 20 Stunden nach der Tatzeit, in Verbindung mit Fahndungsmaßnahmen, den Täter zu ermitteln und festzunehmen. Der Täter ist der noch nicht 18 Jahre alte Horst S. aus Dresden.
S. hat durch Beweisführung seine Tat und fünf Einbrüche gestanden.

Kriminalamt Dresden
gez. Bergmann

Am 25. Mai 1946 wird Haftbefehl gegen Horst S. erlassen. Seit 9. Mai sitzt er bereits in Untersuchungshaft.

Noch ehe sie ihre Ermittlungen abschließen, vernehmen Kriminalisten der Mordkommission auch die Mutter des 17-Jährigen. „Mein Sohn ist kein schlechter Mensch. Die schlechten Zeiten und der ständige Hunger haben ihn dazu gebracht, die Einbrüche zu begehen. Er ist nie mit seiner Ration ausgekommen, er hatte immer Hunger", sagte sie der Polizei. Die Kripo erfährt auch, dass es Horst S. nicht leicht hatte in seiner Kindheit. Sowohl er als auch seine Mutter wurden vom Vater geschlagen. Der Vater war Alkoholiker und nutzte jeden kleinen Anlass, um Frau und Kind zu prügeln. Als Horst S. vier Jahre alt war, 1933, hatte sich die Mutter scheiden lassen. Fortan erzog sie ihren Sohn allein. Schon mit sieben Jahren musste Horst bei einem Schmied arbeiten. Dort erlitt er einen schweren Unfall mit Verbrennungen. Die Verletzungen behinderten ihn noch immer.

Später vor Gericht bereut Horst S. seine Tat. Die Richter berücksichtigen seine schwierige Kindheit, auch seine traumatischen Erlebnisse durch den Krieg. Sie verurteilen ihn zu einer Freiheitsstrafe von sechs Jahren.

DIE FRAUENBEINE AUF DER MÜLLKIPPE

Der Mord an Käthe Stiehler und ihrem Sohn 1946. Eine Arbeitskollegin gerät unter Verdacht. Die Täterin zerstückelte die Leichen, verschenkte das Fleisch an Freunde und Bekannte.

Von Karsten Schlinzig

Hedwig Wurm braucht unbedingt ein neues Ofenknie. Zu kaufen gibt es natürlich keines im Dezember 1946. Was liegt also näher, als sich in den Trümmergrundstücken von Dresden eines zu suchen? So läuft Frau Wurm von ihrer Wohnung in der Görlitzer Straße 32 in Richtung Alaunplatz und hofft, dort in den Trümmern ein Ofenknie zu finden. In der Nähe der ehemaligen Exerzierhalle auf dem Alaunplatz bemerkt sie auffallend viele Krähen auf einem der Schutthaufen. Sie schaut nach und findet an dieser Stelle ein aufgerissenes Paket. Der Inhalt versetzt ihr einen furchtbaren Schreck: Es sind zwei Beine eines Menschen! Hedwig Wurm läuft zum nächsten Polizeirevier und berichtet von ihrem Fund. Es ist der 17. Dezember 1946.

Am Alaunplatz lag ein Frauenbein auf der Müllkippe.

An diesem Tag beginnt für die noch junge Mordkommission der Dresdner Kriminalpolizei ihr bis dahin schwierigster Fall. Zuerst stellen die Kriminalisten fest, dass es sich bei den Beinen um die Ober- und Unterschenkel einer Frau handelt. Eingewickelt sind sie in ein paar Zeitungsseiten der „Täglichen Rundschau" vom 2. August und vom 20. September 1946. Als besonderes Merkmal finden die Ermittler einen grünen Tintenfleck auf dem Zeitungspapier. Das Papier mit dem Tintenfleck wird als Beweis sichergestellt und auch ein paar blonde Haare, die noch an den Beinen haften. Alle Polizeidienststellen Dresdens und in der Umgebung werden informiert. Die Frage lautet etwas makaber: Zu welcher Frau gehören diese Beine? Alle auf dem Alaunplatz stehenden Wohnwagen werden systematisch überprüft. Verdächtige Personen müssen zur Kriminalpolizei kommen. In allen Häusern der anliegenden Straßen werden die Bewohner befragt, doch all das führt zu keiner Spur. In den Polizeirevieren bleibt auch die Überprüfung aller Vermisstenanzeigen der letzten Tage ohne Ergebnis.

Am 19. Dezember 1946 meldet in einem Polizeirevier eine Frau namens Hertha Grundig, dass sie ihre Schwester und deren Sohn seit dem 11. Dezember vermisst. Steht das Verschwinden der Frau in Verbindung mit den Leichenteilen? Vielleicht eine erste Spur. Im Pathologischen Institut stellt ein Arzt gemeinsam mit Hertha Grundig fest, dass es sich bei dem grausigen Fund zweifelsfrei um die Beine von Hertha Grundigs Schwester handelt. Die Leichenteile gehören zu Käthe Stiehler, 40 Jahre alt und Mutter des neun Jahre alten Jungen Karl-Heinz Stiehler. Auch er wird vermisst. Hertha Grundig erfährt die grausame Wahrheit: Ihre Schwester wurde höchstwahrscheinlich ermordet und zerstückelt. Außerdem bleibt die bange Frage: Was ist mit dem Jungen geschehen? Lebt er oder ist auch er tot?

Da von Käthe Stiehlers Leiche nur die Beine gefunden werden und der Körper fehlt, hegen die Männer der Kripo einen schlimmen Verdacht: Wurde hier mit Menschenfleisch gehandelt? Im Dezember 1946 kein völlig abwegiger Gedanke. Razzien in ganz Dresden sind die Folge. Die Polizei überprüft „zweifelhafte Lokale" und den Schwarzmarkt. Hunderte Polizisten sind tagelang im Einsatz, finden aber keine Hinweise. Natürlich untersuchen die Kriminalisten auch Käthe Stiehlers Wohnung in der Großenhainer Straße 106. Ihre Schwester Hertha Grundig stellt fest, dass in der Wohnung Kleidung und Wertsachen des Opfers fehlen. Aber das Schloss an der Wohnungstür weist keinerlei Beschädigungen auf. Die Tür musste mit dem Originalschlüssel geöffnet worden sein. Die Kriminaltechniker sichern aber fremde Fingerspuren in den Zimmern. Die Befragung der Hausbewohner bringt interessante Erkenntnisse und führt schließlich zu einer ersten Spur: Eine Nachbarin hatte Käthe Stiehler am 11. Dezember gesehen, als sie am Nachmittag mit ihrem Sohn das Haus verließ. Und Paul Grohmann, der Mieter, der in der Wohnung unter Käthe Stiehler lebt, hat zwei bis drei Tage nach ihrem Verschwinden abends gegen 21 Uhr Geräusche in der Wohnung über ihm gehört. Zuerst hatte er angenommen, die Stiehler sei aus der Stadt zurückgekehrt. Die Nachbarn erzählen den Männern der Mordkommission außerdem, dass Frau Stiehler seit einigen Monaten schon mit einer Frau Kontakt hatte. Sie komme sehr oft und sei ihre Arbeitskollegin bei der Firma Fleischhacker. Die verarbeitet keineswegs Fleisch, sondern montiert Elektrogeräte.

Was liegt näher, als die Ermittlungen am Arbeitsplatz des Opfers fortzusetzen. Wie viele andere Frauen saß auch Käthe Stiehler bei Fleischhacker in der Montage. Die Kolleginnen erzählen, dass die Käthe in der letzten Zeit sehr viel mit Frieda Lehmann zusammen war. Außerdem erfährt die Mordkommission, dass die Frieda einige Tage vor dem 11. Dezember bei der Käthe genächtigt habe. Und die Kriminalisten machen in der Firma noch eine wichtige Entdeckung: Fleischhacker verwendet grüne Tusche. Sie nehmen Proben zur kriminaltechnischen Untersuchung mit. Das Ergebnis überrascht sie wenig: Die Proben sind identisch mit der Tusche auf dem Zeitungspapier, in dem die Leichenteile eingewickelt waren. Nun ist die Spur heiß!

Tatort Talstraße 6 in Dresden: Hier wohnt Frieda Lehmann, die Arbeitskollegin von Käthe Stiehler.

Die Mordkommission fährt zur Talstraße 6, wo Frieda Lehmann wohnt. Sie ist über den Besuch der Kripo nicht sonderlich überrascht, sagt aber, sie wisse nichts über den Verbleib ihrer Freundin Käthe. Trotzdem muss Frieda Lehmann mit ins Kriminalamt kommen – zur Vernehmung. Die Durchsuchung ihrer Hinterhauswohnung fördert zahlreiche Gegenstände und belastende Spuren zu Tage. Die Kriminaltechniker finden reichlich Arbeit. Auch hier entdecken sie Zeitungspapier mit grünen Tuscheflecken. Sie stellen Kleidungsstücke sicher, Wäsche und andere Sachen. Die Schwester des Opfers wird sie später als Eigentum von Käthe Stiehler identifizieren. Auf dem Fußboden und an der Gardine der Wohnküche finden die Kriminalisten Blutspritzer. Im Ofen liegen sogar noch die Reste eines verbrannten menschlichen Fingers. Es wird eng für Frieda Lehmann.

Auch andere Mieter des Hinterhauses können der Mordkommission weiterhelfen. Elfriede Opitz, die Mieterin unter Frieda Lehmann, berichtet: Sie habe am 11. Dezember in der Wohnung einen Schlag gehört, so, als ob jemand auf den Boden gefallen sei. Daraufhin sei sie nach oben gegangen. Und weil Frieda Lehmanns Tür zur Wohnküche nicht verschlossen war, sei sie eingetreten, um nachzusehen, ob Frieda gestürzt sei. Doch die Zeugin sah eine andere Frau auf dem Boden liegen. Und Frieda Lehmann habe sie nur zurückgedrängt und gesagt: „Gehen sie Frau Opitz, die Frau hat nur Krämpfe". Daraufhin sei sie wieder in ihre Wohnung gegangen, erzählt die Zeugin. Einzelheiten konnte sie nicht erkennen. Es herrschte gerade Stromsperre, und in Friedas Wohnküche brannte an diesem Abend nur eine Kerze auf dem Tisch.

Die Männer der Mordkommission sind sich nun sicher: Frieda Lehmanns Wohnküche muss der Tatort sein. Sie mussten der Frau nur noch richtig auf den Zahn fühlen. Aber bei ihrer ersten Vernehmung am 27. Dezember 1946 leugnet Frieda Lehmann hartnäckig. Die Kripo hält ihr erdrückende Beweise vor. Doch die verdächtige Frau bestreitet, etwas mit dem Verschwinden von Käthe Stiehler zu tun zu haben.

Zumindest erfahren die Kriminalisten, wer diese Frieda Lehmann, geborene Weigelt, eigentlich ist. Die 34-Jährige stammt aus Schlesien, ihr Vater war Tagelöhner auf einem Rittergut. Sie war in einer großen Familie mit acht Geschwistern, fünf Mädchen und drei Jungen, aufgewachsen. Nach der Volksschule wird sie Landarbeiterin. 1933 macht sie sich auf den Weg nach Dresden. Gerade mal 21-jährig arbeitet sie in verschiedenen Gaststätten als Küchenhilfe, später, bis 1937, auch in einem Fleischereibetrieb. 1942 heiratet sie Fritz Lehmann, einen Soldaten von der Ostfront. Ihr Glück währt nur kurz, denn 1943 wird Fritz in Russland vermisst. So lebt Frieda Lehmann wie tausende Kriegswitwen allein und schlägt sich in der kleinen Wohnung im Hinterhaus des Grundstücks Talstraße 6 durchs Leben.

Ob es die weihnachtliche Stimmung war, die bei Frieda Lehmann einen Stimmungswandel ausgelöst hatte, das werden die Kripo-Leute nie erfahren. Aber am 28. Dezember legt sie überraschend ein Geständnis ab. Ihr Bruder Ernst habe den Mord begangen, sagt sie und schildert in der Folge, was sich zugetragen haben soll. Während Käthe und ihr Sohn zu Besuch in ihrer Wohnung waren, habe Ernst ganz unerwartet zu einem Küchenmesser gegriffen und zugestochen. Allein habe ihr Bruder die beiden getötet und zerteilt. Sie habe ihm dann geholfen, die Leichenteile in Pakete zu verpacken, sagt Frieda Lehmann. Gemeinsam hätten sie dann die einzelnen Pakete in einigen Trümmergrundstücken abgelegt. Einige hätten sie auch in die Elbe geworfen.

Soll die Mordkommission ihr glauben? Die Frage lautet nun: Wo ist Friedas Bruder Ernst Weigelt? Ein Fernschreiben geht an die Kripo in Hildesheim. Dort soll er wohnen. Die Antwort kommt schnell und überraschend. Die Hildesheimer Polizei teilt mit, dass Ernst Weigelt seit 1940 „im Felde" vermisst wird. Die Dresdner Mordkommission erfährt aber aus Hildesheim: Frieda Lehmann hat noch einen weiteren Bruder und der wurde gleich festgenommen. Es handelt sich um Konrad Weigelt, geboren am 11. September 1927. Konrad Weigelt räumt ein, mehrmals in Dresden bei seiner Schwester zu Besuch gewesen zu sein. Für den 11. Dezember hat er jedoch ein wasserdichtes Alibi in Hildesheim. Frieda Lehmanns vermeintlicher Mittäter fällt aus.

Die Wohnung der Doppelmörderin: Zugestochen unterm Weihnachtskranz.

Nun schweigt die 34-Jährige erst einmal wieder. Und die Kriminalisten können nur versuchen, möglichst viele Indizien zu finden, um Frieda Lehmann des Mordes zu überführen. Zudem steht die Mordkommission noch immer vor der Frage: Wo sind die anderen Leichenteile? Einige Mitarbeiter ermitteln nun unter der Verwandtschaft und im Bekanntenkreis der Verdächtigen. Der Kriminalbeamte John bekommt die Aufgabe, ausgehend von der Talstraße 6 nach weiteren Leichenteilen zu suchen. Ausgerechnet am 31. Dezember, dem Silvestertag, findet er nach intensiver Suche an der ehemaligen Exerzierhalle Kamenzer Straße/Ecke Bischofsweg einen Knabenrumpf. Es ist die Leiche von Käthes Sohn Karl-Heinz. Doch Kopf, Arme und Beine des Jungen fehlen. Am 9. Januar entdeckt dann der 52-jährige Max Hennig in einem Grundstück an der Stollestraße/Forststraße ein in Zeitungspapier eingewickeltes Paket. Er nähert sich und findet den Rumpf einer Frau. Zwei Tage später werden in einem Geröllhaufen unter der Bahnunterführung am Riesaer Platz in zwei Säcken die Köpfe von Käthe und Karl-Heinz Stiehler gefunden. Nun kann auch die gerichtsmedizinische Untersuchung zur Todesursache durchgeführt werden.

Auch die Mordkommission kommt ein Stück voran. Sie erfährt, dass Frieda Lehmann am 18. Dezember ihrer Schwester Gertrud Weigelt in Staßfurt ein Paket mit Tischdecken, Schürzen, Wäsche und Bettwäsche geschickt hatte. Die Gegenstände werden in Staßfurt beschlagnahmt, und Hertha Grundig identifiziert bald schon auch diese Sachen als das Eigentum ihrer Schwester. In der Folge findet die Mordkommission ebenfalls heraus, dass Frieda Lehmann auch an ihre Schwester Rosel Schütze in Albersrieth in der Oberpfalz ein Paket geschickt hat. Zum Inhalt gehörte auch Kinderspielzeug für ihren Neffen Heinz Schütze. Wie sich bald zeigt, stammte das Spielzeug von Karl-Heinz Stiehler.

So sammelt die Mordkommission mehr und mehr Indizien, die Frieda Lehmann erdrückend belasten. Doch ein endgültiger Beweis fehlt. Und die Verdächtige erzählt immer neue Varianten des Geschehens. Nur in einem Punkt sagt sie immer das Gleiche: Sie habe die Morde nicht begangen. Die Staatsanwaltschaft erhebt dennoch Anfang Februar 1947 Anklage gegen sie, und es beginnt der Prozess vor dem Dresdner Landgericht. Am 10. Februar 1947 meldet sich Frieda Lehmann aus der Untersuchungshaftanstalt Proschübelstraße bei der Mordkommission und will wieder mal ein Geständnis ablegen. Diesmal erzählt sie, dass ein gewisser Paul Krüger die Morde in ihrer Wohnung begangen habe. Sie habe den Mann im September über ihre Freundin Käthe Stiehler kennen gelernt. Am 11. Dezember wären Käthe und Karl-Heinz bei ihr zu Besuch gewesen. Der Paul Krüger sei hinzugekommen. Als sie in der Küche war, um Wasser aufzusetzen, sei im Wohnzimmer auf einmal Ruhe gewesen. Sie hätte ein Stöhnen gehört, wäre ins Wohnzimmer gegangen und hätte Käthe Stiehler mit „Blut besudelt" gefunden. Was danach passierte, habe sie schon am 28. Dezember ausgesagt: Zusammen mit Krüger habe sie die Leichen zerstückelt und dann in Paketen verteilt. Neu ist diesmal nur: Krüger habe sie gezwungen, ihm zu helfen.

Wieder beginnen die Kriminalisten zu suchen, ob es einen Paul Krüger gibt, und ob er mit den Morden etwas zu tun hat. Alle Angaben, die Frieda Lehmann über den Krüger macht, halten einer Überprüfung nicht stand. Die Suche verliert sich im Nichts. Der Mann bleibt ein Phantom und die Kriminalisten gelangen zu der Überzeugung: Krüger ist eine Erfindung der Mörderin.

Die Kriminalpolizei konfrontiert die verdächtige Frieda Lehmann mit den Leichenteilen.

Sie sollten Recht behalten. In der Gerichtsverhandlung legt Frieda Lehmann schließlich doch ein umfassendes Geständnis ab. Der Gedanke an den Mord sei bei ihr erstmals einige Tage vor dem 11. Dezember erwacht. Da hatte sie bei Käthe Stiehler übernachtet und in deren Wohnung einige Kleidungsstücke und Wertsachen gesehen. Dinge, die sie haben wollte. Sie lud daraufhin ihre Arbeitskollegin und deren Sohn in ihre Wohnung in der Talstraße ein, unter dem Vorwand, sie wolle Käthes Sohn Karl-Heinz ein Weihnachtsgeschenk machen. Vor der Bescherung schickte die Gastgeberin den Jungen ins Wohnzimmer. Während Käthe Stiehler ahnungslos auf einem Stuhl in der Küche saß, stieß ihr Frieda Lehmann plötzlich das bereit gelegte Fleischermesser in den Hals. Tödlich verletzt brach Käthe Stiehler sofort zusammen. Den Sturz hatte der im Nachbarzimmer wartende Karl-

Die Opfer: Käthe Stiehler und ihr Sohn Karlheinz.

Heinz wohl gehört. Denn der Junge kam heraus und eilte zu seiner Mutter. Sie habe den Jungen gepackt und versucht, ihn zu erwürgen, sagt die Angeklagte vor Gericht. Das sei ihr aber nicht gelungen. Deshalb habe sie auch das Kind mit dem Messer erstochen. Das Mordwerkzeug stammte aus der Fleischfabrik, in der die Lehmann gearbeitet hatte.

Nach der Tat hat Frieda Lehmann die Leichen zerstückelt. Sie trennte Köpfe, Arme und Beine von den Rümpfen. In Pakete zusammengeschnürt brachte sie die Körperteile schließlich unauffällig aus dem Haus und legte sie in verschiedene Trümmergrundstücke in der Dresdner Neustadt ab. Kleinere Knochenteile verbrannte sie im Ofen. Doch das war nicht alles. Frieda Lehmann gestand auch: Sie habe Fleisch von den Leichen abgetrennt und an Hausbewohner und Bekannte verschenkt. Die hätten das Fleisch verzehrt.

Einen Tag nach dem Doppelmord ist Frieda Lehmann in die Wohnung ihrer Arbeitskollegin gegangen, um zu plündern. Sie holte Kleidungsstücke, Wäsche, kleinere Möbelstücke, Haushaltgegenstände und Wertsachen, die sie bei Bekannten unterstellte oder ihren Verwandten schickte.

Frieda Lehmann wurde am 7. Februar 1947 zum Tode verurteilt und am 26. Juli 1947 in Dresden hingerichtet.

112 BEUTEZÜGE, EIN STRICKMUSTER

Wie der Serieneinbrecher Robert Döring 1949 und 1950 Sachsen verunsicherte. Bis zu sechs Einbrüche schaffte er in einer Nacht.

Von Karl-Heinz Sobierajski

Es ist der 13. März 1950. Ein schöner Frühlingstag geht zu Ende. Da steigt in Radebeul-Ost bei Dresden ein Mann in die Kleinbahn, die durch den Lößnitzgrund und über Moritzburg nach Radeburg fährt. Der Mann ist unauffällig gekleidet: dunkle Jacke und Hose, ein dunkler Hut und dunkle Schuhe. Etwas auffällig ist nur sein Schaltuch. Er trägt es so um den Hals, dass die Enden lose über das dunkle Jackett fallen. Die alte Aktentasche, die er trägt, hat auch schon bessere Tage gesehen. Der Unbekannte macht es sich bequem im Abendzug nach Radeburg, schaut eher gelangweilt aus dem Fenster und scheint die vorbeiziehende Landschaft zu genießen.

Kleinbahn-Haltepunkt Friedewald bei Dresden: Am Abend studiert Robert Döring den Fahrplan für seine Flucht, dann macht er sich auf den Weg ins Dorf.

Ehe die Bahn den Dippelsdorfer Teich erreicht, hält sie in Friedewald. Dort steigt der Mann aus. Mit einer Zigarette im Mundwinkel geht er zum Fahrplan und studiert ihn aufmerksam. Offenbar interessieren ihn die Rückfahrzeiten. Ohne Eile verlässt er den Bahnhof und läuft zum Ortseingang. Dort wirft er noch mal einen kurzen Blick auf das Ortseingangsschild und nickt zufrieden mit dem Kopf. Ganz so, als habe er sich nur vergewissert, dass er auch im richtigen Dorf ist. Gemütlich schlendert der Unbekannte durch den Ort. Wer genauer hinschaut, kann feststellen, dass er eigentlich kein bestimmtes Ziel hat und dennoch aufmerksam die Bauernhöfe und Häuser entlang der Hauptstraße mustert. Sein Spaziergang endet an einer abseits von der Straße stehenden Bauhütte. Jetzt sieht er sich aufmerksam nach allen Seiten um und untersucht die Tür. Mit einem kurzen, kräftigen Ruck an der Klinke bricht der Fremde sie auf. Noch einmal schaut er sich kurz um. Dann verschwindet er in der Hütte. Die Tür bleibt einen Spalt offen. So kann das letzte Tageslicht ins Innere fallen. Der Mann öffnet seine Aktentasche und packt ein Paar Schuhe aus. Es sind so genannte Igelitschuhe, wie sie in den Nachkriegsjahren noch lange getragen werden. Ohne Eile wechselt er seine Schuhe und wartet dann auf die Dunkelheit. Als es endlich Nacht wird öffnet er vorsichtig die Tür und späht hinaus. Kein Mensch ist auf der Straße. Im Schutze der hereinbrechenden Nacht läuft der Fremde den gleichen Weg durchs Dorf zurück, auf dem er einige Stunden zuvor gekommen war.

Der verräterische Abdruck des Igelitschuhs (rechts) und das Original (links).

Vor einem Bauernhof bleibt er schließlich stehen und schaut wieder nach allen Seiten. In dem Haus brennt kein Licht mehr. Dennoch lauscht der Fremde, ob sich drinnen noch jemand zu schaffen macht. Alles ist still. Mit beiden Händen greift der Mann nach dem Gartentor. Es folgt ein kurzer, kräftiger Ruck und die Gartentür ist aus den Angeln gehoben. Vorsichtig stellt er sie am Zaun ab. Wie ein Wolf auf Beutezug vergewissert sich der Fremde, dass ihn keiner beobachtet und verschwindet im Garten vor dem Bauernhaus. Mit seiner abgedunkelten Taschenlampe leuchtet er in die Fenster des Erdgeschosses. Vor einem bleibt er stehen. Aber noch ehe er aus seiner Tasche etwas herausholen kann, wird es laut im Haus. Im Obergeschoss wird ein Fenster geöffnet. Ein Mann steckt seinen Kopf heraus. „He, was machen Sie da, raus aus meinem Garten?!", ruft er. Es kommt keine Antwort. „Einbrecher, Diebe, Hilfe – mach, dass Du fortkommst!", ruft der Hausbewohner erneut, nun aber noch lauter, und es schwingt auch Angst in seiner Stimme. Dann wird das Fenster wieder geschlossen.

Der Fremde hat sich im Garten ganz fest an die Hauswand gedrückt und wartet gespannt. Aber nichts geschieht. Keiner reagiert auf den Hilferuf. Das Dorf schläft. Vorsichtig rückt der Mann von der Hauswand ab, schaut noch einmal zu dem Fenster im Obergeschoss, und verlässt leise und schnell den Garten. Auf der Straße schlendert er weiter in Richtung Bahnhof – ganz so, als sei nichts passiert.

An einem der nächsten Grundstücke macht er erneut Halt, prüft, ob die Luft rein ist und schleicht sich auf die gleiche Weise wie vorher durch den Vorgarten ans Haus. Wieder sucht er mit der abgedunkelten Taschenlampe die Erdgeschossfenster ab und bleibt schließlich stehen. Alles ist ruhig. Vorsichtig nimmt der Fremde die Blumentöpfe vom Fensterbrett und stellt sie auf die Erde. Danach kramt er aus seiner Aktentasche ein Werkzeug hervor. In Höhe des Fensterwirbels sticht er damit in den Kittfalz, der die Scheibe im Fensterrahmen hält. Das Glas springt. Der Bruch ist kaum zu hören. Er wartet einen Moment. Als sich nichts rührt, drückt er mit seinem Werkzeug noch einmal zwischen Rahmen und Scheibe. Ein dreieckiger Scherben entsteht. Geschützt durch Handschuhe entfernt der Einbrecher den Splitter und wirbelt das Fenster von innen auf. Es ist ein geübter Schwung, mit dem der Fremde kaum hörbar durchs Fenster ins Zimmer springt. Zielstrebig geht er zum guten Wohnzimmerbüfett und durchstöbert den Schrank. Doch was er sucht, ist nicht da.

Nun lockt ihn das Nachbarzimmer. Aber die Tür dorthin ist verschlossen. Der Einbrecher findet ein Wiegemesser. Vorsichtig bricht er die Tür auf und steht in einem Arbeitszimmer mit Schreibtisch. Geschickt knackt er dessen Türen und Fächer und findet endlich das, was ihn nach Friedewald getrieben hat: eine Brieftasche mit Bargeld. Er steckt die Scheine ein und auch den Schmuck, den er auch im Zimmer findet. Auf dem selben Weg, auf dem er gekommen war, und auf ebenso leisen Sohlen verlässt der Einbrecher das Haus. Noch ist kein Mensch auf der Straße. Doch bald dämmert der Morgen.

Abgebrüht cool und routiniert hatte der Fremde seinen nächtlichen Einbruch durchgezogen. Doch später soll sich zeigen, dass der professionelle

Räuber reichlich nervös war. Er rauchte einige Zigaretten in dieser Zeit. Wohl um sich zu beruhigen und sicher auch, um mit der Zigarettenglut zu leuchten beim Durchwühlen der Schränke und Schubfächer. Die Taschenlampe war ihm wohl zu hell. Einwohner hätten den Schein der Lampe von der Straße aus sehen können. Doch in dieser Nacht bemerkt ihn keiner.

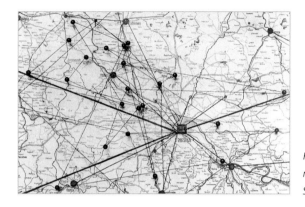

Karte des Bezirkes Dresden mit den Tatorten des Serieneinbrechers.

An diesem Morgen, dem 14. März 1950, ist die Welt für den Fremden noch in Ordnung. Gemächlich läuft er zurück zum Bahnhof Friedewald. Dort setzt er sich auf eine Bank und zündet sich erneut eine Zigarette an. Außer ihm ist kein Mensch auf dem Bahnsteig. In aller Ruhe wechselt er wieder seine Schuhe und verstaut die Igelitschuhe in der Aktentasche. Als es langsam hell wird, erwacht auch das Leben auf dem kleinen Bahnhof. Viele Arbeiter wollen mit dem Frühzug nach Radebeul oder Dresden. Die meisten aus dem Ort kennen sich. Keiner beachtet den Mann mit der zerschlissenen Aktentasche, der genüsslich raucht. Mit allen anderen Fahrgästen steigt er in den Frühzug nach Radebeul, sucht sich eine Ecke, in der er allein ist und genießt auf der Rückfahrt den Tagesanbruch im romantischen Lößnitzgrund.

Für den Fremden sind Reisen wie diese längst Routine. Schon seit Oktober 1949 ist er kreuz und quer durch Sachsen unterwegs. Seine Fahrten haben ihn bereits durch die Kreise Dresden, Oschatz, Pirna, Großenhain, Kamenz, Freiberg, Döbeln und Dippoldiswalde geführt. Und nach jeder dieser Reisen stellen irgendwo im Lande Leute erschrocken fest, dass bei ihnen in der Nacht eingebrochen worden ist. Immer laufen die nächtlichen Beutezüge nach dem gleichen Strickmuster ab. Fast überall findet die Polizei am nächsten Morgen vor den Fenstern die gleichen charakteristischen Fußabdrücke mit dem Muster, das einem Tannenzweig ähnelt. Bald glauben weder die ausgeraubten Familien noch die Polizei an einen Zufall. Der Einbrecher kann offenbar überall zuschlagen. Schon seit Wochen wird deshalb landesweit fieberhaft nach Sachsens schlimmstem Serieneinbrecher jener Zeit gesucht. Vor allem die markanten Spuren, die er mit seinen Igelitschuhen verursacht, erzählen den Kriminalisten eine ganze Menge. Trotz seiner Vorsicht gibt es auch Zeugen, die den Fremden ziemlich gut beschreiben können. Auch dass er die Fenster immer mit dem selben Werkzeug und auf die gleiche Art und Weise öffnet, soll ihm schließlich zum Verhängnis werden. Jeder Polizist des Landes hat einen „vertraulichen Handzettel" in seiner Tasche. Der charakteristische Abdruck des Igelitschuhs ist darauf zu sehen. Und genauestens sind ein „unbekannter reisender Einbrecher" und seine Arbeitsweise beschrieben.

Was der unbekannte reisende Einbrecher am Morgen nach seinem Beutezug in Friedewald nicht ahnt: Die Kripo hat einen besonderen Einsatzstab nur wegen ihm gebildet und ist ihm schon dicht auf den Fersen. Denn er hat Fehler gemacht im Laufe der Zeit. Routine hat sich bei seinen Einbrüchen eingeschlichen. Nicht immer trägt er Handschuhe, wenn er in die Häuser einsteigt und Schränke oder Kommoden durchstöbert. So hinterlässt er am 19. Februar erstmals Fingerspuren nach einem nächtlichen Einbruch auf der Dresdner Straße 47 in Brockwitz zwischen Meißen und Coswig. Fünf Tage später wissen die Kriminalisten des Sondereinsatzstabes, mit wem sie es zu tun haben. Der reisende Einbrecher ist Robert Döring, ein 48-jähriger Mann, zuletzt gemeldet in Meißen auf der Uferstraße. Er stammt entweder aus Weiden bei Landsberg in Bayern oder aus Walden in Polen und er ist vorbestraft. Deshalb liegt er in der Straftäterkartei der Landespolizeibehörde mit seinen Fingerabdrücken ein und kann identifiziert werden. Am 24. August 1949 war er bei Außenarbeiten aus dem Zuchthaus Waldheim geflüchtet. Nun helfen ihm auch die Personalausweise nicht mehr lange, die er bei seinen Beutezügen ebenfalls gestohlen hatte und mit denen er sich als Otto Dietze oder Frieder Rudolt ausgeben kann. Das Netz zieht sich immer enger zusammen. Die Polizei bittet auch die Bevölkerung um Hilfe und kann auf Kooperation hoffen. Denn seit Monaten sind die Leute vielerorts durch die Einbrüche beunruhigt und verunsichert.

Landesbehörde der Volkspolizei Sachsen
Abteilung K – Dezernat F
Dresden, am 22. Febr. 1950

Vertraulicher Handzettel!

Fahndungsnachricht

Unbekannter reisender Einbrecher!

Seit Oktober 1949 tritt in den Kreisen Dippoldiswalde, Döbeln, Freiberg, Pirna, Meißen, Großenhain, Kamenz, Oschatz, Dresden und Grimma ein unbekannter reisender Einbrecher in Erscheinung, der serienweise Einbrüche verübt.

Personenbeschreibung:
Vermutliches Alter: ca. 20—30 Jahre; Größe: ca. 1,60—1,65 m; Gestalt: schlank, evtl. etwas untersetzt.

Kleidung:
Flacher Hut, dunkler Stutzer oder dunkle Joppe, lange Hose, Igelitschuhe, Größe 40.
Um den Hals trägt der Täter einen lose geknoteten Schal, dessen Ende über die Kleidung geht. Es wird vermutet, daß es sich um einen sehr starken Raucher handelt, da er in 3 Fällen Zigarettenreste am Tatort zurückließ.

Die Schrittweite konnte in mehreren Fällen mit ca. 88—89 cm gemessen werden, was im Widerspruch zu der Schuhgröße steht. Einmal betrug die Schrittweite 40 cm. Wahrscheinlich lief der Täter in diesem Fall sehr langsam.

Der Täter verübte bisher seine Einbrüche an Werktagen in der Zeit von 24.00—4.00 Uhr. Arbeitsweise: Er sticht mit einem spitzen Gegenstand (vermutlich Stechahle oder Schraubenzieher) in Höhe der Fensterwirbel durch den Kitt auf die Fensterscheibe, die durch den Druck springt. Dieses abgesprungene Stück nimmt der Täter heraus, langt durch die entstandene Öffnung und wirbelt das Fenster von innen auf. Danach steigt er durch das geöffnete Fenster in die Wohnungen, die er auf demselben Weg wieder verläßt. Hauptsächlich entwendet er Schmuck und Wertgegenstände, Bargeld, gute Kleidungsstücke, Lebensmittelkarten und teilweise Sparkassen- oder Bankbücher. Bei seinen Diebstählen fielen ihm gleichzeitig die folgenden 3 DPA in die Hände: D i e t z e , Otto, geb. 18. 2. 05 in Walda, Kr. Großenhain, wohnhaft in Walda Nr. 15, DPA-Nr. 72 240, Seriennummer C 425 27 50, D i e t z e , Helene geb. Mai, geb. 26. 4. 09 in Walda, Kr. Großenhain, wohnhaft in Walda Nr. 15, DPA-Nr. 72 242, Seriennummer C 425 27 52, F r i e d e , R u d o l f , Otto, geb. 25. 8. 00 in Riesa, Kr. Großenhain, wohnhaft in Gröbern Nr. 34, Kr. Meißen, DPA-Nr. 16 992, Seriennummer C 257 99 92. Der Täter führte bisher seine Straftaten nur in ländlichen Gegenden aus. Außer der abgebildeten Fußspur, die an verschiedenen Tatorten gesichert werden konnte, wurde an manchen Tatorten die Spur eines weiblichen Überschuhes bemerkt, weshalb vermutet wird, daß ihn eine weibliche Person begleitet.

Der Täter gelangt entweder mittels Straßenbahn oder Eisenbahn an die Tatorte. Es wird vermutet, daß er seine Reisen in den Abend- bzw. frühen Morgenstunden durchführt. Er verübt in einer Nacht bis zu 6 Einbrüche.

Intensivste Fahndung ist durchzuführen!
Festnahme ohne Vorhalt!

Bei Auftreffen sofort telefonische Meldung an:

Landesbehörde der Volkspolizei Sachsen
Abteilung K
Dezernat C (C 2) und Dezernat F
Dresden N 15, Nordallee 6
Tel. 5 20 71, App. 45 63 oder 45 46.

Fast jeder Polizist in Sachsen hatte 1950 diesen Handzettel.

Steckbrief des reisenden Einbrechers Robert Döring.

Nach seiner Verhaftung: Robert Döring demonstriert in Friedewald bei Dresden vor der Polizei, wie er seine Einbrüche verübte.

Schon drei Tage nach dem Beutezug in Friedewald, am Morgen des 16. März 1950, hat die riesige Fahndung Erfolg. Mitarbeiter des Einsatzstabes sind des Nachts wieder auf Kontrollfahrten unterwegs, um auf den Bahnhöfen in und um Dresden insbesondere die eintreffenden Frühzüge zu beobachten. Gegen sieben Uhr entdecken sie auf dem Bahnhof Dresden-Neustadt einen Mann: Er sieht aus wie Döring, er geht mit langen Schritten wie Döring. Aber er zeigt den Polizisten einen Personalausweis, demzufolge er Paul Protze heißt und in Leckwitz wohnt. Dennoch nehmen die Polizisten den Mann fest. Er hat eine Brandnarbe auf dem Handrücken, wie sie der Einbrecher Döring haben soll. In der Landespolizeibehörde gibt sich der Mann zu erkennen: Er ist Robert Döring. Den Ausweis des Paul Protze hatte er schon im Oktober 1949 bei einem Einbruch mitgehen lassen und nur die Passbilder ausgetauscht.

Die Beweise gegen ihn sind erdrückend. Doch Döring leugnet erst einmal die Einbrüche und schweigt. Bei der Durchsuchung seiner Wohnung findet die Kripo Diebesgut von mehreren Einbrüchen. Seine Fingerabdrücke stimmen mit den Spuren an verschiedenen Tatorten überein. Das ergibt sich aus dem daktyloskopischen Gutachten. Auch die Igelitschuhe mit dem Tannenmuster, die man bei Robert Döring findet, passen zu den Schuhspuren, die an den Tatorten gesichert wurden. Sogar die bei ihm sichergestellten Werkzeuge, eine Schere und ein Messer, passen genau zu den Spuren an den Fenstern. All das zeigt: Der 48-Jährige war an den Tatorten und ist im Besitz eines Teils der Beute.

Erst Wochen später, am 28. April 1950, legt Robert Döring unerwartet ganz von selbst in seiner Zelle handschriftlich ein Teilgeständnis ab. Er hatte wohl eingesehen, dass er gegen all die Beweismittel nicht ankommen kann. Schließlich gibt er seinen Widerstand ganz auf und erklärt sich sogar bereit, die einzelnen Tatorte gemeinsam mit den Ermittlern noch einmal aufzusuchen. Bis zu sechs Einbrüche in einer Nacht hat Döring geschafft. Jedes Mal erklärt er den Kriminalisten, wie er vorgegangen war. Insgesamt 112 Tatorte sucht die Kripo mit dem Beschuldigten auf. Er erinnert sich an jeden Einzelnen, und seine Schilderungen stimmen teilweise bis ins Detail mit den Ermittlungsergebnissen überein. An jedem Tatort schreibt er handschriftlich ein Geständnis seines Einbruchs auf.

Bei den Kriminalisten gilt Döring schon bald als dreistester und raffiniertester Einbrecher seit 1945. Schließlich erklärt er sich sogar bereit, den Einbruch in Friedewald im Beisein der Polizei noch einmal zu begehen. Mit der Rekonstruktion schreibt er praktisch ein Stück Kriminalgeschichte. Die Dokumentation ist bis heute erhalten. Deshalb sind die Ereignisse jener Nacht bis ins Detail bekannt.

Wenig später wird Robert Döring für die 112 Einbrüche in vielen Gegenden Sachsens zu einer mehrjährigen Freiheitsstrafe verurteilt. Für das Strafmaß entscheidend ist die erdrückende Last der Beweise, aber auch, dass der Angeklagte bereit war, zur Aufklärung der Straftaten beizutragen.

DIE TOTE IM OLBASEE

Wie sich nach 38 Jahren das Verschwinden der Dresdner Studentin Dorothea Reichel klärt.

Von Karl-Heinz Sobierajski und Thomas Schade

Am 27. Juni 1958 erscheint Prof. Dr. F. im Polizeirevier Dresden-Mitte und möchte eine Vermisstenanzeige machen. Der Diensthabende hört sich das Anliegen der Professors von der Technischen Universität an, verweist den Herren aber dann doch an die Kriminalpolizei. Im zuständigen Fachkommissariat wird der Herr von der Uni die Vermisstenanzeige endlich los.

Seine Verlobte Dorothea Reichel ist verschwunden. Dabei wollten sie in wenigen Tagen, genau am 4. Juli 1958, den Bund fürs Leben eingehen. Vor zwei Tagen morgens gegen 6.30 Uhr sei die junge Frau aus der elterlichen Wohnung gegangen und bisher nicht wieder aufgetaucht. Jeden Tag habe sich die 24-Jährige auch liebevoll um seine beiden Kinder aus erster Ehe gekümmert, erzählt der Professor. Nun fehle jede Spur von ihr. Er könne das nicht verstehen und wisse keinen Grund für ihr Verschwinden. Sie hätten weder Streit miteinander gehabt, noch andere Meinungsverschiedenheiten irgendeiner Form, die Dorotheas Verschwinden begründen würden. Bei den Eltern, bei Freunden und Bekannten habe er auch schon nachgefragt. Keiner habe sie seit dem 25. Juni gesehen.

Die 24-jährige Biologiestudentin Dorothea Reichel ist 1958 mit einem TU-Professor verlobt und verschwindet spurlos.

Der Kriminalist nimmt alles zu Protokoll, hat aber, wie immer in solchen Fällen, noch eine ganze Reihe Fragen. Der Professor soll „einige Einzelheiten" über sein Verhältnis mit Dorothea Reichel erzählen. Zum Beispiel: Seit wann beide zusammen sind, und ob die junge Frau schon bei ihm wohnt? „Dorothea hat bei uns an der TU studiert und ich war einer ihrer Dozenten. Als vor einigen Jahren meine Frau verstarb, suchte ich jemand, der sich um meine beiden Kinder kümmert. Dorothea nahm sich dieser Aufgabe an, und im Laufe der Zeit sind wir uns auch persönlich näher gekommen. Wenn eins der Kinder krank war, kam es auch schon mal vor, dass Dorothea bei uns übernachtete. Wir haben dann noch gemütlich bei einem Gläschen Wein zusammengesessen, und dabei ergab es sich dann, dass wir auch über persönliche Dinge sprachen und uns näher kamen. Eines Tages habe ich sie dann gefragt, ob sie meine Frau werden will. Sie sagte ja, und wir beschlossen zu heiraten. Als Termin war mit dem Standesamt der 4. Juli diesen Jahres vereinbart worden. Dorothea ist Diplombiologin und leistet als solche eine gute Arbeit. Das ist eigentlich in kurzen Sätzen alles, was ich zu unserer Beziehung sagen kann. Natürlich hat Dorothea, nachdem wir uns über den Hochzeitstermin einig waren, des Öfteren in meinem Haus übernachtet, aber sie wohnte noch bei ihren Eltern", antwortet Prof. Dr. F.

Der Kriminalist lässt den Professor erzählen, ohne ihn zu unterbrechen. Abschließend fragt er ihn noch nach dem Aussehen seiner Braut. Der Professor hat einige Fotos dabei. Sie zeigen eine hübsche junge Frau mit kurzem welligem Haar. Der Kriminalist wählt eins aus und fügt es zum Vermisstenvorgang hinzu.

Nun sucht die Kriminalpolizei Dorotheas Eltern auf, um auch sie zu befragen. Man braucht ein umfassendes Bild der Persönlichkeit für die Suche nach vermissten Personen. Dabei fragt der Kriminalist auch nach einem Abschiedsbrief. Aber die Eltern haben im Zimmer ihrer Tochter nichts dergleichen gefunden. Nur eines sagen beide übereinstimmend: Dorothea habe sich am Abend, bevor sie verschwand, ganz anders verhalten als sonst. Besonders heiter sei sie gewesen, aber auch sehr liebebedürftig. Gerade Letzteres sei eher ungewöhnlich für sie. „Denn im Allgemeinen ist sie sehr zurückhaltend, besonders gegenüber meinem Mann", sagt Frau Reichel, Dorotheas Mutter. Der Vater bestätigt diese Beobachtung. Beide haben keine Erklärung dafür und keine Vorstellung, wo sich ihre Tochter aufhalten könnte.

Auch nach guten Freundinnen oder Freunden, mit denen die Tochter in Verbindung steht, fragt der Kriminalist. Die Eltern nennen einige Namen und Adressen. Doch auch die Befragungen dieser Leute ergeben keine neuen Erkenntnisse. Der Kripo bleibt nichts anderes übrig, als die Fahndung nach Dorothea Reichel einzuleiten. Damit setzen sie einen umfangreichen Apparat in Bewegung. Noch besteht kein Anlass, Dorotheas Verschwinden mit einer Straftat in Verbindung zu bringen. Trotzdem werden alle Polizeidienststellen im Bezirk Dresden über die Fahndungsmaßnahme informiert.

Der Tatort in der Mitte des Sees.

Im Zuge der Ermittlungen kristallisiert sich ein vager Hinweis heraus, wo sich die junge Frau aufhalten könnte. Viel verspricht der Anhaltspunkt nicht, aber dennoch geht die Polizei ihm nach. In der Nähe von Bautzen, in einer Feldstation der TU Dresden bei Guttau, hatte Dorothea Studien für ihre Diplomarbeit betrieben. Die Bautzener Polizei ermittelt vor Ort, aber das Ergebnis ist negativ. Einige der dort arbeitenden Studenten und auch der Leiter der Feldstation kennen zwar Dorothea Reichel, aber weder am 25. Juni noch an den Tagen danach war sie in der Feldstation gewesen. Auch in der Umgebung hatte sie keiner gesehen. Damit zerschlägt sich die Spur.

Weil alle bis dahin geführten Ermittlungen keinen Hinweis zum Aufenthalt der jungen Frau erbringen, kann der Verdacht nicht mehr ausgeschlossen werden, dass Dorothea Reichel einem Verbrechen zum Opfer gefallen ist. Deshalb wird der Vermisstenvorgang am 28. Juli 1958 in ein Ermittlungsverfahren wegen des Verdachtes des Totschlages umgewandelt. Ermittelt wird gegen „Unbekannt", wie es im Polizeideutsch heißt.

Erneut vernehmen Kriminalisten die Eltern, den Verlobten und Freunde und Bekannte von Dorothea. Alibis werden überprüft. Aber keiner kann

Personen nennen, die ein Interesse am Tod des Mädchens haben könnten. Die Ermittler finden keinen einzigen Anhaltspunkt, wo Dorothea sein könnte und beantragen deshalb sieben Wochen nach ihrem Verschwinden, am 20. August 1958, bei der Staatsanwaltschaft, das Verfahren einzustellen.

38 Jahre nach dem Verschwinden der Studentin wird im Olbasee eine Leiche geborgen.

Doch noch bevor die Justiz entscheidet, meldet sich am 30. August Dorotheas Mutter bei der Kriminalpolizei und teilt etwas mit, dass die Einstellung des Verfahrens vorerst hinfällig macht. Frau Reichel war ein Gespräch zu Ohren gekommen, das eine Angestellte von Professor F., Dorotheas Verlobtem, mit einem bei ihr wohnenden Untermieter geführt hatte. In diesem Gespräch soll vom „Abfangen der Dorothea" die Rede gewesen sein. Was damit gemeint sei, könne sie sich nicht erklären, sagt Frau Reichel. Aber es konnte ja sein, dass eine der beiden Personen doch mehr wisse, als sie bis jetzt gesagt hat. Schnell ist klar, dass dieser Untermieter der Polizei bisher noch gar nichts gesagt hat. Er taucht in allen bisherigen Ermittlungen nicht auf und ist folglich als Zeuge noch nie gehört worden.

Zwar schließen Dorotheas Eltern nach wie vor aus, dass ihrer Tochter einem Verbrechen zum Opfer gefallen ist. Sie beginnen sich vielmehr mit dem Gedanken abzufinden, dass die junge Frau Selbstmord begangen hat. Aber sie wollen unbedingt wissen, warum sich ihre Tochter möglicherweise das Leben nahm. Doch auch weitere Befragungen und Ermittlungen nach dem Hinweis der Mutter bringen am Ende keinen brauchbaren Hinweis, der zu Dorothea Reichel führt. Aus diesem Grund wird das Verfahren schließlich vorläufig eingestellt. Die Mordkommission der Bezirksbehörde der Deutschen Volkspolizei gibt den Vorgang an das Volkspolizeikreisamt Dresden zurück. Hier ist die Kriminaltechnik für die Vermisstenvorgänge zuständig. Dessen Leiter verfügt schließlich am 29. September 1958, dass der Vorgang als ungeklärt in die Ablage geht. Aus Sicht der Polizei sind alle Möglichkeiten ausgeschöpft, um das Verschwinden von Dorothea Reichel aufzuklären.

38 Jahre (!) später, am 10. August 1996, einem schönen Sommertag, treffen sich Mitglieder des Tauchsportvereins Bautzen am Olbasee bei Kleinsaubernitz, etwa 20 Kilometer nördlich von Bautzen. Sie haben ihre Taucherbasis in dem alten Tagebaurestloch. Schon 1865 hatten Bergleute hier begonnen, Braunkohle abzubauen. Über die Jahrzehnte fraßen sich die Bagger der Olba GmbH 38 Meter tief in den Boden. Einzelne Schächte erreichten sogar Tiefen von bis zu 70 Metern. 1927 brannte die Grube, danach wurde sie stillgelegt und geflutet. Nur der Name der Firma blieb. Ihr verdankt der heute 50 Hektar große Olbasee seinen Namen. Schon seit vielen Jahren ist er eine Adresse für Taucher. Tauchsportler finden unter Wasser manch alte Zeugnisse des vergangenen Bergbaus wie alte Schächte oder Schienen. Aber auch untergegangene Sportboote, denn auf dem Olbasee tummeln sich im Sommer zahlreiche Wassersportler.

Karte vom Olbasee etwa 20 Kilometer nördlich von Bautzen. Das Kreuz markiert den Fundort der Leiche in 18 Metern Tiefe.

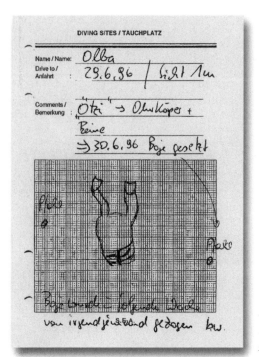

Notiz im Taucherbuch von Steffen Leibig: So lag die Leiche, als er sie 1996 entdeckte: „Ötzi" im See.

Die Bautzener Sporttaucher treffen sich fast jedes Wochenende in ihrer Basis am Südufer. Diesmal will ihnen Steffen Liebig, einer ihrer langjährigen Kameraden, etwas Besonderes zeigen. Am 8. Juni hatte er mit seinem Partner beim Tauchgang etwas Merkwürdiges unter Wasser gefunden. Weit draußen war er an jenem Tag aus etwa 25 Metern Tiefe an einem Hang entlang aufgetaucht. Die Sicht betrug gerade mal ein bis zwei Meter, als ihm in 18 Metern Tiefe an einer alten Tagebaukante etwas Seltsames im schlammigen Boden auffiel. Lag da wirklich ein Mensch bäuchlings auf dem Grund des Sees? Er konnte etwas erkennen, das sah aus wie die Fersen zweier Füße und wie ein Hintern. War da vielleicht noch mehr vom Schlamm bedeckt? Die beiden Taucher konnten es an jenem Juni-Tag nicht mehr herausfinden. Zu viel Schlamm war durch die wenigen Flossenschläge an dem Fundort aufgewirbelt worden. Am folgenden Wochenende war Steffen Liebig mit einem anderen Tauchpartner wieder an der Stelle. Der aufgewirbelte Schlamm vom letzten Mal hatte etwas freigelegt, das tatsächlich aussah wie das Unterteil eines Menschen. In sein Taucherbuch zeichnet der damals 35-Jährige eine Skizze vom Fundort.

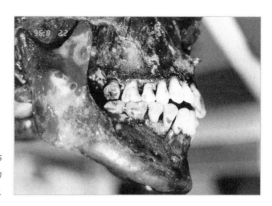

Gerichtsmediziner untersuchen das Gebiss und können die Leiche identifizieren.

Nun wollen die Bautzener Taucher klären, was da auf dem Grund ihres Sees liegt. Eine alte Pferdekutsche hatten sie früher schon mal gefunden, auch Loren vom Bergbau. Steffen Liebig hat keine Mühe, die Klippe weit draußen, etwa 70 Meter östlich der Inselspitze unter Wasser in 18 Metern Tiefe, wieder zu finden. Bald signalisieren er und seine Begleiter nach oben, dass sie die Stelle gefunden haben. Zu dritt sehen sie im Lichtkegel ihrer Lampen das mit Schlamm bedeckte Unterteil eines menschlichen Körpers. Es liegt zwischen zwei Holzpfählen aus der Zeit des Bergbaus. Die Flossenschläge der Taucher wirbeln wieder Schlamm auf. Immer mehr von dem menschlichen Körper kommt zum Vorschein. Zweifel sind fast ausgeschlossen, in ihrem See liegt ein Toter. „Und man sah sofort, dass die Leiche schon viele Jahre dort lag", erinnert sich Steffen Liebig genau. Die Taucher markieren die Fundstelle mit einer Boje und verständigen die Polizei.

Am 12. August 1996 sperrt die Bautzener Polizei das Südufer des Olbasees weiträumig ab und rollt mit schwerer Technik an. Die Bautzener Taucher erklären dem Einsatzleiter ausführlich, was sie am Grund des Sees gefunden haben. Nichts sei an der Fundstelle verändert worden, versichern sie. Polizeitaucher bergen, was da unten auf dem Grund liegt. An der Boje tauchen sie ab und bestätigen wenig später quasi amtlich den Fund eines menschlichen Körpers in etwa 18 Metern Tiefe.

Doch die Bergung erweist sich als schwierig. Vor allem Schlamm und schlechte Sicht behindern die Arbeiten auf dem Grund des Sees. Dennoch soll am Fundort möglichst nichts verloren gehen. Die Beamten gehen vom schlimmsten Fall aus: einem Verbrechen. Bis zum 20. August versuchen sie, alle Gegenstände nach oben zu holen. Doch die Polizeitaucher sind noch unerfahren, habe ihre polizeispezifische Ausbildung gerade erst hinter sich. Es ist angeblich einer ihrer ersten Einsätze. Sie beachten die Hinweise der ortskundigen Sporttaucher nicht und agieren glücklos. Sie binden lediglich ein Seil um den Unterleib und ziehen ihn hoch. An der Oberfläche kommt nicht viel mehr als eine Damenstrumpfhose an. Bei der weiteren Suche können die Polizeitaucher dennoch einzelne Körperteile bergen. Sie finden auch eine Damenuhr und eine Geldbörse. Beides gehört zu der Wasserleiche. Ein paar Tage später, nachdem die Polizei vom Olbasee wieder abgezogen ist, gehen die Bautzener Sporttaucher noch einmal runter und finden im Schlamm weitere Teile des Oberkörpers mit dem Kopf der Leiche. Sie sammeln alles ein und übergeben sie der Polizei.

In der Dresdner Gerichtsmedizin wird begutachtet, was von dem Körper noch übrig ist. Kriminaltechniker untersuchen die Sachen aus dem Umfeld der Fundstelle. Im Ergebnis gehen Mediziner und Kriminalisten davon aus: Bei der Leiche handelt es sich um eine Frau. Die Temperaturen, das stark saure Wasser des Sees und der Druck in 18 Metern Tiefe haben die Leiche und andere Gegenstände der Toten relativ gut erhalten. Über die Haut hatte sich eine Wachsschicht gelegt und verhinderte, dass die Leiche von außen verweste. Vor allem am Gewebe der Strumpfhose erkennen die Spezialisten, dass die Frau schon über 30 Jahre im Wasser gelegen hatte.

Noch einmal werden ungeklärte Vermisstenfälle aus dieser Zeit aus den Archiven geholt. Auch der Vermisstenvorgang Dorothea Reichel aus Dresden ist dabei. Der Olbasee liegt nicht weit entfernt von Guttau, wo die Technische Universität 1958 ihre Feldstation betrieben und wo Dorothea Reichel für ihre Diplomarbeit geforscht hatte. Der Verdacht kommt auf, dass es sich bei der Wasserleiche aus dem Olbasee um die seit 38 Jahren vermisste Frau handeln könnte. Die Rechtsmediziner bestätigen dies.

Am 29. August 1996 erscheint in der Dresdner Morgenpost ein Artikel mit der Überschrift „Tote vom Olbasee – Sie starb aus Liebeskummer". Eine kühne Behauptung, die durch nichts belegt ist. Die Polizei kommt zu dem Schluss, dass „ein Verbrechen mit an Sicherheit grenzender Wahrscheinlichkeit" auszuschließen ist. Für Dorotheas Eltern, die unbedingt Klarheit wollten über den Tod ihrer Tochter, kommt diese Mitteilung zu spät. Sie sind zwischenzeitlich gestorben.

Nach 38 Jahren vom Grund des Sees geborgen: die Armbanduhr der Dorothea Reichel.

Vielleicht ist das auch gut so. Denn Steffen Liebig, der Taucher, der Dorothea fand, hat bis heute seine Zweifel an der Selbstmord-Version. Seit 1976 schon taucht der 43-jährige Bauingenieur im Olbasee. Er kennt die Strömungen im See und fragt sich, wie die junge Frau etwa 70 Meter vom Ufer der Insel aufgefunden werden konnte. „Man schwimmt nicht einfach hinaus, lässt sich untergehen und verschwindet für 38 Jahre", sagt der erfahrene Taucher. Außerdem erinnert er sich genau: „Der Rumpf der Leiche war glatt durchtrennt. Ganz so, als habe sie einen Strick mit etwas Schwerem um den Bauch gehabt." An dem abschüssigen Hang in 18 Metern Tiefe habe das vielleicht verwendete Gewicht im Laufe der Jahre das Seil durch den innerlich verwesten Körper gezogen. „Das erklärt den glatten Schnitt quer durch den Rumpf", sagt er. Um mit einem Gewicht um den Bauch so weit entfernt vom Ufer Selbstmord zu begehen, dafür hätte Dorothea Reichel mit einem Boot hinaus auf den See fahren müssen, glaubt Steffen Liebig. Ein Boot aber wurde nicht gefunden, als die Polizei 1958 auf der Suche nach Dorothea Reichel schon einmal den See absuchte. Aber auch ein Gewicht mit einem Strick wurde nie gefunden. „Hat die Polizei überhaupt gesucht?", fragt Steffen Liebig und hat seine Zweifel.

Taucher finden heute ein Holzkreuz am Rande der Klippe, dort wo Steffen Liebig 1996 die Leiche der Dorothea Reichel entdeckte. Ihre sterblichen Überreste liegen auf dem Friedhof der Gemeinde Guttau. Zu ihrer Gemarkung gehört der Olbasee. Sie war amtlich zuständig, denn Angehörige wurden nicht gefunden.

DER KINDERSCHÄNDER IM BLAUMANN

1970 jagt eine Soko den außergewöhnlichsten Sexualverbrecher der DDR. Über Monate treibt der einschlägig Vorbestrafte sein Unwesen, weil die soziale Kontrolle versagt.

Von Richard Blaha und Thomas Schade

Tatort Borsbergstraße in Dresden. In dem Wohngebiet suchte der Sexualstraftäter Horst R. 1969 ebenfalls nach Opfern und kam meist im Blaumann.

Im Jahr 1969 klingelt an Dresdner Wohnungstüren immer wieder ein Mann, der sich als Handwerker ausgibt. Er verlangt insbesondere dann Einlass, wenn Kinder die Tür öffnen. Mal kommt er als Elektriker, mal als Heizungsmonteur oder als Beauftragter des Energiekombinates. Mal will er Steckdosen kontrollieren, mal die Stromzähler. Und immer trägt der Mann die zum Beruf passende Arbeitskleidung. Er erzählt den Kindern, dass er mit ihren Eltern einen Besichtigungstermin ausgemacht habe und tritt stets so glaubhaft auf, dass die Kinder ihn einlassen. Der Unbekannte schaut sich dann fast immer in der Wohnung um und will wohl feststellen, ob die Kinder allein zu Hause sind. Ist er sich dessen sicher, missbraucht er die Kinder, vor allem Mädchen im Alter zwischen vier und 13 Jahren. Mal sucht er sich dafür auch den Keller oder den Dachboden eines Hauses aus. Gegen einige Kinder geht er sogar gewaltsam vor, schlägt sie oder würgt sie am Hals, um sie gefügig zu machen.

Vor allem in Dresdner Neubaugebieten wie an der Schweriner Straße und an der Borsbergstraße fällt auf, dass sich an einem Tag mitunter gleich mehrere ähnliche Straftaten ereignen. Bald geht die Angst um in einigen Neubauvierteln des Sozialismus. Zwar streifen längst hunderte Polizisten in Uniform und in Zivil durch die Viertel, doch es gelingt nicht, den Mann zu schnappen. An einigen Schauplätzen dieses Geschehens weigern sich Mütter sogar zur Arbeit zu gehen, weil sie nicht wollen, dass ihre Kinder allein daheim sind. So steht die Dresdner Polizei zum Jahreswechsel 1969/70 erheblich unter Erfolgsdruck. Denn so viel Unsicherheit unter den Bürgern, das soll sich nicht herumsprechen in einem Land, das stolz ist auf die „Geborgenheit" seiner Bürger.

In dieser Situation bestellt Oberstleutnant Herbert Schubert, der Leiter der Kriminalpolizei in der Bezirksbehörde der Deutschen Volkspolizei (BDVP) in Dresden im Januar 1970, den jungen Oberleutnant der Kripo Roland Beerwald* aus dem Dresdner Polizeikreisamt zu sich, und Beerwald hat keine Ahnung, was der „Große Chef" von ihm will. In seinem Dienstzimmer schiebt ihm Schubert einen Stapel Akten über den Schreibtisch und sagt nur: „Lies das". Der Chef verfrachtet den Kripo-Oberleutnant in ein Neben-zimmer. Schon nach den ersten Akten merkt Beerwald, es sind alles neue Fälle vom „Kinderschänder im Blaumann". So wird der Unbekannte inzwi-schen in der Dresdner Polizei genannt, der seit Monaten sein Unwesen treibt.

Doch es sind keine Dresdner Akten, die Beerwald da liest. Es sind ganz ähnliche Fälle aus fast allen Gegenden der DDR. Ihm wird schnell klar: Der Kinderschänder ist vielleicht gar kein Dresdner, sondern ein so genannter reisender Täter, der durch die gesamte Republik kommt und dabei seine Opfer sucht. Als Beerwald wieder vor dem Oberstleutnant steht, fragt der nur: „Traust du dir den Fall zu?" – Als Chef einer Sonderkommission sollte Beerwald einen Kinderschänder ermitteln, der in der gesamten DDR Straf-taten begeht. Eigentlich sind solche Aufgaben zu dieser Zeit dem Major Hans Reimert vorbehalten. Der ist unbestritten der beste Mann der Dresdner Kripo. Aber Reimert ist krank, und die Sache duldet keinen Auf-schub. Deshalb soll Beerwald ran, ein einfacher Sachbearbeiter der Kripo im Volkspolizeikreisamt (VPKA) Dresden. Es ist eine Sache von Minuten,

Name geändert

und schon könnte Beerwald Leiter einer Sonderkommission sein, die dem Ministerium des Inneren der DDR in Berlin direkt unterstellt ist. Ihm ist reichlich unwohl. So ein Auftrag läuft immer darauf hinaus: alles oder nichts. Findet Beerwald den Kerl, steigen seine Chancen auf Karriere beträchtlich. Vergeigt er die Sache, darf er künftig Kaufhallendiebe vernehmen, vielleicht ein Kripo-Leben lang. Beerwald riskiert es, denn er hat schon einmal in einer großen Soko gearbeitet und dabei einiges von Hans Reimert gelernt.

Zwei Tage bleiben ihm für gründliches Aktenstudium und um die operative Arbeit der Sonderkommission vorzubereiten. Dann werden 20 der besten Kriminalisten aus fast allen Bezirken der Republik in Dresden eintreffen. Dann muss er all die Leute effizient einsetzen. Zuerst gilt es nachzuweisen, dass die Serie von Straftaten tatsächlich von einem Täter verübt wird. Beerwalds Aufregung ist groß, und vor lauter Aufregung fällt ihm für seine erste Sonderkommission kein besserer Name ein als das schreckliche Wort „Energiebeauftragter".

Das DDR-Innenministerium in Berlin weist inzwischen die Polizei des ganzen Landes an, Straftaten mit ähnlichem Modus operanti sofort nach Dresden zu melden. Und in der Schießgasse wächst der Aktenberg. Als Neuling an der Spitze der Soko bleibt Beerwald nur eines: Er setzt auf das Kollektiv. Heute setzt man auf das Team, aber das ist weitgehend dasselbe. Schnell teilt er seine Mitarbeiter auf. Eine Arbeitsgruppe wertet nur die eingehenden neuen Fälle aus, sucht nach Ansatzpunkten für die Fahndung und vervollständigt das Bild vom Vorgehen des Täters. Mit der Zeit können Kriminalisten seine „Handschrift" lesen.

Eine zweite Arbeitsgruppe überprüft alle einschlägig vorbestraften Personen, die früher eine ähnliche „Handschrift" hatten. In diesem Bereich wird sich später die größte Panne ereignen, aber die geht nicht auf das Konto der Dresdner Ermittler. Die dritte Gruppe ist ständig auf Achse, reist an die Tatorte und befragt vor Ort die Leute. Eine vierte Gruppe verfolgt alle aktiven Verdachtsrichtungen. Außerdem redet eine weitere Gruppe noch einmal mit allen bisher bekannten Opfern und versucht, von den Kindern weitere Details zum Aussehen des Täters zu erfahren. Dabei konfrontieren die Männer die Mädchen auch mit den Lichtbildern einschlägig bekannter Kinderschänder.

Bald findet die Soko die Besonderheit dieses Täters heraus: Er ist anders als die meisten Sexualstraftäter. Er vergeht sich nicht nur an den Kindern, er verfällt zusehends auch einem zweiten Trieb: Er klaut an fast allen Tatorten. Und er klaut alles, was man sich nur denken kann: Bargeld, Wertgegenstände wie Uhren und Schmuck. Aber er räumt auch die Bettwäsche aus den Schränken, nimmt Hemden, Unterwäsche oder Gardinenstoff mit. Sogar von den Leinen auf einigen Wäscheböden lässt er nasse Sachen mitgehen. Auffällig ist außerdem seine Mobilität und dass er die Orte seiner Straftaten wechselt. Anfangs missbraucht er die Kinder in seinem Auto oder im Freien, erst später wagt er sich in die Wohnungen. Er fühlt sich offenbar sehr sicher.

Aus der wachsenden Zahl der Fälle, die bei der Soko in Dresden eingehen, lässt sich nach einigen Wochen herausfiltern, dass der Unbekannte vermutlich schon im Oktober 1967 in Leipzig erstmals ein siebenjähriges Mädchen missbraucht hat. Was im Sommer 1970 noch keiner weiß: Am Ende werden es 277 Straftaten in 37 Orten der DDR sein.

Schon bald geht die Sonderkommission davon aus, dass der Kinderschänder im Blaumann beruflich durch die DDR reist und diesen Umstand für seine Straftaten nutzt. Doch eine heiße Spur findet sich nicht. Seit Beginn des Jahres 1970 kommen monatlich zwei bis drei Serien solcher Straftaten in den verschiedensten Bezirken der DDR dazu. In einem Fall sind es sogar 15 Sexualdelikte und Diebstähle an einem Tag. In dem betroffenen Wohngebiet geht sofort die Angst um. Die Soko bekommt fast täglich „Druck von oben". Den Ermittlern wird vorgehalten: Sie ließen zu, dass der Kerl immer dreister werde. Für die meisten Diebstähle nutzt er mittlerweile Wohnungsschlüssel. Die findet er unter Fußmatten vor den Wohnungstüren oder hinter Briefkästen. Die Idee ist ihm offenbar bei den Sexualdelikten gekommen, denn viele seiner Opfer erzählten den Ermittlern, sie hätten den Schlüssel unter der Fußmatte genutzt, um ihrem Peiniger die Wohnung zu öffnen. Nach seinen Beutezügen bleibt keine Schranktür geöffnet. Nichts lässt er unachtsam liegen. Viele Diebstähle werden erst nach Tagen oder Wochen entdeckt, denn der Kinderschänder im Blaumann ist ein ausgesprochen ordnungsliebender Räuber. Und er entwickelt mit der Zeit den sechsten Sinn dafür, wo die Leute ihr Bargeld oder ihre Schmucksachen aufbewahren. Er findet seine Beute an den unmöglichsten Stellen. Wird der Diebstahl entdeckt, denken die Leute in einigen Fällen, Geld oder

Schmuck seien von den nächsten Angehörigen genommen worden, die die Familienverstecke kennen. So werden viele Diebstähle erst nach Tagen oder gar nicht gemeldet, und die Sicherung von Spuren ist dann schwierig oder unmöglich.

Schließlich scheut er nicht mal mehr die Konfrontation mit Erwachsenen. Beim Wäschediebstahl auf einem Dachboden überrascht eine Hausbewohnerin den Blaumann. Sie entdeckt ihre Decke auf dem Arm des Diebes und schreit: „Wo wollen Sie mit meiner Decke hin?" – „Ich komme gleich wieder und machen Sie sich keine Gedanken" habe ihr der Dieb entgegnet, so sagt sie später. Bei einem seiner Dresdner Wohnungsdiebstähle trifft er auf eine kranke Frau, die in ihrem Schlafzimmer liegt. Sie bemerkt den ungebetenen Gast und fragt: „Was wollen Sie in meiner Wohnung?" – „Die Tür war offen, ich suche Herrn Dr. Engelberg", habe der Mann ohne den geringsten Schreck geantwortet. Dann war er wieder verschwunden.

Ein Psychologe redet den Ermittlern schließlich ein, dass dieser Name „Dr. Engelberg" nicht zufällig gefallen sei. Soko-Leiter Roland Beerwald entschließt sich, alle „Engelbergs" der DDR zu überprüfen. Allein im Bezirk Dresden leben etwa einhundert Personen mit diesem Namen. Um den Aufwand erträglich zu halten, werden alle „Engelbergs" durch ein Raster „geschickt": Männlich, 25 bis 30 Jahre, mittelgroß, Vorstrafen. Wer in diesem Raster hängen bleibt, wird auf seine Reisefreudigkeit hin überprüft. Das Ergebnis: Fehlanzeige.

Ebenso erfolglos bleibt auch die Aktion „Goldzahn". Zwölf der geschädigten Mädchen geben an, ihr Peiniger habe an einem der vorderen Schneidezähne eine Goldeinlage gehabt. Die Ermittler beginnen, in den staatlichen Zahnarztpraxen aller Bezirke nach Personen mit diesem Merkmal zu suchen. Der Aufwand ist riesig, erscheint aber gerechtfertigt, denn der Täter wird immer brutaler. Eines seiner jüngsten Opfer hat er gerade bis zur Bewusstlosigkeit gewürgt. Die Ermittler müssen mit dem Schlimmsten rechnen und die Vorgesetzten wollen endlich Erfolge sehen. Die Soko „Energiebeauftragter" kann mittlerweile über jeden Volkspolizisten der DDR verfügen, wenn sie ihn braucht. Doch auch über den Goldzahn kommt Beerwald nicht weiter. Die Zahl der allein in diesem Fall überprüften Bürger nähert sich der Zahl 3.000.

Mit ebenso großem Aufwand versucht die Sonderkommission schließlich, das Täterfahrzeug zu finden. Sie kennt nicht mal den Autotyp. Deshalb werden erneut hunderte Familien an den Tatorten danach gefragt, ob ihnen Autos aufgefallen sind, die eigentlich nicht in ihre Wohngebiete gehören. Handzettel werden in die Briefkästen gesteckt. Viele in der Soko zweifeln an der aufwändigen Aktion im Sommer 1970. Aber für Beerwald steht fest: Über verdächtige Fahrzeuge kann durchaus eine Spur zum Täter führen. Insgesamt 4.000 Autobesitzer werden im Verlaufe der gesamten Ermittlungen überprüft. Mehr als 80 Aktenordner füllt die Ermittlungsakte inzwischen. Auch Major Hans Reimert ist längst wieder im Dienst. Normalerweise übernimmt er solche Fälle, die in einer Sackgasse steckten. Aber in der Soko „Energiebeauftragter" bleibt er nur Berater.

Tatort Schweriner Straße in Dresden. In dem Altneubaugebiet klingelte der Dienstreisende Horst R. 1969 an den Türen und verlangte meist bei Kindern Einlass.

Die Suche nach dem Pkw beschert schließlich den ersten Lichtblick. Einem Mann in Altenburg fällt unweit eines Tatortes ein grauer Wolga auf. Als der klauende Kinderschänder erneut aktiv ist, fragen die Kriminalisten an den Tatorten gezielt nach auffälligen Autos. Wieder gibt es eine Zeugenaussage zu einem grauen Wolga. Beerwald ergreift den Strohhalm. Privat, so denkt er, fährt in der DDR kaum jemand Wolga. Der große eckige Wagen aus der Sowjetunion gilt als typisches Betriebsauto. Deshalb konzentriert sich die Sonderkommission auf Betriebe und Institutionen. Über die Kfz-Zulassungsstellen wird ermittelt, dass in der DDR rund 200 graue Wolgas zugelassen sind. Etwa die Hälfte sind Dienstwagen und damit für die Soko interessant.

Nun setzen die Ermittler ihre ganze Hoffnung auf die Fahrtenbücher. Die müssen in der DDR akribisch geführt werden, schon weil das Benzin zeitweise knapp ist und jeder Kilometer abzurechnen ist. Mit Hilfe der Fahrtenbücher wird es möglich, die Dienstfahrten mit den Tatzeiten und den Tatorten zu vergleichen, so hoffen es die Ermittler.

Nach acht Wochen sind die Überprüfungen in zwölf von 13 Bezirken der DDR abgeschlossen, ohne Treffer. In Beerwalds Sonderkommission macht sich nicht zum ersten Mal schwere Resignation breit. Die Motivation der Kollegen ist am Boden. Es wird immer schwieriger, die kriminalistische Kleinarbeit konzentriert abzuschließen. Da intensiviert der Kinderschänder erneut seine Aktivitäten und begeht nun sogar in kleineren Städten seine Straftaten. Auch in Niesky und Altenburg zum Beispiel. Den Ermittlern fallen die Staubecken auf, die sich in der Nähe einiger Orte befinden. Sie werden vom VEB Wasserwirtschaft Halle bewirtschaftet und verwaltet. Auch in diesem Betrieb ist ein heller Wolga zugelassen. Hans Krumbiegel, ein junger Kriminalist aus der Soko, macht sich auf den Weg nach Halle, um die Fahrtenbücher zu überprüfen. Es ist Anfang Februar 1971.

Fast zeitgleich, am 9. Februar 1971, meldet das Polizeirevier von Penig telefonisch, dass sich ein Unbekannter in der Kleinstadt Zugang zu mehreren Wohnungen verschafft und dabei auch ein zehnjähriges Mädchen sexuell missbraucht hat. Den Mann stört nicht mal, dass im Flur der Wohnung des Mädchens eine grüne Uniformjacke hängt. Auch die Warnung des Mädchens, dass im Schlafzimmer ihr Vater schlafe, ein Polizist, schreckt ihn nicht. In der Küche vergeht er sich an ihr und verschwindet. Das Kind weckt sofort seinen Vater. Der Polizist schlägt Alarm, auch unter den Hausbewohnern und nimmt die Verfolgung auf. Die Jagd nach dem Kinderschänder führt die Verfolger in eine Kleingartensparte. Wie ein gehetztes Tier steht der Unbekannte am Ende da mit einem Messer in der Hand und umzingelt von Bürgern und Polizisten. Es kommt zum Handgemenge. Der Unbekannte wehrt sich verbissen und sticht sogar zu. Schließlich wird er überwältigt und festgenommen. Er nennt nicht mal seinen Namen. Nur ein heller Wolga steht ganz in der Nähe. Wie sich schnell herausstellt, gehört er der Wasserwirtschaft Halle.

Roland Beerwald will gerade nach Penig aufbrechen, da kommt ein weiterer Anruf. Was der aufgeregte Genosse Kriminalist am anderen Ende der Leitung sagt, wird Beerwald nie vergessen: „Ich hab´ ihn, ich hab´ ihn, alle Daten im Fahrtenbuch stimmen überein, er ist hier Kraftfahrer." Der Anrufer ist Hans Krumbiegel, Beerwalds Mann im VEB Wasserwirtschaft Halle. Krumbiegel will am liebsten einen Hubschrauber chartern, um gleichzeitig mit den anderen Kriminalisten in Penig zu sein. Dazu kommt es nicht.

In Penig, einer kleinen Stadt unweit der A 4 zwischen Dresden und Chemnitz, wird der Sonderkommission wenig später ein unauffälliger Mann zur Vernehmung vorgeführt. Es müsste Horst R. sein. Diesen Namen haben sie aus Halle erfahren. Äußerlich entspricht der Mann dem Bild vom vermutlichen Täter, das die Kripo aus vielen Beschreibungen von Opfern entworfen hatte. Sogar die blaue Berufsbekleidung passt.

Doch eine geschlagene Stunde lang sagt der 36-jährige Horst R. kein Wort. Dann sieht er wohl ein: Was hier in Penig passiert ist, kann er nicht leugnen. Er protestiert gegen seine Festnahme, schiebt alles auf einen dummen Zufall und sagt: Er könne sich selbst nicht erklären, was er dem Mädchen angetan hat. So etwas sei ihm noch nie passiert. Plötzlich sei da etwas über ihn gekommen. Roland Beerwald bricht die Vernehmung ab. Er will nach Dresden zurückfahren und dort weitermachen. Horst R. wird in Handschellen mitgenommen. Als er vor dem Peniger Polizeirevier die Autos mit den Dresdner Kennzeichen sieht, bleibt er sichtlich erschrocken stehen, sagt aber nichts, sondern nickt nur kurz mit dem Kopf. Horst R. ist kein Dummer. Er hat erkannt, dass er es nicht mit dem zuständigen ABV zu tun hat. Jetzt weiß er wohl, es geht um mehr als nur um Penig. Auf der Fahrt nach Dresden erfährt er von der Polizei, dass seit Monaten eine Sonderkommission in der gesamten DDR nach ihm sucht wie nach einer Stecknadel im Heuhaufen, dass jeder Volkspolizist der DDR seinen Steckbrief kennt, dass er seit 1970 einer der meistgesuchten Straftäter in der Republik ist. Allein diese Nachricht verfehlt ihre Wirkung nicht. Während der Fahrt nach Dresden merkt Horst R. wohl, dass es aus ist. Am Ende der Fahrt er wirkt schwer deprimiert.

Mit der Festnahme von Horst R. beginnen andere Schwierigkeiten. Roland Beerwald ist überzeugt, dass die Soko das vollständige Sündenregister des Mannes noch gar nicht kennt. In den Vernehmungen müssen sie aus dem Hallenser Kraftfahrer herauskitzeln, was sie noch nicht wissen. Anfangs versucht Horst R., noch einmal zu tricksen. Als ihm das nicht gelingt, will er gestehen. Er wird zuerst gefragt, in welchen Bezirken der DDR er Straftaten begangen habe. Horst R. nennt zwei Bezirke, aus denen der Sonderkommission noch gar keine Straftaten gemeldet wurden. Dann konzentriert sich die Vernehmung auf die größeren Städte und die Anzahl der Diebstähle. Auch dabei gesteht Horst R. viel mehr, als die Sonderkommission überhaupt weiß. Er berichtet von Diebstählen, die Jahre zurückliegen, fertigt Skizzen der Wohngebiete, die er heimgesucht hatte und zeichnet sogar die Wohnblöcke und Haustüren an den Tatorten ein. Horst R. gesteht auch einen Diebstahl in einer Stadt an der Ostsee, von dem die Soko bisher nichts weiß. Als Beerwald bei der Volkspolizei an der Ostsee anruft, streiten die Genossen dort heftig ab, dass es zu der Straftat eine Anzeige gibt. Später stellt sich heraus: Der Diebstahl wurde sehr wohl gemeldet. Doch die örtliche Polizei hatte die falschen Täter gefasst. Die Jugendlichen saßen sogar schon im Jugendgefängnis und müssen schnellstens freigelassen werden.

Bei Horst R. daheim beschlagnahmt die Polizei Beute im Wert von mehr als 50.000 Mark. So sind die Gardinen an seinen Küchenfenstern geklaut und vieles von der Bekleidung der Familie. Wie sich herausstellt, hat Hannelore R., die Ehefrau, nichts vom Kindesmissbrauch ihres Mannes gewusst. Bei der Verwertung seiner Diebesbeute hat sie ihm allerdings tatkräftig geholfen und sogar Klamotten abgeändert, die nicht passten. Freiwillig gibt sie die gestohlenen Sachen heraus. 871 Gegenstände zählen Herr und Frau R. schließlich als Beute auf, 322 Positionen werden nur gefunden. Für den Abtransport der Sachen braucht die Polizei einen Lkw.

Am Ende stehen 248 Straftaten im Abschlussprotokoll, 71 Sexualverbrechen inklusive – ein bis dahin einmaliger Fall in der DDR. Am Ende der Ermittlungen weiß Roland Beerwald, dass Horst R. vermutlich über 300 Straftaten begangen hat, alle sind ihm aber nicht nachzuweisen. Allein mit den nachgewiesenen Delikten hat er 26 Rechtsnormen der DDR gebrochen. Von 1967 bis 1971 ist Horst R. dienstlich durch die Republik gereist und hat in allen Bezirken Straftaten begangen.

Später vor Gericht beschreiben ehemalige Kollegen den 36-Jährigen als fleißig, zuverlässig und hilfsbereit. Doch jenseits dieser Fassade, so stellt ein Gerichtsmediziner fest, verbarg sich der Triebtäter Horst R., dessen Triebhaftigkeit sich mit der Zeit gefährlich steigerte. So erkennen die Gutachter, dass Horst R. zunehmend gewalttätig gegenüber Kindern wurde, um sich sexuell zu stimulieren.

Mehr noch als Horst R.s Erinnerungsvermögen verblüffte seine Familie die Kriminalisten. Der Kraftfahrer ist selbst Vater von mehreren Kindern, darunter Mädchen im Alter seiner Opfer. Als ihn die Sonderkommission zu seiner Familie befragt, sagt er: „Wäre das mit meinen Kindern geschehen, hätte ich den Mann tot geschlagen." Dieses Schicksal ereilt Horst R. natürlich nicht. Das Bezirksgericht Dresden stellt im Prozess seine volle Schuldfähigkeit fest und verurteilt ihn zu einer zehnjährigen Freiheitsstrafe.

Dass Roland Beerwald mit dem Namen seiner Sonderkommission „Energiebeauftragter" etwas neben der Wahrheit lag, ist im Nachhinein zu verschmerzen. Weitaus schwerer wiegt die Panne, die schon zu Beginn des Falls der Volkspolizei in Halle unterlaufen ist. Denn Horst R. ist kein Ersttäter. Schon 1962 hatte ihn ein Gericht in Halle wegen Kindesmissbrauchs zu sechs Jahren Haft verurteilt. Damals hatte er seine Straftaten auf ähnliche Weise begangen wie jetzt – bei Dienstfahrten, auf denen er unbeaufsichtigt war. Im Februar 1967 war er aus der Haft entlassen worden. Ein Jahr hatte ihn die Justiz auf Bewährung früher rausgelassen – wegen guter Führung. Schon acht Monate später, noch während der Zeit seiner Bewährung, vergreift er sich in Leipzig erneut an einem Kind.

Die Hallenser Polizei hatten einen gefährlichen Triebtäter bei der routinemäßigen Überprüfung der einschlägig vorbestraften Personen übersehen. Ein unverzeihlicher Fehler, wegen dem Dutzende Kinder Opfer eines Triebtäters wurden. Auch im Hallenser Rathaus haben die zuständigen Mitarbeiter der Abteilung für Inneres offensichtlich geschlafen. Ihnen oblag die Betreuung von Horst R. Der Abteilung Inneres war es gleichgültig gewesen, dass es Horst R. verboten worden war, wieder als Kraftfahrer zu arbeiten. Auch in seiner Dienststelle bei der Wasserwirtschaft war bekannt, was Horst R. auf dem Kerbholz hatte. Auch dort kontrollierte ihn keiner bei seinen Dienstfahrten. Horst R. konnte länger als drei Jahre sein Unwesen treiben, weil in Halle alle sozialen Sicherungen bei der Wiedereingliederung des Horst R. versagt hatten.

Übrigens: Einen Dr. Engelberg hat Horst R. nie gekannt. Und die Schneidezähne des 36-Jährigen zieren auch keine Goldeinlagen. Seine Einlagen sind nur aus Keramik. Aber bei den vielen Vernehmungen, bei denen Roland Beerwald dem Triebtäter gegenübersaß, funkelten sie ein wenig, wenn das Licht aus einem besonderen Winkel in das Zimmer fiel.

ZWEI BETRÜGERISCHE MÖRDER

Erst wird der Dresdner Dieter Nüsse nur vermisst, dann stellt sich heraus: skrupellose Gangster haben ihn lebendig vergraben.

Von Richard Blaha und Thomas Schade

Als im Herbst 1974 eine junge Dresdnerin bei der Polizei ihren Freund Dieter Nüsse als vermisst meldet, scheint der Fall anfangs nicht besonders dramatisch zu sein. Der Dieter sei vor Tagen aus dem Haus gegangen und einfach nicht wieder aufgetaucht, sagt seine Freundin. Nun ist Dieter kein Kind mehr, sondern 19 Jahre alt. Und das Milieu, in dem beide leben, lässt durchaus die Möglichkeit offen, dass der junge Mann einfach nur das Weite gesucht hat. Deshalb beginnt auch keine Großfahndung nach ihm. Dennoch landet die Anzeige beim Kommissariat „Leib und Leben" der Dresdner Kripo.

Denn Dieter Nüsse wird von der Polizei schon gesucht, aber wegen einer ganz anderen Sache. Im September 1974 hatte Dieter ein Postscheckkonto mit der Nummer 8697 eröffnet und einen kleinen Betrag eingezahlt. Schon wenige Tage nach Kontoeröffnung wird in Berlin mit seinen Schecks kräftig eingekauft. Heimelektronik und Fototechnik zum Beispiel. Auch Bares wird abgehoben. Die Summen sind um ein Vielfaches höher als Dieter Nüsses Kontostand. Fast alle Schecks sind ungedeckt, als sie eingelöst werden sollen. Nun sucht ihn die Post wegen Scheckbetrugs. Deshalb löst die Dresdner Kripo aus ganz anderem Grunde eine Fahndung nach dem jungen Mann aus und leitet auch ein Ermittlungsverfahren gegen ihn ein.

Es stellt sich heraus, dass Dieter Nüsse am Tag seines Verschwindens morgens von zwei Männern abgeholt worden war, die so gar nicht zu ihm passten. Sie fuhren ein großes Auto, vermutlich einen Wolga, und trugen Anzug, Schlips und Kragen. Der Zeuge, der das beobachtet hatte, kann glücklicherweise aus der Erinnerung heraus wenigstens einen Teil des Autokennzeichens nennen.

Der vage Hinweis hilft den Kriminalisten. Sie machen zwei Männer ausfindig, die der Polizei wegen verschiedener Straftaten schon länger bekannt sind: der 32-jährige Peter L. und der 30-jährige Rainer W. Beide werden als Zeugen vernommen und können dabei ein Alibi vorweisen. Angeblich haben sie an dem Tag, an dem die Schecks eingelöst wurden, bei einem Bäcker das Fundament für dessen Datsche ausgehoben. Der Bäcker bestätigt diese Angaben. Nun muss die Dresdner Kripo versuchen, in Berlin weiterzukommen. Mehrere Sachsen klappern in der DDR-Hauptstadt Geschäft für Geschäft und Postamt für Postamt ab. Überall, wo die Schecks eingelöst worden waren, zeigen die Kriminalisten den Mitarbeitern ihre Fotos von Dieter Nüsse und den beiden anderen Männern. Tatsächlich erinnern sich mehrere Mitarbeiter an alle drei Männer auf den Fotos. Hatte der Bäckermeister die Polizei angelogen?

Nein, wie sich schnell herausstellt. Vielmehr haben es ein paar Volkspolizisten mit der handwerklichen Routine mal wieder nicht allzu genau genommen. Sie hatten zwar das Alibi der beiden Männer überprüft, aber ohne Kalender und Angaben zum Wochentag. Dabei hatte sich der Bäkker um einen Tag geirrt.

Nun sind Peter L. und Rainer W. verdächtig. Die Kriminalisten laden sie erneut zu getrennten Vernehmungen vor, aber nicht mehr als Zeugen, sondern als verdächtige Scheckbetrüger. Schon bald verwickeln sich beide in Widersprüche und erzählen schließlich: Sie seien da in eine „dumme Sache" hineingeraten. Rein zufällig hätten sie den Dieter in einer Kneipe kennen gelernt. Er habe ihnen dort den Vorschlag gemacht, in Berlin „ein Ding zu drehen". Man kam auf die Idee mit dem Postscheckkonto. Dieter Nüsse sollte es eröffnen, weil er als Einziger nicht vorbestraft war. Nach dem Coup habe sich der 19-Jährige aus Dresden in den Westen absetzen wollen, erzählen die beiden. Da alles sehr schnell gehen musste, hatten sie angeblich auf dem Berliner Stadtplan sogar eine Route festgelegt, an der die Postscheckämter liegen. Sogar die Kleiderordnung wurde festgelegt: Anzug, weißes Hemd und SED-Abzeichen. Betrüger wollten auch in der DDR solide aussehen und mit einem linientreuen Eindruck Vertrauen erwecken. Mit den Schecks habe man schließlich auf einen Ritt an einem Tag eingekauft und abgehoben. Danach hätten sie Dieter Nüsse an die West-Grenze gefahren, so weit es eben geht.

Mit dem Geständnis kann die Dresdner Kripo erst einmal recht zügig den Scheckbetrug aufklären. Die beiden Ganoven zeigen obendrein Reue. Freiwillig geben die beiden betrügerisch erworbene Waren und das Geld zurück. Sie müssen nicht mal in Untersuchungshaft und können bis zur Gerichtsverhandlung ihrer Wege gehen.

Nur Dieter Nüsse bleibt verschwunden. Die Polizei ist zwar unzufrieden, aber auch einigermaßen ratlos. Der Fall wandert zur Mordkommission. Denn die beiden Betrüger sind der Polizei auch als gewalttätig bekannt, so dass nicht völlig ausgeschlossen scheint, dass sie dem 19-Jährigen etwas angetan hatten. Doch es gibt keinen Ermittlungsansatz und nicht mal eine Leiche.

Schließlich vergräbt sich Gerhard Kobsch, der Chef der Dresdner Mordkommission in dieser Zeit, nochmals in die Akten. Er ist ein erfahrener Kriminalist und keiner ahnt, dass es seine letzte Arbeit werden soll. Wenn Kobsch stundenlang Akten studiert, darf ihn keiner dabei stören. Aus seinem Zimmer ist dann nur ab und zu der Satz zu hören: „Da stimmt doch was nicht." Und der Chef war bekannt für seinen sechsten, „kriminalistischen" Sinn. Er hat die viel gerühmte Spürnase und lässt sich von niemandem in die Suppe spucken, wie man so sagt. Auch von seinen Vorgesetzten nicht, die mitunter gleich alles zu wissen glauben, wenn sie bei Morden scharenweise am Tatort auftauchen und anweisen wollen, wo es langzugehen hat. „Hier bestimme ich und niemand anderes", sagt Gerhard Kobsch dann öfter zu den Chefs, wenn ihm der Kragen platzte.

Sind die Obersten wieder weg und alle machen am Tatort ihre Arbeit, sichern Spuren oder befragen die Nachbarn, dann sagt Gerhard einem der jungen Genossen schon mal: „Kannst erst mal 'ne Flasche Bier versorgen". Kobsch überstürzt nichts, sondern wartet immer, bis er den ersten Überblick hat. Dann verteilt er die Aufträge und kann sich auf das Wesentliche konzentrieren, so dass alle bei ihm noch was lernen können.

Zwei Tage lang analysiert Gerhard Kobsch den Fall des vermissten Dieter Nüsse. Dann legt er, es ist Freitagnachmittag, einen zweiseitigen handschriftlichen Untersuchungsplan vor. Am Montag will er neue konkrete Aufgaben verteilen. An diesem Freitagabend will sich der Chef noch mit einem Kriminalisten privat treffen. Doch er kommt nicht. Am Montag erfahren alle in der Dienststelle die schreckliche Nachricht: Der Kripochef hatte einen Herzinfarkt erlitten und war tot. Ein Schlag, von dem sich auch die einigermaßen hartgesottenen Mitglieder einer Mordkommission nicht so schnell erholen.

Wie sehr Gerhard Kobsch fehlt, merken die anderen schon am ersten Tag, an dem er nicht mehr da ist. Denn seinen letzten Untersuchungsplan kann keiner lesen. Mit der Lupe macht sich schließlich einer über die Handschrift her. Der Kriminalist braucht einige Tage, um sie einigermaßen zu entziffern. Vorgesehen ist natürlich, Peter L. und Rainer W. noch einmal

Tatort Dresdner Heller: In diesem Wald an der Autobahnanschlussstelle Dresden-Nord bringen die beiden Betrüger Rainer W. und Peter L. den erst 19-jährigen Dieter N. um.

intensiv zu vernehmen. Dabei hat die Mordkommission Glück. Beide können sich vor der Vernehmung nicht absprechen, denn der 32-jährige Peter L. sitzt wegen einer weiteren Straftat mittlerweile doch in Untersuchungshaft. Das kann mitunter ein psychologischer Vorteil bei der Vernehmung sein, auch bei einem so „knasterfahrenen Bruder".

Der Kriminalist, der auch Kobschs Handschrift entziffert hat, besucht Peter L. im Gefängnis. Sie reden über „Gott und die Welt" wie man so sagt. Und es tritt ein, was der Vernehmer insgeheim gehofft hat. Peter L. wird unsicher und fragt sich zuerst wohl selbst: Was will der Bulle eigentlich von mir? Dann unterbricht er den Mann von der Mordkommission und fragt laut: „Sie sind doch nicht hier, um mit mir nur über all den Unsinn zu quatschen?" Er ahnt wohl den Verdacht, den die Polizei gegen ihn hegt. Ob sie etwas Konkretes gegen ihn in der Hand haben, will er nun wissen. Aber der Mann von der Kripo sagt nur, dass er eines wisse: Nicht alles, was Peter L. und sein Kumpan gesagt haben, entspreche der Wahrheit. Nun befällt Peter L. wohl das Gefühl, auf das Kriminalisten bei so einer Vernehmung immer setzen: Peter L. fürchtet offenbar, überführt zu werden. Und er tut das, was viele tun, wenn sie ihrem Komplizen nicht über den Weg trauen: Er gesteht, denn er will nicht Zweiter sein, wenn es ans Auspacken geht. Denn oft kann nur der Erste mit einem Geständnis den eigenen Kopf aus der Schlinge ziehen.

Fast wie im Lehrbuch beginnt L´s. Geständnis denn auch damit, dass ihn sein Kumpel Rainer W. in die ganze Sache reingerissen hat. Der habe den Plan gehabt. Und dann fällt der Satz: „Dieter Nüsse liegt im Wald, wir haben ihn umgebracht und vergraben." Peter L. ist schließlich sogar bereit, der Mordkommission die Stelle zu zeigen. Um schnell Klarheit zu schaffen, zeichnet er sogar eine Skizze und gibt die Stelle mit dem Grab des jungen Mannes an und nennt den Dresdner Heller. Noch am selben Tag sucht die Mordkommission die Stelle unweit der Autobahnauffahrt Dresden-Nord. Sie findet die von L. eingezeichnete Erdmulde mit dem kleinen Hügel. Doch die Genossen von der Bereitschaftspolizei schaufeln und schaufeln, finden aber auch in einem Meter Tiefe keine Leiche. Hatte Peter L. die Kripo auf die Rolle genommen?

Voller Wut fährt der Vernehmer sofort zurück ins Gefängnis auf der Schießgasse und lässt sich L. noch einmal vorführen. Der Ganove bekommt einen heftigen Anschiss, aber er bleibt bei seiner Darstellung. Am nächsten Tag muss er selbst mit raus. Vor Ort verspottet der Verdächtige die Polizei, als er die Stelle sieht, an der sie am Vortag so heftig gesucht haben. „Ihr habt die Leiche ja erst richtig eingegraben", sagt er. Die Genossen hatten den Hügel abgetragen und dabei eine kleine Grube daneben zugeschüttet. Wieder buddeln die Bereitschaftspolizisten und legen wenig später Dieter Nüsses Leiche frei. Sie ist in eine Decke gewickelt, genau wie es Peter L. beschrieben hat. Die beiden Mörder hatten sich nicht mal die Mühe gemacht, die Grube etwas zu tarnen.

Zu lachen haben beide nun nichts mehr. Schon am nächsten Tag beantragt der Staatsanwalt auch gegen Rainer W. einen Haftbefehl. Kurz nach seiner Festnahme legt auch er ein Geständnis ab. Beide geben zu: Nicht Dieter Nüsse hatte die Idee zum Scheckbetrug, sondern vor allem Rainer W. Er und Peter L. hatten den 19-Jährigen nur ausgenutzt. Er hat den Betrug wohl gar nicht durchschaut. Vermutlich für ein Trinkgeld ist er zum Mittäter und danach zum Opfer zweier skrupelloser Mörder geworden. Schon auf der Fahrt nach Berlin haben die beiden beschlossen, Dieter

Nüsse zu töten, wenn die Schecks erst ausgegeben waren. Vermutlich wollten sie ihn als unberechenbaren Mitwisser loswerden.

Die Rückfahrt von Berlin endete für Dieter Nüsse in dem Wald auf dem Dresdner Heller. Um die Klamotten wieder zu wechseln, wollten sie anhalten, so erzählten die beiden Männer ihrem Opfer. Als Nüsse den Kofferraum des Wagens öffnet, schlägt ihm einer der beiden mit einem Hammer auf den Kopf. Schwer verletzt fällt Dieter Nüsse zu Boden, bewegt sich aber noch. Als er auf dem Rücken liegt, nehmen beide einen Spaten, legen ihrem Opfer den Stiel quer über den Hals und treten rechts und links auf die beiden Enden des Spatenstiels, um den Mord zu vollenden. Danach verscharren sie ihr Opfer.

Beide Männer werden wenig später zu lebenslänglichem Freiheitsentzug verurteilt. In der Gerichtsverhandlung stellen die Gerichtsmediziner fest, dass keine der beiden Verletzungen zum Tod des 19-Jährigen geführt hat. Er ist erstickt. Rainer W. und Peter L. hatten Dieter Nüsse bewusstlos, aber lebendig begraben.

1997, mehr als 20 Jahre nach dem Mord, kommt es in dem Fall zu einem bizarren Nachspiel. Rainer W. und Peter L., beide 1990 aus der Haft entlassen, stehen wegen der alten Geschichte noch einmal vor Gericht. Denn sie hatten sich noch einmal ein krummes Ding ausgedacht: Peter L., der von Arbeitslosenhilfe lebt, sollte ein neues Geständnis schreiben und darin den Mord an Dieter Nüsse allein auf sich nehmen. Dann könnte Rainer W., nach der Haft zum Taxi-Unternehmer aufgestiegen, eine Haftentschädigung von umgerechnet rund 27.000 Euro erwarten. Das Geld wollten beide miteinander teilen. Peter L. schreibt zum Schein sogar Briefe, in denen unter anderem steht, dass 1974 die Stasi sein Geständnis aus ihm herausgeprügelt habe. Doch die Justiz glaubt den beiden nicht und wittert Betrug.

Im Mai 1997 sitzen beide Männer erneut vor Gericht. Auch ein Ermittler der Mordkommission, der den Fall 1974 untersuchte, hat von dem skurrilen Vorhaben gehört und ist im Saal. Er kann das alles kaum fassen. In einer Pause nimmt der inzwischen pensionierte Beamte seinen alten Pappenheimer Peter L. noch einmal zur Seite und fragt ihn: „Sag mal, hast Du noch alle Tassen im Schrank?" Peter L. sei schließlich schon damals der

Dumme gewesen, als sein Kumpan Rainer W. 1974 die Idee mit dem Scheckbetrug hatte. Peter L. wird nachdenklich. Wenig später lässt Peter L. in der Verhandlung den versuchten Betrug auffliegen und sagt dem Gericht, dass er von Anfang an Bedenken gehabt habe, und dass sie den Dieter damals doch zusammen umgebracht hätten.

Einer der Täter: Peter L. Nach seiner Haft sollte er den Mord allein auf sich nehmen. Vor Gericht gibt er den Schwindel zu.

DER VERSCHLAMPTE SCHUH

Manchen Mördern ist so gut wie nichts heilig, nicht mal Heiligabend. Das bringt 1974 der Thüringer Peter N. der Polizei bei.

Von Richard Blaha

Das Schlimmste an der Polizeiarbeit ist für Kriminalisten wie Schutzpolizisten immer der „Papierkrieg". Abschluss- oder Zwischenberichte, Aktenvermerke, Protokolle, Pläne. All das steht ihnen manchmal bis zum Hals. So ist es auch 1974, als sich einige Mitarbeiter der Dresdner Mordkommission vornehmen, an den Tagen vor Weihnachten den leidlichen Papierkram zu erledigen – ohne Hektik und in aller Ruhe. Es war einiges an Papierkram liegen geblieben. Aber es blieb keine Zeit ihn zu erledigen.

Die Genossen Kriminalisten haben am 20. Dezember noch nicht mal gefrühstückt, als sie die Meldung erhalten, dass eine junge Frau tot in ihrem Bett gefunden wurde. Es sieht so aus, als ob sie ermordet worden ist. Der Tatort ist eine Hinterhauswohnung in der Dresdner Neustadt. Allen ist sofort klar: Wenn sie den oder die Täter nicht schnell im Bekanntenkreis oder in der Verwandtschaft des Opfers finden, ist Weihnachten gelaufen. So schnappen sie ihre Utensilien und fahren mit Blaulicht in die Görlitzer Straße 18. Dort tummelt sich schon die übliche Menschenschar, die in solchen Fällen meist zusammenläuft.

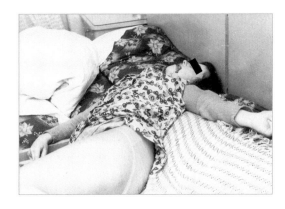

Die junge Mutter Christine T. liegt tot auf ihrem Bett. Ihr Baby spielt auf dem Sofa, als am nächsten Morgen die Oma kommt.

Von den Streifenpolizisten, die zuerst am Ort waren, erfährt die Mordkommission: Christine T., die Tote, lebte mit ihrem Mann und einem Kleinkind in der Erdgeschosswohnung. Ihre Mutter hatte sie gefunden. Sie kommt jeden Morgen, um das Enkelkind zu versorgen. Christines Ehemann befindet sich auswärts auf Montage. Die Wohnungstür ist ordnungsgemäß verschlossen gewesen. Als die Mutter die Wohnung betreten hatte, habe sie sich nur gewundert, dass ihr Enkelkind nicht in seinem Kinderbett in der Schlafstube liegt und schläft, sagt sie als Zeugin später den Kriminalisten.

Das Kind spielte in der Wohnstube auf dem Sofa. Im Schlafzimmer fand die Mutter dann ihre Tochter. Sie lag auf dem Rücken im Bett und war offenbar erdrosselt worden. Einen Teil ihrer Kleider trug sie noch. Zugedeckt war sie nicht.

Die Görlitzer Straße in der Dresdner Neustadt 1974: Mord im Kneipenmilieu.

Die kriminalistische Routinearbeit am Tatort, Spurensicherung und so weiter, all das verspricht wenig Aussicht auf schnellen Erfolg. Der oder die Täter waren gründlich vorgegangen. Die Wohnung ist zwar ziemlich auf den Kopf gestellt worden, aber es fehlt nichts und Fingerspuren sind auch keine zu finden. Vielmehr vermittelt der Tatort den Anschein, als seien alle Spuren sorgfältig beseitigt worden. Lediglich ein einziger Schuhabdruck ist für die Mordkommission interessant. Er gibt Auskunft über eine Beschädigung im Profil der Sohle. Der Träger des Schuhs musste wohl in einen Nagel oder so etwas Ähnliches getreten sein. So ein unverwechselbares Merkmal kann helfen, den Täter zu überführen. Doch wer er auch ist, er ist offensichtlich in die Wohnung gekommen, ohne Gewalt anzuwenden. Und er hat wohl etwas gesucht, kannte sich aber in den Zimmern nicht aus. Das ist zumindest merkwürdig. Aber die Ermittler finden ansonsten nichts, insbesondere kein Motiv für den Mord. Nur eines vermuten sie: Die junge Frau kannte offensichtlich ihren Mörder und hat ihm vermutlich sogar die Tür geöffnet.

Wie so oft helfen Nachbarn und Hausbewohner weiter. Von ihnen erfährt die Mordkommission: Die Ehe des Opfers galt nicht unbedingt als harmonisch. Einige aus dem Haus wollen nicht ausschließen, dass der Ehemann selbst mit der Tat etwas zu tun haben könnte. Doch sein Alibi ist wasserdicht. Nebenbei erfahren die Ermittler auch, dass Christine T. in zweifelhaften Kneipen verkehrte, während ihr Mann auf Montage ist.

Im vorweihnachtlichen Einkaufstrubel klappern Dutzende Kriminalisten die einschlägigen Kneipen der Dresdner Neustadt ab. Mit einem Bild des Opfers in der Hand löchern sie das Personal und die Stammgäste. Die Mordkommission hofft, den Abend vor dem Mord rekonstruieren zu können. Vielleicht hilft das ja weiter. Tatsächlich haben zwei Zeugen die junge Frau in einer der Kneipen gesehen. Nur, wann und mit wem sie das Lokal verlassen hatte, wusste angeblich keiner.

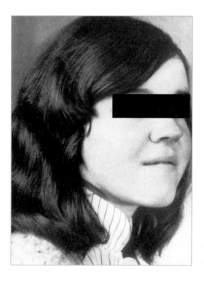

Das Opfer: Christine T. muss wenige Tage vor ihrem 22. Geburtstag sterben.

Eher nebenbei erfährt die Mordkommission auch, dass dieser Tage auch ein entlassener Häftling durch die Kneipen der Gegend streift und nach einer Bleibe sucht. Eilmeldungen gehen sofort an alle Haftanstalten der DDR. Die Mordkommission will wissen: Wer ist in den letzten Wochen entlassen worden? Wie sehen die Leute aus? Das Ergebnis wird zur bösen Überraschung. Im Strafvollzug hatte vor Weihnachten wieder einmal der große Kehraus stattgefunden. Mehrere Dutzend Personen hatten in den letzten Tagen die Gefängnisse verlassen. Sie wohnen überall in der DDR. Wer tatsächlich zu Hause angekommen war, bleibt zunächst unklar. Zum Glück können die Dresdner Ermittler eine ganze Reihe von Männern ausschließen. Denn die Zeugen in der Neustadt haben einen großen, kräftigen Mann mit rötlichen Haaren gesehen. Damit ist der Kreis derer eingeschränkt, die für die Polizei interessant sind. Nach einer neuerlichen Kneipentour durch die Neustadt ist klar: Die Polizei muss nach Peter N. suchen, einem entlassenen Gewaltstraftäter aus dem thüringischen Gera.

Ausgerechnet am 24. Dezember, am Vormittag von Heiligabend, geht der Mann den Fahndern ins Netz und wird sofort vorläufig festgenommen. Gegen Mittag sitzt er im Vernehmungszimmer. Und eigentlich wollen alle Mitarbeiter der Mordkommission lieber nach Hause. Doch in der DDR war es unmöglich, in so einem Augenblick Feierabend zu machen. Das lassen die Vorgesetzten nicht zu. Und zweitens ist da auch der kriminalistische Ehrgeiz, der bei vielen Mitarbeitern tief sitzt.

Aber schon beim ersten Kontakt mit Peter N. ist zu spüren: Er hat die typischen Allüren eines ausgekochten Verbrechers. Er weicht den Fragen aus oder antwortet überhaupt nicht. Viel mehr testet der polizeierfahrene Mann geschickt, was die Dresdner Mordkommission über ihn weiß. Erst als er seine Schuhe zeigen soll, wird Peter N. unruhig. Nur widerwillig zieht er sie aus. Mit bloßem Auge ist auf der Sohle die kleine Beschädigung im Profil zu erkennen. Aber stimmt sie mit der Auffälligkeit der Fußspur vom Tatort auch überein?

Draußen in der Stadt haben die Läden und Kaufhäuser längst geschlossen. Auf den Straßen kehrt schon langsam die Weihnachtsruhe vor Heiligabend ein. Natürlich sind auch die Kriminaltechniker längst bei ihren Familien. Nur einem versaut die Mordkommission gründlich diesen Weihnachtsabend: dem Trassologen, dem Spezialisten für Fußspuren. Er wird wieder in die Dienststelle gerufen und soll sofort die Spur vom Tatort mit Peter N.s Schuhsohle vergleichen. Nach einiger Zeit bestätigt er zwar Ähnlichkeiten, aber festlegen will sich der Experte an Heiligabend nicht mehr. Ein beweiskräftiges Gutachten — quasi als kleine Weihnachtsfreude für die Kollegen der Mordkommission — kann er beim besten Willen so schnell nicht aus dem Hut zaubern. So sind Sachverständige nun mal: Sie verstehen was von der Sache, ihr Verständnis für Kriminalisten in Zeitnot hält sich aber in Grenzen.

Der Heiligabend ist längst angebrochen, als zwei Mitarbeiter der Mordkommission die Vernehmung fortsetzen. Dass die Kripo nicht Schluss macht, verunsichert wohl auch einen ausgebufften Ganoven wie Peter N. etwas. Seine Ausgeglichenheit und Abgebrühtheit jedenfalls bekommt einen Knacks. Er weiß inzwischen durch die rechtliche Belehrung, dass die Polizei ihn verdächtigt, Christine T. ermordet zu haben. Anfangs bestreitet er das heftig. Angeblich hat er die Frau an jenem Abend überhaupt nicht gesehen, sagt er. Doch dabei bleibt er nicht lange – wohl aus Angst, dass die Ermittler Zeugen gefunden haben, die ihn mit Christine T. gesehen haben könnten. Dann wäre er der Lüge überführt und erst recht verdächtig. So sagt Peter N. schließlich, dass er an dem Abend ordentlich einen „aufgeleuchtet" habe und so betrunken gewesen sei, dass er sich an nichts mehr erinnern könne.

Als draußen in der Stadt die Kirchenglocken längst die Weihnacht einläuten, erleben die beiden verbissenen Kriminalisten gewissermaßen eine dienstliche Bescherung der besonderen Art. Peter N. gibt endlich zu: Er hat mit Christine T., die er zuvor nicht kannte, in einer Gaststätte gesessen und sei vielleicht auch mit ihr weggegangen, wie er es formulierte. Wie sich zeigt, ist es die Kneipe gewesen, in der auch Zeugen das Opfer zuletzt gesehen haben. Aber statt nun zu schweigen, setzt der Mann aus Thüringen alles auf eine Karte und schlägt den Ermittlern das Spielchen vor: „Nehmen wir doch mal an, ...".

Nach über fünf Stunden Vernehmung und ausgerechnet am Weihnachtsabend, an dem sich die meisten Menschen eigentlich nach Harmonie und Eintracht sehnen, da will der abgebrühte Straftäter, der erst seit wenigen Tagen wieder in Freiheit ist, seinen Vernehmern offenbar zeigen, wer der Stärkere ist zu dieser weihnachtlichen Stunde. Aber das erkennen die beiden Mitarbeiter der Mordkommission erst später. Zunächst lassen sie sich ein auf das vorgeschlagene Spielchen: „Nehmen wir mal an, ich bin doch mit Christine T. nach Hause gegangen". So entspinnt sich folgender Dialog:

Frage: *Wo war denn ihre Wohnung?*
Peter N.: *Gleich in der Nähe der Gaststätte.* (Das stimmte.)
Frage: *Um was für ein Grundstück handelte es sich denn?*
Peter N.: *Ich glaube, es war ein älteres Mietshaus.* (Auch das stimmte.)
Frage: *In welcher Etage befand sich denn die Wohnung?*
Peter N.: *Das ist doch Quatsch, was wir hier machen!*

Frage: *Sie wollten doch selbst dieses Spiel, wollen Sie nun kneifen?*
Peter N.: *Na gut, nehmen wir an, die Wohnung war im Erdgeschoss.* (Das stimmte ebenfalls.)

So setzt sich das Frage-Antwort-Spiel fort. Geschickt „wandern" die Vernehmer schließlich in Christine T.s Wohnung herum und Peter N. offenbart, dass er sich darin auskennt.

Tatort Hinterhaus: Dort wohnt die Produktionsarbeiterin. Ihr Mann ist auswärts auf Montage.

Die beiden Kriminalisten haben so etwas bisher nicht erlebt. Und Peter N. merkt offenbar nicht, dass er dabei ist, sich um Kopf und Kragen zu plaudern. Denn er gibt preis, was nur der Täter wissen kann. Nach vielem Hin und Her beschreibt er die Wohnung, erwähnt den besonders kleinen Flur und die seltsame Lichterkette, die ihn erleuchtet. Nun steht für die Kriminalisten fest: Peter N. war tatsächlich am Tatort. Eher beiläufig kommt dann die Frage:

    Was wollten Sie überhaupt in der Wohnung?
Peter N.: *Nehmen wir an, ich suchte etwas. Vielleicht habe ich auch nur alles durchwühlt?* (Das stimmte.)
Frage: *Gab es denn dabei etwas Besonderes?*
Peter N.: *Ich weiß nicht, was Sie meinen. Mir fällt jetzt nichts mehr ein. Wir hören auf mit dem Spiel.*

Peter N. erkennt wohl, dass er schon viel zu viel gesagt hat. Nun wird er immer vorsichtiger, lässt sich aber noch einmal auf einen Dialog ein:

Frage: *Gab es nichts Besonderes, überlegen Sie doch mal genau?*
Peter N.: *Vielleicht ist mir etwas runtergefallen?*
Frage: *Was war Ihnen denn runtergefallen?*
Peter N.: *Kleine Muscheln.* (Das stimmte ebenfalls.)

Auch seine letzte Antwort kommt ohne Zögern. Aber kaum gesagt, da bereut Peter N. sie auch schon. Er will auf keinen Fall weitermachen. Die beiden Mitarbeiter der Mordkommission auch nicht. Sie haben den Verdächtigen in einer Falle, in die er sich wohl aus Hochmut selbst hinein manövriert hatte. Peter N. hatte eben zugegeben, die Wohnung des Opfers nicht nur betreten, sondern auch durchwühlt zu haben. Als die Ermittler Peter N. erklären, dass nur der Mörder diese Details kennen kann, die er geschildert hatte, wird dem Thüringer wohl bewusst: Er hat sein selbst inszeniertes Spiel verloren.

Der Täter: Peter N., 33 Jahre, ist erst wenige Wochen vor der Tat aus der Haft entlassen worden. In Dresden ist er auf der Suche nach Frauenbekanntschaften.

Peter N. gesteht am nächsten Tag, dem ersten Weihnachtsfeiertag, dass er Christine T. in ihrer Wohnung im Bett erwürgt hatte. Als er die Wohnung durchwühlte, war sie ihm angeblich in die Quere gekommen und wollte die Polizei rufen. Sehr plausibel klingt das nicht. Es bleibt unklar, was Peter N. eigentlich in der Wohnung wollte. Sexuellen Kontakt zu seinem Opfer, wie er unter anderem auch angegeben hat, können die Gerichtsmediziner bei der Leichenschau nicht feststellen. Unklar bleibt auch, warum Zeugen den Mörder offenbar deckten. Ein Kellner hatte Peter N. sogar ein Alibi verschafft und will seine falsche Zeugenaussage partout nicht zurücknehmen. Er lässt sich später dafür sogar verurteilen.

So kann die Mordkommission kein sehr starkes Motiv für den Mord an Christine T. gegen Peter N. vorbringen. Sollte er später vor Gericht sein Geständnis nur als Weihnachtsgeschichte darstellen und widerrufen, würde die Mordkommission ziemlich alt aussehen. Sie braucht wenigstens einen objektiven Beweis, der Peter N. schwer belastet. Deshalb muss das Gutachten zu Peter N.s Schuhsohle schnellstens her.

Doch als die Kriminaltechniker nach dem Schuh fragen, heben alle in der Mordkommission die Schultern. Der wichtigste Beweis ist verschwunden. Keiner will das glauben, aber Peter N.s Schuh wird im gesamten Haus nicht gefunden. Es ist wohl in der Dresdner Mordkommission nie wieder zwischen Weihnachten und Neujahr so viel Hektik aufgekommen, wie im Jahr 1974.

Ohne Schuh ist es unmöglich, ein Gutachten anzufertigen. Das ist allen Kriminalisten klar. Unklar ist, wie die Mordkommission dem Staatsanwalt erklären soll, dass Mitarbeiter erst Weihnachten durcharbeiten und dann das wichtigste Beweismittel verschlampen. Fast die gesamte Mordkommission macht sich deshalb auf die Suche nach dem Schuh des Mörders, der quasi auf dem Amtsweg auf unerklärliche Weise verschwunden war.

Nichts wird mehr ausgeschlossen. Mitarbeiter überprüfen sogar, ob einer der Kollegen den Schuh vorsätzlich beiseite geschafft hat. Wahrscheinlicher ist jedoch, dass er beim Umzug der Ermittlungsgruppe von der Dresdner Neustadt zurück in die Schießgasse verloren gegangen ist. Jeder Mitarbeiter wird intensiv vernommen. Ein ungewöhnlicher Vorgang in dieser Zeit. Dabei stellt sich heraus, dass ein Mitarbeiter beim Einpacken sein Gepäck auf das Dach seines Autos gelegt hatte, um den Kofferraum zu öffnen. Hatte er den Beutel mit dem Schuh auf dem Dach vergessen und den wichtigen Beweis später auf der Fahrt durch die Stadt irgendwo in Dresden verloren?

Die Polizei alarmiert die Dresdner Stadtreinigung. Dutzende Kriminalisten rücken zur städtischen Müllkippe aus. Tagelang wühlt die Dresdner Kripo buchstäblich im Dreck. Die Nerven liegen blank in diesen Tagen, angesichts so „sauberer" kriminalistischer Arbeit. Doch offiziell Hilfe anzufordern und eine solche Mordsschlamperei einzuräumen, wäre eine Schmach gewesen. So sucht die Kripo in aller Stille, und es kommt den Beteiligten vor wie ein Wunder, als sie den Beutel mit den Schuhen tatsächlich auf der Dresdner Müllhalde finden.

Gelohnt hat sich die „Drecksarbeit" kaum. Der Kriminaltechniker fertigen zwar ihr Gutachten und die Staatsanwaltschaft bekommt damit schließlich einen wichtigen Beweis mehr für ihre Anklage in die Hand. Aber vor Gericht kommt es später darauf nicht mehr an. Denn Peter N. widerruft sein Geständnis nicht. Er wird 1975 zu lebenslanger Haft verurteilt.

In der Dresdner Kripo macht die Geschichte von der Mordsschlamperei mit dem verschwundenen Schuh noch lange die Runde und wird immer dann wieder mal aufgetischt, wenn neue Kollegen zum sorgfältigen Umgang mit Beweismitteln angehalten werden.

PER ANHALTER IN DEN TOD

Dreistigkeit wird 1976 einem Dresdner Uni-Dozenten zum Verhängnis. Er zeigt das Mädchen an, das er missbrauchen wollte.

Von Richard Blaha und Thomas Schade

1976 landen zwei merkwürdige Anzeigen bei der Dresdner Mordkommission und geben den Mitarbeitern anfangs vor allem eines auf: Rätsel.

Am 5. März 1976, einem Freitag, schaut Klaus B. nach 20 Uhr Fernsehen. Seine Frau ist zur Frauentagsfeier, er ist mit seiner Mutter allein im Haus in der Pausitzer Straße in Nickritz, unweit von Riesa. Da klopft im Erdgeschoss jemand heftig ans Fenster. Als er die Tür öffnet, fällt ihm eine junge, aber völlig erschöpfte Frau förmlich in den Arm. Sie riecht furchtbar nach Äther. Es ist Ines K., eine 21-jährige Studentin aus Meißen. Völlig aufgelöst bittet sie um Hilfe, man wolle sie vergewaltigen. Klaus B. solle auch noch ihren Pelzmantel aus dem Auto holen, aus dem sie sich habe fallen lassen, bittet sie. Doch der Mann fährt zur Bürgermeisterin und die verständigt die Polizei. Ein Streifenwagen bringt die junge Frau ins Riesaer Kreiskrankenhaus. Die Ärzte finden Pflasterreste in der Umgebung ihres

Autostopp am Fuße der Albrechtsburg: An der Fernverkehrsstraße 6 in Meißen. Bei der Tankstelle steigt Ines K. zu Hans-J. S. in den Trabi. Sie will per Anhalter zu ihrem Freund.

Mundes, Hämatome an ihren Oberschenkeln. Einem Leutnant der Riesaer Kripo kann die Patientin an diesem Abend auf der Wachstation nur wenig sagen. Zu ihrem Freund nach Strehla wollte sie, per Anhalter. Deshalb sei sie an der Meißner Tankstelle in einen Trabant eingestiegen und mit einem etwa 32-jährigen Mann mitgefahren, der sächsischen Dialekt sprach. Dann verordnet der ärztliche Direktor der Patientin unbedingte Ruhe und Schlaf.

Am Abend des nächsten Tages schildert die Studentin im Polizeirevier Coswig, was ihr auf der Fahrt nach Strehla passiert ist. Wie sie per Anhalter zu ihrem Freund fahren wollte. Nach Schulschluss an der Meißner Ingenieurschule sei sie zunächst mit dem Stadtbus in die Nähe der Fernverkehrsstraße 6 gefahren und habe dort an der Intertankstelle auf eine Mitfahrgelegenheit gewartet.

So gegen 19 Uhr hält ein Trabi-Kombi und der Mann am Steuer sagt nur „Ja", als sie ihr Ziel nennt. Dass er nach Torgau wolle, sagt der Fahrer. Und die Studentin macht sich während der Fahrt zunächst keine Gedanken über den großen Kastenkoffer, der fast den ganzen Platz im hinteren Teil des Autos verschlingt.

In Riesa merkt Ines K., dass der Mann neben ihr unruhig wird. Sie sieht Schweiß auf seinem Gesicht und ihr fällt auf, dass er mit einer Hand im Auto nach etwas sucht. Kurz vor Strehla hält er plötzlich an, zieht die Studentin zu sich herüber und drückt ihr einen mit Äther getränkten Wattebausch ins Gesicht. Da sie nicht aufhört, sich zu wehren, schüttet er ihr Äther aus einer Flasche ins Gesicht. Ines K. verliert das Bewusstsein. Erst in dem großen Kastenkoffer kommt sie wieder zu sich, an Händen und Füßen mit Lederriemen gefesselt. Über ihrem Mund kleben mehrere Pflaster. Verzweifelt versucht sie, sich zu befreien. Ihr Peiniger ist nachlässig gewesen. Sie bekommt ihre Hände frei, kann die Pflaster abreißen und die Stiefel von den Füßen streifen.

Als sie versucht, aus der Kiste zu steigen, hört sie nur: „Du Biest, wenn du jetzt nicht ruhig bist, dann ersteche ich oder erwürge ich dich!" Als der Trabi-Fahrer am Ortsausgang von Nickritz wegen des Gegenverkehrs fast anhalten muss, gelingt es Ines K., sich zu befreien. Aus der Hintertür lässt sie sich auf die Straße fallen, rappelt sich auf und läuft um ihr Leben. Das Haus von Klaus B. liegt etwa 50 Meter entfernt. Es ist ihre Rettung. Ihr Peiniger wagt es nicht, ihr zu folgen, sondern fährt davon.

Der Vorfall wird wohl sehr ernst genommen. Deshalb sitzt die junge Frau wenig später zwei Mitarbeitern der Dresdner Mordkommission gegenüber. Auch sie können kaum glauben, was sie erzählt. Aber die Blutergüsse an ihren Handgelenken zeigen deutlich, dass sie tatsächlich gefesselt war. Auch die Spuren des Pflasters an ihrem Mund machen die Schilderung plausibel. Sie ist, so scheint es, nur knapp einem Sexualverbrecher entkommen. Die Kriminalisten wollen vor allem eines von der Studentin wissen: Wie sah der Mann aus, zu dem sie ins Auto gestiegen war. Zum Glück kann ihn Ines K. recht gut beschreiben. Etwa 32 bis 35 Jahre alt und kräftig sei er gewesen. Ein volles Gesicht und dunkelblondes Haar habe er gehabt, mit Koteletten bis in die Ohrmitte. Mit auffallend heller Stimme und sächsischem Dialekt habe er gesprochen. Seine Hände müssten wohl nicht schwer arbeiten, glaubt sie. Bekleidet war er mit einem hellen Übergangsmantel. Anhand seiner Antworten während der Fahrt glaubt Ines K. auch, dass sie es mit einem intelligenten Mann zu tun hatte. Ihre Beschreibung geht sofort in die Fahndung. Noch am selben Tag liegt sie in allen Polizeidienststellen weit und breit vor. Ein Glücksfall, wie sich zeigen sollte.

Phantombild (rechts): So sah Ines K. ihren Kidnapper. Links der Täter nach seiner Festnahme.

Denn am 6. März meldet sich ein anscheinend gut situierter Herr im Radebeuler Polizeirevier und zeigt einen Diebstahl an. Am Vortag habe er auf der Fernverkehrsstraße 6 eine junge Frau in seinem Trabant mitgenommen. Sie soll ihm angeboten haben: Für 50 Mark könne er sie „vernaschen". Empört habe er das unsittliche Angebot abgelehnt und die Anhalterin aus seinem Auto verwiesen. Erst danach habe er gemerkt, dass ihm Portemonnaie und Ausweise fehlen. Der angeblich Bestohlene ist Hans-J. S., ein Hochschullehrer aus Radebeul mit Arbeitsstelle in Dresden. Die Radebeuler Polizisten stellen fest: Er passt auffallend zur Beschreibung von Ines K.

Deshalb wird noch am Sonnabend auch die Mordkommission über die eher banale Anzeige informiert. Sofort wollen sich die Ermittler im Fall Ines K. mit dem Mann aus Radebeul treffen. Wenig später sitzen sie einem „feinen" Herren im Nadelstreifenanzug gegenüber. Der 39-Jährige ist die

Selbstsicherheit in Person. Redegewandt, beherrscht und ohne Erregung erzählt Hans-J. S. noch einmal, was ihm angeblich zugestoßen ist.

Den Kriminalisten ist sofort klar: Wenn dieser Mann nicht das Opfer, sondern der Täter vom Vortag ist, dann haben sie eine schwere Nuss zu knacken. Wer ist schon so dreist und zeigt mit schauspielerischen Qualitäten sein eigenes Opfer an? Was die Männer von der Mordkommission zu dieser Zeit nicht wissen: Hans-J. S. wäre tatsächlich Schauspieler geworden, wenn ihm die Eltern diesen Wunsch nicht versagt hätten.

Noch während die Ermittler mit dem Hochschullehrer sprechen, wird auch die Studentin Ines K. auf das Revier geholt. Bei einer Gegenüberstellung erkennt sie ihren Peiniger sofort unter mehreren Männern. Und während sich die Kriminalisten bei der Vernehmung von Hans-J. S. viel Zeit lassen, besorgt die Mordkommission noch am Wochenende beim Gericht die Erlaubnis, seine Wohnung und sein Auto zu durchsuchen. Im Trabant finden sie den Schrankkoffer, zerrissene Lederriemen und auch eine Flasche mit Äther.

Der Trabi-Kombi des Täters: Mit dem großen Kastenkoffer für sein Opfer ist der Hochschullehrer am Morgen noch zur Arbeit gefahren.

Damit wird aus dem vermeintlichen Diebstahlsopfer endgültig ein Verdächtiger, der wohl nicht damit gerechnet hat, so schnell in die Klemme zu geraten. Als die Kriminalisten von Hans-J. S. wissen wollen, was er mit den Sachen vorhatte, bröckelt etwas Lack ab von der feinen Fassade. Ohne zu zögern erzählt er, dass der Diebstahl eine Notlüge sei. Er hat wohl befürchtet, dass sich Ines K. das Kennzeichen seines Trabis gemerkt haben könnte. Dann wäre schnell raus gekommen, was passiert ist – für ihn als Hochschullehrer eine beschämende und blamable Sache.

Deshalb wollte Hans-J. S. offenbar die Flucht nach vorn antreten und den Spieß einfach umdrehen. Denn selbst nach der Gegenüberstellung mit Ines K. glaubt er wohl noch: Ihm, einem Hochschul-Dozenten, werde man eher glauben als einer 21-jährigen Studentin. Und so erzählt S., dass er am Vortag eigentlich nach Torgau wollte, um schmutzige Wäsche zu seiner Tante zu schaffen. Deswegen sei auch der Schrankkoffer im Auto. Als die Studentin neben ihm im Auto saß, sei sexuelle Lust in ihm aufgestiegen. Er sei geschieden und lebe schon längere Zeit ohne sexuellen Kontakt zu Frauen, so erzählt er. Die Begierde habe ihn schließlich übermannt und dazu getrieben, die junge Frau zu betäuben und zu fesseln. Er habe einen Wald gesucht, um dort mit dem Mädchen zu schlafen, so erzählt er. Der Äther im Auto und die Fesseln, alles Zufall, oder was? Noch am Sonntag wird der Hochschullehrer in Untersuchungshaft genommen. Seine beiden noch minderjährigen Kinder, die nach der Scheidung von seiner Frau bei ihm blieben, werden einem Kinderheim übergeben.

Der 39-jährige Dozent ist intelligent genug, um zu erkennen, dass ihm die Mordkommission diese Geschichte nicht abkauft. Bereits am 8. März gibt er in einer sechsstündigen Vernehmung zu, dass er den großen Kastenkoffer schon am Freitagmorgen im Auto hatte, als er nach Dresden zum Dienst gefahren ist. Die Kriminalisten wissen inzwischen, bis wann er an diesem Tag Dienst hatte und werden stutzig. Zwischen seinem Feierabend und der Begegnung mit Ines K. gibt es eine Lücke von etwa drei Stunden. Wo war Hans-J. S. in dieser Zeit?

Er gibt schließlich zu, dass er am 5. März bereits an einer Autobahnanschlussstelle im Dresdner Norden gezielt nach einem Mädchen Ausschau gehalten hat. Als Hochschullehrer weiß er, dass freitags nach dem Mittag viele Studentinnen per Anhalter nach Hause fahren. Er räumt sogar ein: Äther, Lederriemen und Koffer waren als Hilfsmittel in seinem Auto, für den Fall, dass sich sein Opfer wehren würde. Schon seit Dezember 1975 etwa fahre er mit diesen Utensilien herum und suche Anhalterinnen zum Sex. Er hatte das Verbrechen also geplant. In einem Polizeiauto fährt er mit den Kriminalisten noch einmal die gesamte Strecke ab, die er am vergangenen Freitag in Dresden auf der Suche nach einem Opfer zurückgelegt hatte, ehe er sich auf den Weg nach Meißen machte. Die Tour wird ihm zum Verhängnis.

Denn er führt die Mordkommission auch zur Autobahnanschlussstelle Dresden-Nord. Hier stehen ebenfalls viele Anhalter. Schon auf dem Weg dorthin drängt sich plötzlich ein ganz anderes Mädchen in das Gedächtnis der mitfahrenden Ermittler: Es ist Roswitha Skuppin, Studentin an der TU Dresden, 20 Jahre alt. Sie hatte am 9. November 1973, also vor rund zweieinhalb Jahren, auch an einem Freitag, kurz nach 16 Uhr die Uni verlassen, um in ihre Heimatstadt Kleinmachnow bei Potsdam zu trampen. Dort ist sie nie angekommen. Die Dresdner Mordkommission ermittelte lange. Das Mädchen war eine routinierte Tramperin. Sie blieb vermisst. Seither prüft die Volkspolizei bei jeder unbekannten weiblichen Leiche, die in der DDR gefunden wird, ob es sich um Roswitha Skuppin handeln könnte. Immer vergebens. So bleiben im Fall Skuppin nur zwei Möglichkeiten: Entweder ist das Mädchen in den Westen gegangen und hat sich nicht zu Hause gemeldet, oder sie ist einem Verbrechen zum Opfer gefallen. Zuletzt wurde die 20-Jährige an der Autobahnanschlussstelle gesehen, zu der Hans-J. S. die Mordkommission nun führt. Zufall?

Suche nach der vermissten Roswitha Skuppin 1973 in der SZ: Bleiches Gesicht, blaue Augen.

Die Kriminalisten wechseln während der Fahrt mit dem 39-Jährigen kein Wort über ihre vage Vermutung. Doch sie erhält Nahrung, als die Kollegen die beschlagnahmten Unterlagen des Hochschullehrers überprüfen. Hans-J. S. ist ein ordentlicher Mensch. Auf den Hüllen seiner Scheckhefte führt er Buch, wann er an welcher Tankstelle Benzin gekauft hatte. Die Kriminalisten stellen überraschend fest: Am 9. November 1973, dem Tag als Roswitha Skuppin verschwand, hatte Hans-J. S. auf der Autobahn 13 in Richtung Berlin an der Autobahntankstelle Freienhufen getankt. Mit Hochdruck vergleichen die Kollegen nun seine Schecks mit anderen Vermissten-fällen in der gesamten DDR und stellen fest: Es gibt bei drei weiteren jungen Frauen verblüffende Übereinstimmungen.

Die nächste Vernehmung wird zu einer kriminalistischen Pokerrunde. Die Ermittler haben den Verdacht, ihr Verdächtiger könnte gar ein Serienmörder sein. Aber beweisen können sie ihm gar nichts. Mit Andeutungen wollen sie ihn nervös machen, und sie löchern ihn mit Detailfragen zu seinem Vergewaltigungsplan während der Fahrt mit Ines K. Doch Hans-J. S. lässt sich nicht verwirren und auch nicht aus der Ruhe bringen. Er reagiert sogar arrogant und überheblich. Einmal schreit er die Kriminalisten sogar richtig an. Das traut sich sonst kaum ein Verdächtiger. Die Vernehmer versuchen, sich zu beherrschen, um nicht selbst ihr Konzept zu verlieren. Dann würde die Vernehmung sicher platzen. Nach einigen Stunden ziehen sie dann unvermittelt ihren „Trumpf" aus dem Ärmel und fragen Hans-Jörg S., was er denn am 9. November 1973 auf der Autobahn Dresden-Berlin gemacht habe, dem Tag, als Roswitha Skuppin verschwand.

Nun reagiert der bisher so clevere Verdächtige einigermaßen schockiert. Zum ersten Mal ist er richtig nervös. Röte steigt an seinem Hals auf. Konsterniert zerreibt er sein Taschentuch zwischen den Händen. Sie haben ins Schwarze getroffen, wie man so sagt. Aber „geknackt" haben sie den Verdächtigen damit noch lange nicht. Innerlich wieder etwas gefasst, versucht er vielmehr auszuweichen und will unbedingt wissen, warum die Mordkommission wissen will, was er ausgerechnet am 9. November 1973 getan habe. Im Gespräch versucht er fast verzweifelt herauszubekommen, woher die Kripo weiß, dass er an diesem Tag tatsächlich auf der Autobahn war. Aber er findet die Verbindung zu den verräterischen Tankschecks nicht. Und er hat keine plausible Antwort auf die Frage, was er 1973 auf der Autobahn zu tun hatte. Er sitzt in der Klemme und ist ziemlich verunsichert, als die Mitarbeiter der Mordkommission ihn an diesem Tag verlassen. Es ist mittlerweile Anfang April, und der noble Hochschullehrer macht seit fünf Wochen schon eine völlig neue Lebenserfahrung: die der Untersuchungshaft.

Vielleicht trägt dieser Umstand dazu bei, dass den Kriminalisten zum nächsten Termin im tristen Gefängnis auf der Dresdner Schießgasse ein ganz anderer Hans-J. S. gegenübersitzt, so scheint es jedenfalls. Unruhig rutscht er auf seinem Stuhl hin und her. Die roten Flecken an seinem Hals sind wieder da. Seine Hände schwitzen und wieder zerreibt er fast sein Taschentuch. „Heute ist es zu schaffen", glauben die Vernehmer. Hoffnung kommt auf, aber der Hochschullehrer pokert auch: „Wenn Sie mir sagen, woher Sie wissen, dass ich am 9. November 1973 auf der Autobahn war, kann ich mich vielleicht erinnern", sagt er.

Nun erzählen ihm die Kriminalisten, wie viele Polizisten an dem Fall arbeiten. Etwas dick tragen sie dabei auf, um ihren Verdächtigen zu beeindrucken. Nach einer Weile wollen die beiden Mitarbeiter der Mordkommission wissen, warum er an diesem Tag auf der A 13 in Freienhufen getankt habe? Hans-J. S. schweigt eine Weile und murmelt dann sinngemäß den Satz vor sich hin: „Und ich dachte, es gibt das perfekte Verbrechen." Aus Erfahrung wissen die Vernehmer: Das ist der Augenblick, in dem sie nur schweigen müssen. Denn das sind jene Sekunden, manchmal auch Minuten, in denen die Zeit für sie arbeitet, in denen auch hartgesottene Straftäter „umkippen". Die Kriminalisten sind selbst nervös, denn manchmal erscheint so ein Moment endlos.

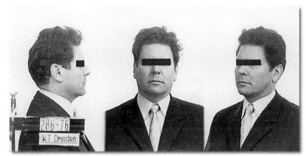

Hans-J. S. nach seiner Festnahme: Selbstbewusstes und dominantes Auftreten.

In diesem Fall endet er mit einem Weinkrampf. Der 39-Jährige, den die Ermittler bisher als arrogantes, schauspielerisches Talent kennen gelernt hatten, heult plötzlich bitterlich und schreit seine Niederlage schließlich heraus: „Sie haben gewonnen, und ich habe verloren." Schluchzend sagt er: „Ich bin ein Schwein, ich habe 1973 die vermisste Studentin mit dem Pkw mitgenommen." Dann gesteht Hans-J. S., dass Roswitha Skuppin an jenem Nachmittag in sein Auto gestiegen war, weil sie nach Berlin wollte. Er lässt sich sein Täterwissen aber nur widerwillig aus der Nase ziehen. Sobald er sich nach seinem Gefühlsausbruch etwas gefasst hat, versucht er wieder auszuweichen und will sich an den Namen des Mädchens nicht erinnern. Er habe ihn verdrängt, sagt er, zeigt aber schließlich auf einer Liste eindeutig den Namen seines Opfers. Der Hochschullehrer gesteht, dass er 1973 ebenso vorgegangen war wie jetzt während der Fahrt mit Ines K.: Auch damals habe er auf der Hansastraße unweit der Autobahn nach einem Mädchen gesucht, mit dem er Sex haben wollte. Die 20-jährige TU-Studentin sei zu ihm ins Auto gestiegen, weil sie per Anhalter nach Kleinmachnow wollte, wo sie bei ihren Eltern lebte. An der Ausfahrt Golßen habe er die Autobahn verlassen und sei mit dem Mädchen in einen Wald gefahren. Dort habe er sein Opfer betäubt und gefesselt und den Kopf auf die Straße geschlagen. Schließlich habe das Mädchen kein Lebenszeichen mehr von sich gegeben. Wo die Leiche liegt, will S. an diesem Tag partout nicht sagen. Die Kriminalisten ahnen, dass er sich wieder ein Hintertürchen offen lassen will, um ausweichen zu können. Doch diesmal geben sie nicht nach. Es ist lange still in dem Zimmer. Nach einer Stunde des Wartens sagt er schließlich: „Ich habe die Tote mitgenommen, wieder mit nach Dresden zu mir nach Hause." Nach Radebeul, wo er zu dieser Zeit mit seinen beiden Kindern in einer Mietwohnung lebte. Eigens für diese Fahrt am 9. November 1973 hatte er einen Sitz seines Autos ausgebaut. Nun wissen die Kriminalisten: Auch die Tat vor zwei Jahren geschah nicht spontan, sie war sorgfältig geplant.

Auf die Frage, wo die Leiche geblieben sei, erzählt Hans-J. S. schließlich die schlimmste Geschichte des ganzen Falles. Er schildert, wie er die Leiche in einer Decke eingewickelt mit in seine Wohnung genommen und zwei Nächte lang mit einem Hirschfänger zerlegt habe. In zwei Kachelöfen habe er zuerst Kopf, Arme und Beine des Mädchens verbrannt und in der zweiten Nacht den Rumpf. Seinen Kindern hatte Hans-J. S. in dieser Zeit verboten, die beiden Zimmer zu betreten, die er heimlich zum Krematorium umfunktioniert hatte. Während sie in der Schule waren, zerstückelte und beseitigte er sein Opfer.

Dieses Geständnis gehört zu den Schlimmsten, die die beiden Kriminalisten je gehört haben. Es bringt ihnen viel Lob ein, ist aber lange nicht das Ende des Falls. Schon nach kurzer Zeit widerruft S. all die Grausamkeiten. So beginnt die Mordkommission drei Jahre nach der grausamen Tat erst einmal, im Fall Skuppin nach objektiven Beweisen zu suchen.

Kriminaltechniker stellen in den folgenden Wochen die Wohnung des Hochschullehrers auf den Kopf. Sogar die beiden Kachelöfen werden abgerissen. Es lohnt sich. Sie entdecken kleinste Knochenreste hinter den Ofenzügen. Auch der Stahlabsatz eines Damenstiefels und einige Metallösen tauchen in der Asche auf. An den Schrankfüßen entdecken die Spezialisten Reste von Blut. Es ist die Blutgruppe der Roswitha Skuppin. Ihren Eltern in Kleinmachnow werden schließlich sämtliche Handtücher aus der Wohnung des Dozenten vorgelegt. Die Mutter erkennt eines davon eindeutig als das Handtuch ihrer Tochter wieder. Jetzt gibt es kaum noch Zweifel, dass ihre Tochter einem Sexualmord zum Opfer gefallen ist.

Die Indizien belasten Hans-J. S. nun schwer. Aber der Verdächtige lässt sich von ihnen nicht so schnell erdrücken. Er ist wieder ganz der Alte. Da es für den Mord keine Zeugen gibt, sind seine eigenen Schilderungen zu den Ereignissen von großer Bedeutung. Wieder wird er im Mai und im Juni tagelang vernommen. Wieder weicht er den Fragen geschickt aus und tischt stattdessen immer neue Geschichten auf. Mal ist die Studentin aus dem Auto gefallen, mal ist sie in Freienhufen in ein anderes Auto gestiegen, mal ist alles ein Unfall gewesen.

Längst ermittelt die Mordkommission auch im Kreise der Bekannten und Verwandten des Hochschullehrers. Hans-J. S. stammt aus einer wohlhabenden Familie, in der er das einzige Kind ist. Schon sein Vater war Hochschulprofessor. Seine Mutter, an der er sehr hing, starb schon früh. Zur Stiefmutter findet er nicht den gleichen Zugang. Im Gymnasium tritt er im Schultheater auf, bevorzugt die Rollen jugendlicher Helden. Die Eltern erfüllen ihm fast jeden Wunsch, nur einen nicht: Schauspieler zu werden. So studiert er in Dresden Germanistik und bildet später Studenten in deutscher Sprache weiter. Schon sehr zeitig lernt Hans-J. S. seine spätere Frau kennen. Er dominiert in dieser Beziehung von Beginn an. Für beide sind es die ersten sexuelle Kontakte, aber nie die richtig große Liebe. Die entdeckt seine Frau erst 1971. Hans-J. S. erfährt durch Briefe von der außerehelichen Beziehung seiner Frau und kann diese Schmach wohl nicht verwinden. Er reagiert mit Gewalt, auch im Ehebett. Als er eines Tages seine Frau sogar betäubt und fesselt, habe er bemerkt, dass ihn das sexuell befriedigte, so gesteht er später. Aus Scham habe seine Frau keine Anzeige erstattet, aber die Scheidung eingereicht. Als Vater kann Hans-J. S. die beiden Kinder für sich gewinnen. Von der Frau verlassen, führt er einen ordentlichen Haushalt und kümmert sich sehr um die Kinder. Weiblichen Kontakt habe er vor allem zu Frauen gesucht, die seiner geschiedenen Ehefrau ähnelten, erzählt er. Einige von ihnen werden befragt. Zu normalen sexuellen Beziehungen sei es aber nie gekommen. Eine nennt Hans-J. S. einen „Blender". Er erzählt einmal, dass in ihm deshalb vielleicht die Idee entstanden sei, Anhalterinnen mitzunehmen, um mit ihnen seine Neigung zur sexuellen Gewalt auszuleben.

Im Juni 1976 beauftragt die Staatsanwaltschaft Dresden zwei Professoren für Gerichtspsychiatrie an der Humboldt-Uni Berlin. Sie sollen das Seelenleben des Hochschullehrers ergründen. In ihrem über 100-seitigen Gutachten kommen sie nach fast einem halben Jahr zu dem Schluss, dass die Gewalttätigkeiten, die Hans-J. S. seiner Frau, Roswitha Skuppin und Ines K. angetan hat, nicht losgelöst voneinander betrachtet werden können. Ihr Proband sei zwar nicht geisteskrank, habe aber einen Sexualtrieb entwickelt, den sie als schwer abartig einstufen. Sie nennen seine Triebe „pervers", mit dem Hang zum Sadismus. Die sexuelle Befriedigung bei der Quälerei seiner Frau sei wahrscheinlich der Auslöser gewesen. Da ihm nach der Scheidung normaler sexueller Kontakt mit anderen Frauen weitgehend versagt blieb, kommen die Gutachter zu dem Ergebnis, dass die abnormen Triebe durch sexuelle Selbstbefriedigung immer stärker wurden. Der Proband hatte in den Gesprächen eingeräumt, dass er dabei perverse Fantasien hat. Diese Triebhaftigkeit habe schließlich zu den Gewalttaten an den beiden Studentinnen geführt, glauben die Professoren. Seine Intelligenz nutzte Hans-J. S., um seine Taten zu verdecken und zu verdrängen.

So sitzt er auch auf seinem hohen Ross, als im Dezember seine Gesprächspartner wieder wechseln. Kriminalisten lösen die Psychiatrie-Professoren noch einmal ab. Anfangs redet man über Belangloses, später erneut über die erdrückenden Indizien. Die Erkenntnisse der Psychiatrie helfen der Mordkommission. Hans-J. S. verwickelt sich in Widersprüche und kommt wieder in Erklärungsnöte. Am 10. Dezember ziehen wieder die roten Flecken an seinem Hals hoch. Offenbar hat er eine schlaflose Nacht hinter sich. Selbstzweifel quälen ihn. Er schlägt mit seinem Hinterkopf an die Wand und sagt: „Was soll ich denn machen, was mache ich richtig." Zum zweiten Mal fließen bei ihm Tränen, dann beherrscht er sich schlagartig wieder und verlangt nach Papier und Bleistift. „Es hat keinen Zweck mehr", sagt er, „lassen Sie mich in Ruhe in einer Ecke etwas aufschreiben." Eine

Hans-J. S. demonstriert am Tatort noch einmal seine Tat: betäubt, gefesselt, erwürgt.

Stunde lang schreibt er. Die Kriminalisten sitzen ein paar Schritte daneben und schweigen eine Stunde lang. Dann gibt er ihnen das Papier unterschrieben zurück und es scheint, eine schwere Last ist von ihm gewichen. „Jetzt habe ich mein Todesurteil geschrieben", sagt er mit zitternder Stimme. Tatsächlich ist es ein umfangreiches Geständnis, in dem er noch mehr preisgibt als das, was er schon im April gestanden hatte. Ein paar Wochen später, im Januar 1977, rekonstruiert er seine Tat vor den Augen von Kriminalisten und Staatsanwälten.

Im Juni 1977 steht er vor dem 2. Strafsenat des Dresdner Bezirksgerichts – und widerruft ein drittes Mal seine Tat. Bis zum Schluss der fünftägigen Verhandlung bleibt Hans-J. S. dabei, dass er Roswitha Skuppin nicht vorsätzlich getötet habe, sondern dass sie einem Unfall zum Opfer gefallen sei. Doch die Richter glauben ihm nicht. Zu viele Indizien sprechen für Mord, und zu viele Schilderungen von ihm selbst, so genanntes Täterwissen, passen zu den gesammelten Beweisen. Wegen Mordes und versuchten Mordes verurteilt der Senat Hans-J. S. schließlich zu einer lebenslänglichen Freiheitsstrafe. Er ist überzeugt, dass der intelligente Hochschullehrer die Studentin Roswitha Skuppin umgebracht hat, auch wenn letztendlich unklar blieb wie. Das, so hatten schon die Psychiatrie-Professoren prognostiziert, werde die Justiz von Hans-J. S. mit ziemlicher Sicherheit nie erfahren. Ob seiner abartigen Neigung weitere Mädchen zum Opfer gefallen sind, ist ungeklärt geblieben. Im Gefängnis von Brandenburg sitzt Hans-J. S. seine Strafe ab – bis 1996. Da wird er auf Bewährung entlassen – zur Überraschung der Kriminalisten, die ihn kennen.

DER GROSSE FISCHZUG NACH DEN ALU-CHIPS

Zwei Dresdner machen es 1977 den großen englischen Bankräubern nach und überfallen einen Lohngeldtransport im Wartburg.
Vor den Augen der Polizei spionieren sie vorher ihren Beutezug aus.

Von Richard Blaha und Thomas Schade

Geldraub in der DDR – das lohnt sich eigentlich nicht. Für die Alu-Chips lohnt das Risiko nicht, so dachten viele. Der Tauschhandel mit der harten D-Mark blüht Mitte der 70er-Jahre noch nicht so wie in späteren Jahren. Deshalb sind Banküberfälle in der DDR so gut wie keine bekannt geworden. Aber Ausnahmen bestätigen eben die Regel. Und 1977 sind wochenlang weit über eintausend Polizisten quasi Tag und Nacht auf den Beinen, weil zwei Ganoven das eigentlich Sinnlose doch wagen und damit an höherer Stelle in Partei und Staat für helle Empörung sorgen.

Angeblich beginnt alles in der zweiten Hälfte des Jahres 1976 in dem bekannten Dresdner Maschinenbaubetrieb VEB Mikromat. In der Kaffeepause kommt da unter den Schichtarbeitern schon mal die Rede auf das richtig große Geld, wenn die Kumpel ihre eher eintönigen Arbeiten an den großen Drehbänken, Fräsmaschinen oder Schleifautomaten unterbrechen. Da wird auch von den richtig großen Geldsummen geschwärmt. Nicht von Lottogewinnen, sondern von solchen Summen, wie sie beispielsweise die berühmten englischen Eisenbahnräuber erbeutet hatten.

Und einer in der Runde weiß, dass es eigentlich ganz einfach ist, in der DDR auch so ein Ding wie in England zu drehen. Er hatte erfahren, dass zweimal im Monat immer an den Vormittagen viel Geld auf Dresdens Straßen unterwegs ist. An diesen Tagen fahren Mitarbeiter der Lohnbuchhaltungen aus den sozialistischen Großbetrieben durch die Stadt, um von der Staatsbank der DDR die Lohngelder für die Werktätigen abzuholen. Viele Arbeiter wollen Mitte der 70er-Jahre Bares in der Lohntüte sehen und nicht nur einen Kontoauszug. Und der 32-Jährige weiß auch, wie nachlässig mit dem Geld umgegangen wird auf dem Weg von der Bank bis zu den Werktoren. Pausenpalaver, so denken die meisten in der Runde.

Aber schon wenige Wochen später rollen zwei Männer in aller Ruhe in ihrem Auto auf den Parkplatz vor dem Dresdner Volkspolizeikreisamt und beobachten ein paar Stunden lang, was sich an der Staatsbank der DDR gleich gegenüber von der Polizei so tut. Es sind der 31-Jährige aus dem VEB Mikromat und sein drei Jahre jüngerer Kollege. Beide kennen sich seit etwa einem Jahr. Der jüngere Mann stammt aus Heidenau und ist Schleifer bei Mikromat. Der ältere stammt von der Ostseeküste, ist in der gleichen Abteilung Fräser und ein bisschen wohl auch Vorbild für den Jüngeren. Beide sind auch nach Feierabend ein Team. Sie malern und tapezieren bei Leuten die Wohnungen und verdienen sich so noch etwas hinzu. Eigentlich geht es keinem von beiden finanziell schlecht. Der eine fährt einen Dacia, der andere einen Škoda, beides Luxuswagen Mitte der 70er-Jahre in der DDR.

Was die beiden Männer von ihrem Auto aus sehen, wollen sie kaum glauben. Mit Wartburgs holen die Betriebe ihre Lohngelder ab. Und sie schicken fast nur Frauen, lediglich die Kraftfahrer sind Männer. Die beiden Männer schauen sich die Koffer genau an und wie sie getragen werden. Mehrmals kundschaften sie das Geschehen an der Staatsbank aus. Immer dann, wenn es am 15. des Monates ihr Schichtplan gerade möglich macht. Schon wenig später beginnen sie, einzelnen Autos hinterherzufahren, um zu sehen, zu welchen Betrieben sie gehören. Denn nur in größeren Betrieben ist auch das große Geld zu holen. Und so reift der ernsthafte Gedanke: „Es dürfte doch nicht schwierig sein, einen solchen Transport zu überfallen."

Bald haben sie einen Geldtransport gefunden, dessen Strecke ihnen günstig erscheint. Der Betrieb ist ihnen groß genug. Immer kommen zwei Frauen mit einem Wartburg 353 das Geld holen. Am Steuer sitzt stets ein Mann. Etwa fünfmal folgen sie dem Transport von der Bank bis fast zum Werktor, immer die gleiche Strecke. Nach der Fahrt Mitte April 1977 entschließen sie sich: Im Juni wollen sie es wagen.

In der Nacht vor dem 15. Juni 1977 stellt der jüngere Mann seinen Škoda am Stadtrand in Richtung Freital ab und stiehlt auf dem Dresdner Altmarkt ein MZ-Motorrad. Auf zwei Rädern wollen sie das Ding durchziehen, haben sich dafür extra Lederklamotten besorgt. Am nächsten Morgen parkt der Ältere seinen Dacia in der Nähe der Coschützer Straße. Dann fahren beide mit der 175er MZ weiter und legen sich auf die Lauer.

Für die beiden Frauen aus der Lohnbuchhaltung des Heizkraftwerkes Nossener Brücke ist dieser 15. Juni reine Routine. Mit dem Werkskraftfahrer haben sie auf der Staatsbank wie immer das Geld geholt und fahren wie immer auf der gleichen Strecke auf dem Weg zurück zum Betrieb: Leningrader Straße, Dr.-Külz-Ring, Freiberger Straße, Oederaner Straße, Fabrikstraße. Dann sind sie am Betriebstor. Sie steigen aus und haben noch etwa 15 Meter zu Fuß bis ins Verwaltungsgebäude vor sich. Es ist 8.25 Uhr.

Das Kraftwerk Nossener Brücke.

Da taucht das Motorrad plötzlich neben ihnen auf. Der Sozius steigt ab und will den Kraftfahrer mit einem Gläschen Nitroverdünnung außer Gefecht setzen. Doch das Glas fällt ihm aus der Hand. Vor lauter Aufregung habe er das Glas fallen lassen, wird der Mann später sagen. So schiebt er den Mann einfach beiseite und versucht, einer der Frauen den Geldkoffer zu entreißen. Doch die erfasst offenbar schnell, was gerade passiert und wehrt sich. „Ich musste ganz schön reißen, damit ich ihn bekam", sagt der Mann später. In den wenigen Sekunden wendet der andere das Motorrad. Dabei verreckt der Motor. Die beiden Räuber müssen ihre Fluchtmaschine zu allem Übel auch noch anschieben. Am Betriebstor des Kraftwerkes sitzt allen dermaßen der Schreck in den Gliedern, dass keiner die Flucht verhindern kann.

Phantombilder von einem der beiden Goldräuber: Trug einer der Motorradräuber Bart oder Schal?

Im Dresdner Volkspolizeikreisamt will die Meldung im ersten Moment keiner recht glauben, die da kurz nach halb neun Uhr über den Notruf 110 kommt. Noch nie ist in der DDR ein Transport mit Lohngeldern überfallen worden. Dennoch wird sofort eine Großfahndung eingeleitet. Innerhalb von Minuten sind alle Dresdner Ausfallstraßen, besonders der Fernverkehrsstraßen, mit Polizeiposten besetzt. Alle verfügbaren Volkspolizisten halten Ausschau nach zwei Personen in Lederklamotten auf einem Motorrad. Auf die Idee, dass die Räuber ihr Fluchtfahrzeug wechseln könnten, kommt offenbar keiner. Eine schwere Panne, wie sich später herausstellt.

Denn die beiden Räuber rasen nach dem Überfall mit der MZ nur bis Coschütz. Dort steigt der eine in seinen Dacia. Der andere fährt allein zu seinem Auto und stellte das Motorrad auf einem Garagengrundstück ab. Der Dacia rollt wenig später auf der Dohnaer Straße ganz unauffällig auf eine der Verkehrskontrollen zu. Im Kofferraum liegt das geraubte Geld und der Fahrer ist reichlich aufgeregt. Aber die Polizisten schöpfen keinen Verdacht. Dass ihnen hier einer der Räuber entwischt, das sollen sie erst ein halbes Jahr später erfahren.

Eingang des Kraftwerkes: Geldraub vor den Augen des Pförtners.

Als der Kripo-Oberleutnant Fritz Remmer* drei Wochen nach dem Raubüberfall die eilig gegründete Sonderkommission „Lohngeldraub" übernimmt, ist der „erste Angriff" schon verloren. So nennt die Polizei ihre ersten Fahndungsmaßnahmen nach einer schweren Straftat. Dabei sind in den ersten Tagen über eintausend Polizisten auf der Suche nach den Räubern. In den Führungsetagen ist der Teufel los. Der Lohngeldraub spricht sich rum, schließlich arbeiten in dem Heizkraftwerk hunderte Leute. Die SED-Bezirksleitung macht Druck auf die Polizei. Sogar die Staatssicherheit hängt sich in die Ermittlungen rein. Sie erstellt einen Maßnahmeplan und

---
* Name geändert

fordert alle ihre inoffiziellen Mitarbeiter, die rund um das Kraftwerk tätig sind, auf, verdächtige Äußerungen sofort zu melden. Das MfS kann den Ermittlern der Kripo zwar kaum Hinweise liefern, will aber alle Ergebnisse wissen. Doch Ergebnisse hat die Polizei erst einmal keine.

Aus dem gesamten Bezirk Dresden werden deshalb etwa 200 Kriminalisten in die bisher größte Sonderkommission berufen, die bisher in der Dresdner Polizei gearbeitet hat. Eine ganze Etage in der Schießgasse wird freigeräumt. Aber es gibt zu dieser Zeit keine Verkehrsüberwachung mit Blitzkästen und anderen Raffinessen, die später bei ähnlichen Fällen eine große Hilfe sein werden. Im Sommer 1977 können nur Zeugen helfen, denen zur Tatzeit in der näheren und weiteren Umgebung des Kraftwerkes etwas aufgefallen ist.

Garagenkomplex in Dresden-Plauen: Auf dem Trampelpfad zum Fluchtfahrzeug.

Die Führungsetage der Polizei entscheidet schließlich, in den Zeitungen und im Rundfunk über den bisher einzigartigen Raubüberfall zu informieren. Die Öffentlichkeit wird dringend um Mithilfe gebeten. Die Polizei verteilt Handzettel in den Wohngebieten rund um das Kraftwerk. Darauf stehen all die Fragen, die die Sonderkommission am meisten interessieren. Und die Volkspolizei macht wieder einmal die Erfahrung: Der Bürger ist zwar nicht immer ihr Freund, aber er hilft eben, wo er kann.

Schon am Tag nach den kleinen Zeitungsmeldungen erhält die Sonderkommission zwei, wie sich zeigen soll, wichtige Hinweise. Ein Mann, der unweit vom Kraftwerk wohnt, hat am Tag vor dem Überfall bei seiner

Autogarage ein Motorrad entdeckt, „das da eigentlich nichts zu suchen hat", wie er sagt. Er kann der Polizei sogar das Kennzeichen nennen. Schnell stellt sich heraus: Es ist am Tag vor der Tat vom Parkplatz auf dem Dresdner Altmarkt gestohlen worden.

Der zweite Tipp kommt von Kindern. Sie haben in Dresden-Gittersee einen aufgeschnittenen Koffer gefunden. Wie sich bald herausstellt ist es der Geldkoffer des Kraftwerkes. Und natürlich ist er leer.

Doch beide Hinweise helfen sehr, die Tat zu rekonstruieren. Damit versucht die Sonderkommission, das vermutliche Verhalten der Räuber zu ergründen. Sie kommen schließlich zu der Version: Die Räuber hatten das Motorrad an der Garage abgestellt, um es am Tattag schnell benutzen zu können. Also wohnt oder arbeitet wenigstens einer von ihnen vermutlich in der Nähe der Garage, so glaubten die Ermittler. Ihre Vermutung: Nach dem Überfall sind die Täter mit dem Motorrad bis zum Fundort des Koffers gefahren, haben dort das Geld umgepackt, ihren fahrbaren Untersatz gewechselt und die Flucht mit dem Auto fortgesetzt. Nun ziehen die Fahnder mit dem Zirkel auf dem Dresdner Stadtplan einen Kreis um die Garage. Damit ist das Stadtgebiet eingegrenzt, in dem nun die kriminalistische Kleinarbeit beginnt. Hunderte Volkspolizisten überprüfen alle Bewohner des Gebietes, die der Polizei durch Einbrüche oder Diebstähle bekannt sind. Auch Leute, die dort arbeiten, aber wo anders wohnen, werden unter die Lupe genommen, ohne dass sie es merken. Hierbei helfen vor allem die Abschnittsbevollmächtigten in den Wohngebieten, die natürlich ihre Pappenheimer kennen.

Mehr als tausend Personen geraten so ins Visier der Polizei. Fritz Remmer braucht ganze Heerscharen für diese Arbeit und hat wieder Pech.

Im VEB Mikromat stoßen die Ermittler auf Arno S. und seinen Kumpel Johannes G. Beide sind der Polizei nicht ganz unbekannt. Beide leben nicht gerade bescheiden, fahren teure Autos und geben offenbar mehr Geld aus, als sie verdienen. Doch beide Männer haben ein Alibi. Ihr Meister und ihr Brigadier bestätigen, dass sie zur Tatzeit im Betrieb waren und Frühschicht hatten. Auch für ihr Leben auf etwas großem Fuß gibt es eine Erklärung: Alle im Betrieb wissen, die beiden schurwerken kräftig nach Feierabend.

Sorglos beim Transport der Lohngelder: Rund 400.000 Mark im kleinen Reisekoffer.

Nach einem Vierteljahr sind weit über 500 Personen überprüft, vor allem diejenigen, denen ein solches Ganovenstück noch am ehesten zuzutrauen ist. Die Aussicht, die beiden Räuber zu finden, werden immer trüber. Da taucht erneut ein Zeuge auf. Der hatte am 15. Juni kurz vor acht beobachtet, wie sich zwei Männer in Arbeitsanzügen an dem Motorrad hinter der Garage zu schaffen gemacht haben. Seine Personenbeschreibungen passen auf Arno S. und Johannes G., die beiden Männer aus dem VEB Mikromat, dem größten Betrieb in der Nähe des Kraftwerkes. Hatte die Polizei dort bei den Routineüberprüfungen etwas übersehen?

Fritz Remmer entschließt sich, seine Leute noch einmal in den bekannten Maschinenbaubetrieb zu schicken. Und plötzlich wackeln die Alibis von Arno S. und seinem Kumpel. Sie arbeiten nämlich an vollautomatischen Langhobelmaschinen, und es stellt sich heraus, dass es an solchen Automaten durchaus möglich ist, für bis zu vier Stunden von den Maschinen zu verschwinden, ohne dass es der Meister oder der Brigadier bemerken. Die beiden sind schon mehrfach verschwunden, um bei anderen mal kurz zu schurwerken. Auch der Meister und der Brigadier sind sich plötzlich nicht mehr so sicher, ob sie Arno S. und Johannes G. am 15. Juni gegen acht Uhr tatsächlich an der Maschine gesehen haben. Doch auch der Zeuge ist sich nicht hundertprozentig sicher, als ihm die beiden Männer gegenübergestellt werden. Dennoch meldet die Sonderkommission einen ersten konkreten Verdacht.

Weitere folgen. So zum Beispiel Mitte Januar, als sich unverhofft die Bitterfelder Polizei in Dresden meldet. Sie berichtet von einem Mann, der mit rund 300.000 Mark gebündeltem Geld hantiert. Ein älterer Herr hatte das gemeldet und dabei seinen Schwiegersohn in Verdacht. Der hatte nämlich seiner Frau erzählt, er habe als Motorradfahrer beim Lohngeldraub im Sommer 1977 in Dresden mitgemacht. Verschreckt zog die junge Frau ihren Vater ins Vertrauen, ohne zu wissen, dass sich ihr werter Gatte nur einen schlechten Witz erlaubt hatte. So stellt es sich nämlich wenig später heraus.

Kleines Waldstück bei Glashütte: Wo sonst die Pärchen schmusen, kniet nun ein Mann, buddelt in der Erde und lässt drei Münzen liegen.

Eimer voller Geld im Erdversteck: Monatelang nichts angerührt.

Erst ein halbes Jahr nach dem Verschwinden des Geldes, im zeitigen Frühjahr 1978, verhilft Kommissar „Zufall" der Sonderkommission zum Durchbruch. Und er schlägt diesmal weit außerhalb von Dresden in der Nähe von Glashütte, einer kleinen Stadt im Osterzgebirge, zu. Das kleine Waldstück an einer Straße ist im Sommer ein begehrtes Örtchen für Liebespaare. Erste zärtliche sexuelle Kontakte finden in dem lauschigen Wäldchen statt, aber auch routinierte Seitensprünge. Und Arbeiter des angrenzenden Betriebes sind in der warmen Jahreszeit öfters mehr oder weniger unfreiwillig Zeugen diverser Schäferstündchen. Aber jetzt Anfang März? Diesmal beobachten die beiden Arbeiter auch nur einen Mann. Er kniet auf dem kalten Waldboden und scheint zu buddeln. Dann steigt er wieder in sein gelbes Auto und fährt davon.

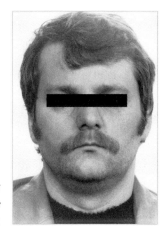

*Lohngeldräuber Arno S.:
In der Kaffeepause
vom großen Geld palavert.*

Neugier treibt die beiden Männer zu der kleinen Mulde im Wald, und sie finden drei Fünf-Mark-Münzen, die der Mann offenbar verloren hat. Und sie ritzen die Anfangsbuchstaben des Auto-Kennzeichens in einen Baum. Nur weil ihnen das alles etwas merkwürdig erscheint, melden sie ihren Fund der Polizei.

Zum Glück laufen auch solche lapidaren Meldungen bei den Lohnraub-Ermittlern ein. Fritz Remmer horcht auf und fährt sofort selbst mit ein paar Kriminaltechnikern nach Glashütte. Die Spezialisten können Reifenspuren sichern und finden sogar ein Schnipsel Papier im Laub, nicht viel größer als ein Fingernagel. Es ist ein Stück Geldbanderole. Unter der Lupe ist sogar noch der Stempel zu entziffern: Sie stammt von der Staatsbank in Dresden. Die leere Grube erscheint allen Kriminalisten aber zu klein für die große Menge Hartgeld, die bei dem Überfall entwendet wurde.

Dafür wird die Überprüfung aller gelben Autos und den wenigen Buchstaben des Kennzeichens ein Treffer: Arno S. im VEB Mikromat fährt ein gelbes Auto mit diesen Buchstaben. Die gesammelten Indizien reichen für eine vorläufige Festnahme. Arno hat an diesem Tag Spätschicht. Obwohl er weiß, dass ihn die Ermittler zumindest zeitweise im Visier hatten, fühlt er sich offenbar noch immer sicher. Sein Auto steht auf dem Betriebsparkplatz. Die Sonderkommission umstellt es mit Zivilfahrzeugen der Polizei. Als er nach seiner Schicht spät abends auf den Parkplatz kommt, greift die Polizei zu.

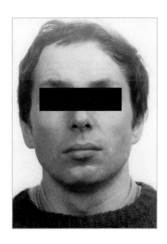

Lohngeldräuber Johannes G.:
Wie die großen englischen Bankräuber.

Noch in der gleichen Nacht sitzt Arno S. dem Soko-Chef Fritz Remmer gegenüber. Er gibt sich gelassen, ruhig und abgebrüht, ganz so, als könne ihm die Polizei gar nichts anhaben. Remmer sagt ihm auf den Kopf zu, dass er ihn für den Lohngeldräuber vom Kraftwerk Nossener Brücke hält und gegen ihn einen Haftbefehl beantragt habe. Ohne zu protestieren, antwortet er nur: „Wenn Sie der Meinung sind, dann müssen Sie mir das beweisen." Doch genau das kann Remmer zu diesem Zeitpunkt nicht. Deshalb versucht er, den Verdächtigen in einem Vernehmungsmarathon zu einem Geständnis zu bewegen. Doch Arno S. hat schon Erfahrung mit der Polizei. Mit dem, was die Sonderkommission in der Hand hat, kann sie von Arno S. so schnell kein Geständnis erwarten.

So setzt Remmer seine ganze Hoffnung auf die Durchsuchung von Arno S.'s Wohnung. Sie findet zur selben Zeit statt, als er vernommen wird. Doch ein Kollege ruft an und meldet, dass nichts zu finden sei, was den 32-jährigen Mann belasten könnte. Remmer weiß, was auf dem Spiel steht. Barsch fährt er seine Genossen an: „Ihr kommt mir nicht rein, ohne etwas gefunden zu haben."

Zwei Stunden später finden die Kollegen in Arnos Garage einen Eimer mit ungewöhnlichem Inhalt: Wasser und Alu-Chips. Das Hartgeld vom Überfall? Und auch in der Wohnung werden sie noch fündig. Dort entdecken sie hinter Bildern an der Wand jede Menge Papiergeld. Doch selbst angesichts so drückender Indizien denkt Arno S. nicht an ein Geständnis, sondern erzählt: Zufällig sei ihm das Geld in einem Gepäckautomaten am Dresdner Hauptbahnhof in die Hände gefallen. Bei einem Bummel vorbei an den Schließfächern habe er in einer offenen Tür den Plastesack voller Geld entdeckt. Ihm sei klar gewesen, dass das Geld nur aus dem Überfall stammen konnte, aber er wollte es nicht zurückgeben, um nicht in Verdacht zu geraten. Deshalb habe er es erst einmal im Wald versteckt. Erst später habe er es in den Wassereimer in der Garage getan. Das Papiergeld hinter den Bildern stammte angeblich von seinen Tapeziererarbeiten bei wohlhabenden Leuten. Er habe die Scheine nur vor seiner Frau versteckt. Die Sonderkommission kann ihm diese Geschichte in dieser Nacht nicht widerlegen und ist einigermaßen ratlos.

Nach einigen Tagen fragt einer der Ermittler frühmorgens beim Kaffee im Büro: „In welchen Gepäckautomaten hat er denn das Hartgeld gefunden?" – Remmer sagt: „Natürlich in den Schließfächern, die in der Kuppelhalle im Bahnhof stehen." Der Kollege erwiderte darauf: „Seltsam, meine Frau zu Hause sagte gestern Abend, dass dort schon seit zwei Jahren keine Schließfächer mehr sind." – Remmer ist wie vom Donner gerührt. Sofort muss einer los, um das zu überprüfen. Nach einer halben Stunde ruft er an und bestätigt, dass die Gepäckautomaten tatsächlich schon seit zwei Jahren an einer anderen Stelle stehen.

Sofort lässt Remmer Arno S. aus der Untersuchungshaft vorführen. Nun fordern sie ihn ganz unverbindlich auf, mal zu skizzieren, wo er das Hartgeld im Hauptbahnhof gefunden hat. Bereitwillig malt Arno S. los und zeichnet die Schließfächer prompt in die Kuppelhalle. Remmer fällt ein Stein vom Herzen, als er dem Verdächtigen auf den Kopf zusagen kann: „Herr S., Sie sind ein großer Lügner". Der 32-Jährige merkt, dass seine Geschichte geplatzt ist. Und es tritt wieder diese Stille ein, die den Vernehmern oft begegnet, wenn Verdächtige sich den Kopf zermartern und hin und her überlegen, ob es noch Sinn hat zu leugnen oder ob es besser wäre zu gestehen. Auch Arno S. ist an diesem Vormittag an dem Punkt angekommen und sagt nach einer ganzen Weile: „Es hat keinen Zweck mehr."

Wenig später schildert er in allen Einzelheiten, wie er durch einen Zufall von den Lohngeldtransporten erfahren hat. Arno S. erzählt auch, wie er nach der Tat durch die Polizeikontrolle gefahren ist. Nur seinen Komplizen will er nicht nennen. Dennoch wird sein Kumpel Johannes G. am nächsten

Morgen vor der Arbeit festgenommen. Dem 29-Jährigen war natürlich nicht entgangen, dass die Polizei seinen Kollegen festgenommen hat. Johannes G. rechnete schon damit, dass ihn die Sonderkommission aufspürt. Am 22. März 1978 macht er seinem Gewissen auf zwei DIN A 4-Seiten Papier Luft. Seit dem Überfall habe er „keine ruhige Minute mehr gehabt", sogar während des Urlaubs im Sommer 1977 in Karlshagen sei er „völlig fertig mit den Nerven gewesen". Nach dem Geständnis scheint ein gewaltiger Druck von ihm zu weichen. Am 15. Juni sei das „wie ein idiotischer Rausch" gewesen. Seine Familie und Angehörige hätten nichts davon gewusst. Beide Räuber sagen glaubhaft aus, sie hätten nur ganz wenig von dem Geld ausgegeben, um nicht aufzufallen. Sie führen die Sonderkommission auch zu allen Geldverstecken, die sie kennen. Dennoch fehlt am Schluss ein ganzes Drittel der Beute.

Angenehme Kripo-Arbeit:
Mitarbeiter der Sonderkommission
zählen das wiedergefundene Geld.

Soko-Chef Fritz Remmer ist überzeugt: An dem einmaligen Coup ist noch ein dritter Mann beteiligt gewesen. Er hat den beiden vermutlich beim Fahrzeugwechsel geholfen. Die beiden Lohngeldräuber aber verpfeifen niemanden und nehmen den ungewöhnlichen Coup auf sich. Arno S. ist reichlich frustriert, dass er geschnappt wurde. Aber noch frustrierter, so kommt es in einer der Vernehmungen rüber, sind beide über ihre Beute. Beide Räuber hatten offenbar mit viel mehr als nur mit 400.000 DDR-Mark gerechnet, als sie ihren Überfall planten.

Zeitweilig gibt es sogar einen dritten Verdächtigen. Der Mann hatte früher schon mal in der Dresdner Südvorstadt eine Kaufhalle überfallen. Doch er saß am 15. Juni 1977, um 8.30 Uhr, angeblich auf dem Behandlungsstuhl einer Zahnärztin. Dieses Alibi liefert der Sonderkommission seltsamerweise die Staatssicherheit. Tatsächlich finden die Ermittler den Namen des Mannes im Terminkalender der Praxis. Nur seine Zahnärztin kann sich bei einer Nachfrage absolut nicht erinnern, dass sie dem Mann zurzeit des Überfalls in den Mund geschaut hat. Genauso merkwürdig wird Remmer auch das Ende des spektakulären Falls im Gedächtnis bleiben. Noch in der Nacht, als der erste Räuber gesteht, werden die Ermittler der Sonderkommission zum großen Polizeichef des Bezirkes gerufen. Sekt wartet auf sie und Anerkennung. Am nächsten Tag kommt die Anweisung, alle Akten zu sammeln und zum Transport fertig zu machen: Das Ministerium für Staatssicherheit übernimmt den Rest, heißt es nur lapidar zur Begründung. Die Verfügung dazu findet sich noch in den Akten des ehemaligen MfS. Soko-Chef Remmer hat gelernt, dass es in so einem Fall nicht lohnt zu protestieren. Er macht sich nur seine Gedanken, wer da wohl beim größten Lohngeldraub der DDR seine Finger im Spiel gehabt haben könnte.

RAUB IM ANTLITZ DER ZEHN GEBOTE

1977 bleibt einer der dreistesten Kunstdiebstähle in der DDR ungeklärt und Ermittler schließen nicht aus, dass der Staat die Diebe gewähren ließ.

Von Thomas Schade und Axel Merbitz

Die Preziosen, die der renommierte Osloer Kunsthändler im September 1999 aus seinen privaten Gemächern holt, treiben Sieglinde Nickel ein paar Tränen in die Augen. Säuberlich geordnet liegen 38 Ringe, Armreifen, Armbänder, Medaillen und Medaillons auf rotem Samt. Zum dritten Mal wühlen diese Kleinode die Gefühle der Dresdnerin auf. Das erste Mal ist schon 35 Jahre her.

Anfang der 60er-Jahre ist Sieglinde Nickel als junge Frau dabei, als Teile dieses Schatzes ausgegraben werden. Im Oktober 1964 wühlt sich ein Bagger in den geschichtsträchtigen Boden am Dresdner Postplatz. Eines Tages klopft ein Bauarbeiter an einer Bürotür des Zwingers. In den Händen hält er Gold-Schmuck und fragt etwas naiv, wohin damit? Wenig später buddeln sich Mitarbeiter des Stadtmuseums mit kleinen Schaufeln durch die Baugrube. Schon bald soll der so genannte Fresswürfel „Am Zwinger" dort stehen. Dresdens ältester Sakralbau, die Sophienkirche, — zerstört in der Bombennacht 1945 — musste der neuen sozialistischen Speisegaststätte weichen. Ein Politikum mit langer und kontroverser Diskussion in der Kunststadt an der Elbe.

DDR-Staatschef Walter Ulbricht war schon im August 1956 persönlich in Dresden, um den Protest gegen den Kirchen-Abriss mit einem Machtwort zu beenden: „Entweder wir haben ein Kulturzentrum oder eine Kirche. Die Mauern müssen endlich fallen, auch wenn einige sagen, dass sie noch tausend Jahre halten." 1963 fielen die Mauern der Kirche, die Franciscus von Assisi 1208 begründet hatte. „1964 und 1967 wurden bei Bauarbeiten die Reste eines Schatzes gefunden, den die alten Grüfte der Kirche ein halbes Jahrhundert vorher noch nicht vollständig preisgeben wollten", erzählt die Historikerin Sieglinde Nickel.

1910 war die Sophienkirche schon einmal umfassend in Stand gesetzt worden. In jenem Jahr hatte die Schmelzflut der Elbe den Grundwasserpegel beträchtlich ansteigen lassen. Er ramponierte die letzten Ruhestätten der Schönen und Reichen aus dem 16. und 17. Jahrhundert im Keller der Sophienkirche. Robert Bruck, Professor der Technischen Hochschule, beschrieb später den Anblick, der sich bei der Öffnung von 65 Gräbern im Jahr 1910 bot. Was die Archäologen unter der Sophienkirche ausgruben, galt als wichtige Überlieferung von Kunst und Kultur des 17. Jahrhunderts in Sachsen: Fast einhundert Ringe, viele Einzelanhänger, Dutzende Armbänder, Ketten, Knöpfe und anderer Zierrat sowie acht kostbare Ordensketten aus der Zeit zwischen 1585 und 1630. Alles Grabbeigaben aus Gold, Emaille und Edelstein – Zeugnisse vom Reichtum, den Adelsleute und Bürger in jener Zeit mit auf ihre letzte Reise nahmen. Der gesamte geborgene Grabschmuck kam zum „Ratsschatz" der Stadt Dresden und wird später im städtischen Museum gezeigt, zusammen mit der großen Königskette der Bogenschützen, die die Wettiner der Stadt nach 1918 übereignet hatten.

Tatort Dresdner Landhaus: In der vierten Etage steht rechts die Vitrine, in der der Grabschmuck aus der Sophienkirche liegt. Der Pfeil zeigt auf die Überwachungskamera.

Am 20. September 1977 sorgt dieser Schmuck zum zweiten Mal für inneren Aufruhr bei Sieglinde Nickel. Kurz nach 14 Uhr erfährt sie im Museum, dass der größte Teil des Schatzes nicht mehr in der steinernen Vitrine in der vierten Etage liegt. Ein Mitarbeiter des Hauses bemerkt das während einer Führung. Bis auf zwei Ordensketten ist das Wertvollste weg, was man in dem Museum in die Tasche stecken kann. Auf zwei Millionen Mark wird der Wert des historischen Schmucks beziffert.

Der junge Volkspolizeioffizier Steffen Mittag* erhält an diesem Tag gegen 15 Uhr mit drei weiteren Genossen der Kriminalpolizei den Auftrag, unverzüglich von der Bezirksbehörde der VP auf das andere Elbufer zum Dresdner Volkspolizeikreisamt zu wechseln. Soeben sei im Museum der Geschichte der Stadt Dresden wertvoller Schmuck gestohlen worden. Sie sollen bei den ersten Ermittlungen helfen. Als die Männer ankommen, ist das Museum wegen des Diebstahls schon geschlossen. Bereits wenige

---

* Name geändert

Minuten nach dem Notruf sind diensthabende Kriminalisten vor Ort gewesen. Sie müssen von der Schießgasse nur über die Straße laufen und versuchen zunächst, das so genannte „Spurenvernichtungskommando" vom Tatort fernzuhalten. So nennen ermittelnde Polizisten Vorgesetzte aller Art in Zivil und Uniform, die bei so spektakulären Fällen in Scharen zum Tatort strömen und glauben, etwas sagen zu müssen.

Für die sofort gebildete Einsatzgruppe steht bald fest: Der oder die Diebe haben den Schmuck während der Öffnungszeit gestohlen. Ein Einbruch ins Museum kann nicht festgestellt werden. Keine Scheibe ist zerstört. Die Kripo spricht von einem professionellen Diebstahl. Insgesamt fünf Sicherheitsschlösser waren für die Täter kein Hindernis. Aber niemand hat die Diebe bemerkt. Auch der Mann an der Garderobe nicht. Er überwacht vier Monitore. Eine der 16 Überwachungskameras im Museum ist normalerweise ständig auf den wertvollen Grabschmuck gerichtet, aber eine Videoaufzeichnung findet nicht statt. So bleiben nur wenige Möglichkeiten: Hatten sich die Täter einschließen lassen, oder waren sie als Museumsbesucher an diesem Tag im Museum aufgekreuzt?

In der 4. Etage: Vitrine 3 mit dem Schmuck vor dem Raub.

Vitrine 3 ohne Schmuck nach dem Raub.

Als der Museumsführer den Diebstahl bemerkt, halten sich eine sowjetische Studentengruppe, eine Schulklasse und 33 Einzelbesucher im Museum auf. Auch alle anderen Besucher müssen möglichst ausfindig gemacht und nach ihren Beobachtungen befragt werden. Nur so lässt sich die Tatzeit eingrenzen. Angesichts der Dreistigkeit des Diebstahls kommt außerdem die Vermutung auf, dass die Täter über Insiderwissen zum Museum verfügen und Kenntnis von den Sicherheitseinrichtungen haben.

Wertvolles Stück der Beute: die Kette der königlichen Bogenschützen.

Die ins Leben gerufene Sonderkommission „Kunstdiebstahl" wird in den ersten Tagen nach dem Diebstahl auf 55 Kriminalisten verstärkt. Darunter befinden sich 20 Kunstfahnder aus anderen Bezirken der DDR. Sie befragen Zeugen und widmen sich insbesondere dem Tatort. Aber die Spurensuche an der Vitrine bringt nur wenig: Kriminaltechniker sichern etwa ein Dutzend Fingerspuren und sieben Faserspuren. Dafür stellen die Ermittler andere erstaunliche Dinge fest. Bei Schließexperimenten können sie die verschiedenen Einsteckschlösser der Vitrine mit einer Nagelfeile in fünf bis 30 Sekunden öffnen. So gelingt es Hans Reimert, mit einer aufgebogenen Büroklammer, eines der Schlösser in nur 20 Sekunden zu knacken. Reimert ist zu dieser Zeit Kripochef in Dresden, hat einen legendären Ruf als Kriminalist, aber eher ungeschickte Hände. Und Diebe lieben dieses Museum, so scheint es.

Allein seit 1969 wurde insgesamt 14-mal versucht, in das so genannte Dresdner Landhaus einzubrechen. Nur einen Fall klärte die örtliche Polizei auf. Vier Diebstähle ordnete die Dresdner Polizei einem anderen inzwischen eingestellten Verfahren zu und versenkte sie so in die Bedeutungs-losigkeit. Auch ein seltsamer Vorgang im Jahr 1976 wurde offenbar völlig unterschätzt. Am 22. Oktober 1976 hatte Sieglinde Nickel der Polizei den unerklärlichen Ausfall der Überwachungskamera gemeldet, die den Grab-schmuck überwacht. Erst sieben Tage später schaute die Polizei im Museum vorbei und stellte fest, dass jemand eine Pappscheibe auf das Objektiv geklebt hatte. Vier Wochen später bemerkten Mitarbeiter des Museums bei einer Routinekontrolle, dass auch eines der Steckschlösser in der Vitrine fehlte und das zweite beschädigt war. Wann die Schlösser manipuliert wurden, konnte nicht festgestellt werden. Erst am 11. Mai 1977 fanden Besucher sowohl das Einsteckschloss, Reste der zum Abkle-ben der Kamera verwendeten Pappe, ein abgebrochenes Sägeblatt sowie ein Werkzeug, das aussah wie ein Schraubenzieher. Die Utensilien lagen in der vierten Etage auf der Oberkante einer der dort aufgestellten Grabplat-ten aus der Sophienkirche. Der Staub, der inzwischen über den Dingen lag, veranlasste die Polizei nun im Mai 1977 zur Vermutung, dass im Oktober 1976 offensichtlich versucht worden war, aus den Vitrinen Schmuck zu stehlen. Ein Hauptmann und ein Oberleutnant der Polizei verloren wegen der Schlamperei angeblich ihren Posten.

Nun, im Oktober 1977, sind sich die Ermittler sehr sicher: Professionelle Kunstdiebe hatten es vor einem Jahr schon mal auf den Schmuck abgese-hen. Auch diesmal haben die unbekannten Täter die Kamera manipuliert. So berichten Mitarbeiter des Museums, dass am Tag des Diebstahls gegen 10 Uhr und gegen 13 Uhr Störungen bei der Bildübertragung von der Kamera aufgetreten sind. Die Überprüfung ergibt, dass das Sichtfeld der Kamera so verändert wurde, dass die Vitrine nicht mehr auf dem Monitor erscheint. Außerdem sitzt die Kamera nach dem Raub nicht mehr fest in der Halterung. Für die Ermittler stehen die Störungen im Zusammenhang zur Tat und könnten helfen, den Zeitpunkt des Diebstahls einzugrenzen.

Die Sonderkommission entschließt sich zu einem Zeugenaufruf in der Pres-se und im Rundfunk. Vor allem Dutzende Museumsbesucher melden sich. Ihre Aussagen helfen, die Bewegung der Besucher in einem Weg-Zeit-Dia-gramm darzustellen. Das Ergebnis dieser mühevollen Arbeit: In der Zeit von 13.20 bis 13.31 Uhr und 13.46 bis 14.07 Uhr hatten sich keine namentlich bekannten Personen in der Nähe der Schmuckvitrine aufgehal-ten. Mehrere Zeugen haben aber drei Männer mittleren Alters und mit dunklem Hauttyp beobachtet. Sie werden jedoch nicht gefunden. Die Ermittler schließen nicht aus, dass Ausländer die Straftat begangen haben können. In der DDR ist der Grabschmuck der Sophienkirche zu bekannt und wegen seines kulturhistorischen Wertes kaum abzusetzen. Außerdem ist die Grenze zur CSSR in einer Stunde zu erreichen. Ausländische Täter könnten also schon buchstäblich über alle Berge gewesen sein, ehe der Diebstahl überhaupt bemerkt wurde.

In den ersten zwölf Tagen nach dem Raub erfasst die Kripo 758 Personen. Leute, die in den Monaten vor der Tat im Museum waren: Besuchergruppen, Handwerker, Kunstsammler und Kunsthändler, auch alle 51 Mitarbeiter des Museums. Sieglinde Nickel erinnert sich: „Auch wir wurden vernommen, es herrschte beträchtliche Unsicherheit und Aufregung unter den Kollegen." Aber sie seien korrekt behandelt worden. Dennoch: Ein Hausmeister und ein Kraftfahrer verstricken sich in Widersprüche. Zwölf Personen stehen schließlich unter Verdacht. Auch Joachim R., der Verwalter des Depots im Stadtmuseum, gerät ins Visier der Ermittler. „Das war der größte Witz und trotzdem sehr unangenehm", erinnert sich der Mann Jahre später. „Geben Sie zu, dass Sie den Schmuck haben", so hätten ihn Kripo-Leute damals bedrängt. Dabei hatte er – ebenso wie Sieglinde Nickel – viele Teile selbst ausgebuddelt. „Hätte ich die Sachen gewollt, wären sie 1964 nie im Museum gelandet", sagt er. Auch ein Schlossermeister und ein Restaurator geraten angeblich in Verdacht, können aber nicht überführt werden.

Hoffnung macht den Kriminalisten ein Kollege in Grün. Er kann vom Fenster seines Dienstzimmers aus den Tatort sehen und hat zur Tatzeit eine Person in der vierten Etage des Museums beobachtet. Ein Phantombild entsteht und wird veröffentlicht. Es ist der einzige optische Hinweis zu einer Person. Doch keiner der 72 Hinweise dazu führt zu den Dieben. Stattdessen meldet sich die „RAF in der DDR".

Hinter der steckt ein skurriler Trittbrettfahrer. Er schickt dem Chef der Löbauer Volkspolizei einen anonymen Brief und will 300.000 Mark für den Schmuck. Die Kripo ermittelt später einen Fleischer aus Neueibau, der zugibt, den Brief geschrieben zu haben. Er hält überdies die ostsächsische Polizei durch anonyme Anrufe tagelang auf Trab. Über Notruf 110 meldet sich der Mann beim Diensthabenden des Volkspolizeikreisamtes Zittau am

Phantombild: Wer ist der Mann, der sich vor dem Raub am Fenster der vierten Etage des Stadtmuseums zeigt?

29. September 1977 kurz vor 20 Uhr mit den Worten: „Hören Sie mal, Herr X". Dann erzählt er, die „Kunstgegenstände" befänden sich bei einem Mann in Eckartsberg „und sollen morgen früh weg". Bei der Kripo und bei der Stasi läuten die Alarmglocken. Alle schwärmen aus, finden aber nur einen 64-jährigen Fleischer. Er hat mit dem Kunstraub nichts zu tun.

Nach einem Jahr ist der Dampf raus aus der Fahndung. Mehr als 3.400 Personen sind überprüft. Jeder Dritte scheidet mit Sicherheit als Tatverdächtiger aus. Schon lange ist die Sonderkommission auf eine normale Einsatzgruppe von neun Kriminalisten reduziert.

Einige von ihnen sind über das außergewöhnlich erfolglose Wirken des MfS in dem außergewöhnlichen Fall verwundert. Von der ersten Minute an hat die Stasi auch in diesem Fall mitgemischt. In den Archiven ruht darüber der operative Vorgang „Vitrine". Doch „vom Berg", wie die MfS-Zentrale auf der Bautzner Straße im Kripo-Jargon heißt, sei „nicht ein brauchbarer Hinweis" gekommen. Fast unglaublich, angesichts Tausender inoffizieller Mitarbeiter im In- und Ausland. Stattdessen fühlen sich Kriminalisten zeitweise eher ausgebremst. Mehrmals sagen ihnen die Genossen vom „Berg" nur: Das übernehmen wir. Dann hört die Kripo von dem Hinweis meist nichts mehr.

So treibt sich 1977 die internationale Kunsträuberbande der Brüder H. in der DDR und sogar im Bezirk Dresden herum. Zwei der Bandenmitglieder werden im April 1978 in der Sächsischen Schweiz unweit von Dittersbach festgenommen, als sie Waffen und Einbrecherwerkzeug aus einer Erdgrube im Wald holen. Ihr Ziel sei Schloss Pillnitz gewesen, gestehen sie später. So fallen der Polizei am 24. August 1978 Lutz H. und der Österreicher Karlheinz S. in die Hände. Der 20-jährige Österreicher gesteht später, dass er im ganzen Land Museen nach leichter Beute ausgespäht hat. Der „Kunstführer durch die DDR" war sein Kursbuch. Losgeschickt hat ihn der ehemalige Dresdner Werner H. Der Bruder von Lutz H. ist Anfang Januar 1977 nach einer mehrjährigen Haftstrafe legal nach Westberlin ausgereist. Dort werden die Beutezüge im Osten eingefädelt. Am 29. April 1977 steht das Spreewaldmuseum in Lübbenau auf dem Plan. Der Österreicher Karlheinz S. und sein Komplize stehlen wertvolle alte Porzellane aus Meißen und Berlin. Ein Teil der Beute kann wenig später in Amsterdam vor einer Versteigerung sichergestellt werden. Im Juli 1979 stehen Lutz H. und Karlheinz S. wegen des Einbruchs in Lübbenau vor dem Cottbusser Bezirksgericht. Bei den Ermittlungen kommt raus, dass ähnliche Raubzüge auch im Cottbusser Schloss Barnitz und im Dresdner Georgium geplant waren. Außerdem sind im DDR-Kunstführer Museen in Stolpen, Bischofswerda, Marienthal und Reichenbach angestrichen. Der Österreicher wird zu zwölf, Lutz H. zu fünf Jahren Haft verurteilt.

SZ-Bericht am 6. Juli 1979 vom Prozess am Cottbusser Bezirksgericht nach dem Raub im Lübbenauer Spreewaldmuseum. Auf dem Foto: Lutz H. (links) und Karlheinz S. (stehend) – Ähnlichkeit mit dem Phantombild?

Als die beiden Kunsträuber im Juli 1979 vor Gericht stehen, fällt einigen Kunstraub-Ermittlern in Dresden auf, dass der Österreicher verblüffende Ähnlichkeit mit dem Gesicht auf dem Phantombild hat. Einer der Ermittler erinnert sich: Diese Bande ist eine unserer Verdachtsrichtungen gewesen. Bei der Suche nach den Einbrechern im Dresdner Stadtmuseum waren sie durch einen Informanten überhaupt erst auf die Kunsträubereien des Ex-Dresdners Werner H. aufmerksam geworden. Nach der Aufklärung des Lübbenauer Einbruchs sollte intensiv geprüft werden, ob sie auch den Grabschmuck aus dem Stadtmuseum gestohlen haben könnten. Da meldete sich wie oft in dem Fall das MfS und legte fest: „Das übernehmen wir." Die Dresdner Polizei habe nie ein Ergebnis erfahren. „Wir wissen nicht, ob die Überprüfung überhaupt stattgefunden hat", sagen mehrere Kriminalisten, die an dem Fall gearbeitet haben.

Auch aus dem operativen Stasi-Vorgang „Vitrine" ergebe sich kein Hinweis, dass staatliche Stellen der DDR in den Diebstahl des Grabschmucks verwickelt seien, heißt es bei denen, die nach 1990 in dem Fall noch einmal ermitteln. Auch die Kunsträuber vom Spreewaldmuseum Lübbenau seien nach all den Jahren noch einmal vernommen worden. Auch ihre Fingerabdrücke seien mit den Spuren vom Tatort verglichen worden. Ohne Erfolg, so der Kunstfahnder Uwe Schneider, der den Fall nach 1990 wieder bearbeitet. Doch das Gerücht hält sich hartnäckig: Hohe DDR-Behörden könnten den im Auftrage eines reichen Sammlers aus dem Westen praktisch geduldet haben. Oder aber die Beute könnte in den dunklen Kanälen der Kunst- und Antiquitäten GmbH in Mühlenbeck verschwunden sein, die zum Schattenreich des DDR-Devisenbeschaffers Alexander Schalck-Golodkowski gehörte. Sie tauschte alte Kunst gegen Devisen.

In Oslo wieder aufgetauchter Schmuck:
Heißer Tipp aus München.

Neue Nahrung für das Gerücht liefert eine Geschichte in der Illustrierte „Stern" über den Raub des Grabschmucks. Der „Stern" zitiert einen namentlich nicht genannten Mitarbeiter aus Mühlenbeck: „Natürlich ist der Diebstahl von uns organisiert worden. Daran kann ich mich noch gut erinnern", sagte der Mann.

Fast zehn Jahre nach dem Raub im Dresdner Stadtmuseum, im April 1986, taucht ein besonders schönes Stück aus der Beute auf dem Londoner Münzsammler-Markt auf: die Klippe der sächsischen Kurfürstin Magdalena Sibylla. Die Edeldame hatte aus Freude über ihren Sieg beim Dresdner Vogelschießen 1676 eine rechteckige goldene Münze gestiftet und an die Kette der königlichen Bogenschützen gehängt. Die über 1,5 Kilo schwere Kette ist das Wertvollste aus der Beute. Wenig später taucht die Klippe unter Nummer 1.127 im Versteigerungskatalog des Hamburger Münzhauses Emporium auf. Für 56.000 Mark und nicht ohne den Zusatz „Von äußerster Seltenheit!".

Auch diese Schmuckstücke aus Oslo zurück nach Dresden gebracht: Zivilstreit zwischen dem letzten Besitzer und der Stadt.

Im Katalog des Münzhauses entdeckt der Direktor des Dresdner Münzkabinetts, Paul Arnold, das wertvolle Stück. Auf dem großen Dienstweg über die schwierigen Kontakte zwischen den beiden deutschen Staaten versucht die DDR, die so genannte Prachtmünze der Kurfürstin Magdalena Sibylla aus der Bundesrepublik zurückzuholen. Der eifrigen Hilfe Kölner Staatsanwälte ist es zu verdanken, dass die Klippe nicht wieder aus dem Blickfeld verschwindet. 1986 war sie angeblich erstmals auf dem englischen Münzmarkt in London aufgetaucht und zum Verkauf angeboten worden. So kam sie nach Hamburg und sollte in der Hansestadt versteigert werden, als sie der aufmerksame Paul Arnold im Auktionskatalog entdeckte. Während des langen Dienstweges wanderte die Prachtmünze weiter nach Köln, in die USA und schließlich in die Schweiz. Münzsammler erwerben die Klippe jeweils im guten Glauben, ohne zu wissen, dass sie aus der Beute eines Kunsträubers stammt. Dem letzten Zwischenbesitzer in der Schweiz ist es schließlich zu verdanken, dass die Rückkehr der Klippe nach Dresden zur ersten erfolgreichen innerdeutschen Rechtshilfe bei der Rückführung von Diebesgut wird, wie es die „Frankfurter Allgemeine Zeitung" am 29. Januar 1988 schreibt.

Zum Rest der Beute führte die Klippe nicht. Paul Arnold, die Dresdner Münz-Koryphäe, ist es auch, bei dem im Juli 1999 der diskrete Anruf eines Fachkollegen aus München ankommt. Es ist ein echt heißer Tipp: In Oslo möchte ein renommierter Kunsthändler historischen Schmuck verkaufen, der aus Dresden stammt. Aus einigen Details im Gespräch schlussfolgert der Experte schnell: Es kann eigentlich nur der Grabschmuck sein. Paul Arnold informiert Stadtmuseums-Chef Matthias Griebel. Der schaltet umgehend das Landeskriminalamt Sachsen ein.

Hier spezialisiert sich gerade der junge Hauptkommissar Uwe Schneider auf dem Feld der Kunstfahndung. Die Spur zum Grabschmuck wird sein erster großer Fall. Schneider nimmt die Spur der Prachtmünze der Kurfürstin Magdalena Sibylla wieder auf. Mehr als zwanzig Jahre nach dem Diebstahl kann er nun die Hilfe von Verbindungsbeamten des Bundeskriminalamtes in mehreren europäischen Ländern und den USA für die Kunstfahndung nutzen. Er kann den Weg des Schmucks weiter zurückverfolgen. Brüssel, Genf, Kopenhagen, Wien und Zürich tauchen als bisher unbekannte Stationen des Schmucks auf. Sogar ein englischer Erzbischof hat ihn zeitweilig besessen. Die Dresdner Staatsanwaltschaft lässt von Rechtswissenschaftlern die Frage klären: Welche Möglichkeiten bestehen überhaupt, wieder an den Schmuck zu kommen, der eine Odyssee hinter sich hat?

Mit einem Durchsuchungsbefehl des Dresdner Amtsgerichts betreten ein norwegischer Staatsanwalt, die Historikerin Sieglinde Nickel, Kunstfahnder Uwe Schneider und andere Polizisten am 1. September 1999 diskret die Osloer Galerie in bester Stadtlage. Der Besuch wird erwartet. Aber dass es die Polizei ist, soll den Kunsthändler angeblich etwas überrascht haben. Dennoch zeigt er, was er offenbar über den Münchner Mittelsmann in Dresden anbieten will. Nach 23 Jahren hält Sieglinde Nickel den Grabschmuck wieder in den Händen und kann es kaum fassen. Die Überwältigung treibt ihr ein paar Tränen in die Augen. Noch am gleichen Tag entscheidet ein Osloer Gericht: Der Kunsthändler muss die 38 wertvollen Stücke sofort herausgeben. Die Expertisen und Gutachten, die die Sachsen vorzeigen, sind nicht zu beanstanden. Wenig später sitzen die Dresdner wieder im Flieger – den wertvollen Schmuck im Handgepäck.

Am 14. Januar 2000 werden die 38 Schmuckstücke aus Oslo im Landeskriminalamt auf der Neuländer Straße in Dresden erstmals wieder gezeigt. Die Ringe, Armbänder und Anhänger aus der Königskette der Bogenschützen liegen auf schwarzem Samt und leuchten für einige Stunden unter dem Licht der Scheinwerfer in ihrer alten Pracht. Aus dem Landeskriminalamt wandern sie zu einem Treuhänder, auf den sich die sächsische und die norwegische Justiz geeinigt hat. Schließlich landen sie im Tresor einer Bank, wo sie 2004 noch liegen.

Denn es beginnt ein schwieriger und langwieriger Zivilstreit. Der Osloer Kunsthändler kann nachweisen, dass er den Schmuck 1983 in Kopenhagen redlich und in gutem Glauben gekauft hat. Nun will er angeblich rund eine Million Euro dafür haben. Doch die Stadt Dresden hat nicht die Absicht, für etwas zu zahlen, das ihr nachweislich gestohlen wurde. So wartet das Dresdner Stadtmuseum im Jahr 2004 noch immer auf die Rückkehr des Grabschmuckes aus der Sophienkirche.

18 Schmuckstücke aus der Beute des Kunstraubes sind noch immer verschwunden. Wo sie sind, könnte wohl jener Schwede sagen, bis zu dem Kunstfahnder Uwe Schneider die Spur der Ringe und Ketten zurückverfolgt hat. Doch die schillernde Figur am internationalen Kunstmarkt mit Büros in der Schweiz, den USA und anderen Ländern schweigt. Er könnte vielleicht auch sagen, wer die Kunsträuber aus dem Jahre 1977 waren, von denen bis heute jede Spur fehlt. Bestraft werden könnten sie kaum noch, denn der Fall ist verjährt. Eines wissen die Ermittler von den Dieben: Brave Christen waren es nicht. Denn am 20. September 1977 stahlen sie dreist im Antlitz der „Zehn Gebote". Die zehn Holzmalereien aus der Kreuzkirche hängen vis-a-vis vom Grabschmuck aus der Sophienkirche.

ERSTOCHEN VOR DER HAUSTÜR

Wie Kommissar Zufall zum Mörder der 25-jährigen Ute L. führte, die wegen 50 Mark sterben musste.

Von Gert Weidig und Thomas Schade

Es gibt immer wieder Verbrechen, die Kriminalisten deutlich vor Augen führen, dass selbst hoher persönlicher Einsatz, Eifer und fast schon ungerechtfertigter Ermittlungsaufwand erfolglos bleiben können. Wenn da nicht jener Kollege wäre, der in allen Kriminaldienststellen dieser Welt mitarbeitet. Sicher wird er überall anders genannt. In Deutschland heißt er Kommissar Zufall.

Jeder gute Kriminalist hat höchsten Respekt vor ihm. Nicht alle geben das gern zu, denn sie brauchen diesen imaginären Kollegen mitunter öfter, als ihnen lieb ist. Umso größer ist deshalb ihr manchmal stilles Glück, wenn Kommissar Zufall in scheinbar auswegloser Lage hilft. Und in vielen Fällen nimmt er auch konkret Gestalt an. Am 29. April 1981 tauchte er bei der Dresdner Mordkommission in Gestalt des Müllfahrers Claus B. auf und traf Ermittler, die bei der Suche nach einem hinterhältigen Mörder mit ihrem Latein ziemlich am Ende waren. Aber der Reihe nach.

Alles beginnt am Wochenende zuvor, am Sonntag, dem 27. April 1981. Da hat sich die Planungsingenieurin Ute L. mit ihrer Schwägerin Gudrun S. am Dresdner Kulturpalast verabredet. „Frivoles zur Nacht" steht auf dem Programm. Allein, ohne Männer, genießen die beiden jungen Frauen die etwas schlüpfrige Show von 23 bis 1 Uhr und schlendern danach zur Straßenbahn am Pirnaischen Platz. Dort lassen sie auch einen Herren so um die 40 abblitzen. Der spricht sie an und fordert die beiden Damen auf: „Kommen Sie ruhig ein Stück mit mir mit, ich habe noch nie jemandem etwas getan." Der Mann hat keine Chance bei der selbstbewussten Ute L. Die 25-Jährige gilt als eher kontaktarm, würde nie allein ausgehen, nur mit ihrer Schwägerin. Freunde haben ihr den Spitznamen „Huchel" gegeben, vielleicht auch, weil sie als Einzelkind noch zu Hause bei ihren Eltern lebt. Äußerlich hätte der Fremde vielleicht zu Ute gepasst. Er ist gepflegt gekleidet. Auf so etwas legt sie großen Wert. Schick angezogen ist sie an diesem Abend. Aber auf so plumpe Art macht die attraktive junge Frau keine Männerbekanntschaften. Wenig später, gegen 1.30 Uhr, trennen sich die Schwägerinnen. Ute L. muss die Linie 7 oder 8 in Richtung Schauburg nehmen. Ihre Schwägerin fährt in eine andere Richtung.

Utes Vater ist an diesem Abend gegen 1.10 Uhr vom Spätdienst im Hotel Newa wieder zu Hause. Wäre Rolf L. eine oder zwei Straßenbahnen später heimgefahren, wäre er Ute vielleicht begegnet. So sitzt er nach seinem

Dienst im Hotel noch eine Weile in der Küche seiner Wohnung in der zweiten Etage auf der Fritz-Reuter-Straße 2. Gegen 2.15 Uhr geht er zum Fenster. Unten auf der Straße hat eine Autotür geklappert. Es könnte ein Taxi sein, mit dem Ute kommt. Doch statt eines Autos sieht Rolf L. jemanden vor dem Hauseingang liegen. Er weckt seine Frau und beide erkennen vom Fenster aus: Vor dem Haus liegt ihre Tochter Ute. Sie blutet aus dem Hals. Die Eltern rufen den Notarzt. Doch der kann gegen 2.45 nur noch den Totenschein ausfüllen. Ein Stich hatte Utes rechte Halsschlagader durchtrennt. Innerhalb kurzer Zeit muss sie verblutet sein. Was die geschockten Eltern in ihrem Schmerz noch feststellen: Utes rostbraune kunstlederne Unterarmtasche fehlt.

Tatort Fritz-Reuter-Straße 2 mehr als 20 Jahre nach der Tat: 1981 lag nachts eine Person vor der Haustür.

Zur selben Stunde passiert, was auch Polizisten besonders mögen: Mitten in der Nacht klingelt das Telefon. Rund ein Dutzend Kriminalisten werden aus dem Bett geholt und zur Fritz-Reuter-Straße 2 gerufen. Der Tatort zeigt ein Drama. Nur wenige Meter vor ihrer Haustür liegt Ute L. auf dem Rücken. Nur ein paar Schritte und sie wäre zu Hause gewesen. Blutspuren finden sich auf dem Bürgersteig und an den Hauswänden. Gegen 4 Uhr morgens beginnt eine große Einsatzgruppe, den Tatort zu untersuchen. Auch zwei Fährtenhunde gehören dazu. An einer Blutlache werden sie angesetzt. Hund Nummer 11668 verfolgt eine Spur in Richtung Hansastraße. Doch sie verliert sich nach 800 Metern. Hund Nummer 298 folgt mehr als 1500 Meter einer anderen Spur, die erst an der Tankstelle am Bahnhof

Dresden-Neustadt endet. Eine Zigarettenschachtel der Marke Karo finden die Polizisten noch. Sie liegt am Eingang zur Gartensparte „Kleeblatt", gleich neben einer der Hundefährten. Eine Spur ist sie nicht.

Gegen 6 Uhr beginnen Dresdner Gerichtsmediziner, Utes Leiche zu untersuchen. Die Obduktion wird ergeben, dass die junge Frau durch einen tiefen Stich in die rechte Halsseite von oben rechts nach links unten an inneren Blutungen gestorben ist. Aber wer hatte zugestochen?

Das eingespielte Räderwerk der polizeilichen Ermittlungen ergibt in den Vormittagsstunden nach der Tatnacht ein bedrückendes Bild. Rund 40 Polizisten waren im Einsatz gewesen, haben die benachbarten Straßenzüge und Gartenanlagen nach Verdächtigen oder Zeugen abgesucht und nichts gefunden. Ute L. musste die Straßenbahn der Linie 7 genommen haben, die genau 1.50 Uhr an der „Schauburg" hielt. Dort war sie offenbar ausgestiegen, um die wenigen hundert Meter bis zu ihrer Haustür zu gehen. Zehn Minuten später ist sie tot – ermordet, noch ehe sie die Haustür aufschließen konnte.

Weder aus dem Kreis von Utes Bekannten und Verwandten noch aus dem Ablauf des letzten Abends ergeben sich Anhaltspunkte für die Suche nach ihrem Mörder. Da die Handtasche der jungen Frau fehlt und der Mörder nur einmal zugestochen hatte, geht die Mordkommission davon aus, dass sie einem oder mehreren Raubmördern zum Opfer gefallen ist. Bei den Ermittlern setzt sich die bittere Erkenntnis durch: Sie haben es mit einem jener damals äußerst seltenen Mordfälle zu tun, bei denen Täter und Opfer rein zufällig zusammengetroffen sind und sich vorher nie begegnet waren. Es gilt, einen namen- und gesichtslosen Räuber zu finden, der des Nachts auftaucht, sein Opfer überfällt, ohne Spuren zu hinterlassen und sofort wieder in der Finsternis verschwindet.

Noch am Montag wird die Mordkommission personell verstärkt. Detaillierte Untersuchungspläne werden geschmiedet. In großen Gruppen suchen Polizisten in Uniform und in Zivil alle Anliegerstraßen, wie die Friedensstraße, die Johann-Mayer-Straße, das Hechtviertel intensiv nach der Mordwaffe ab. Vermutlich ist es ein längeres Messer. Auch Utes Tasche wird gebraucht. Auf ihr könnten Fingerspuren des Täters zu finden sein. Sämtliche Sperrmüllcontainer des Wohngebietes werden durchwühlt. Sogar die

Gullys einiger Straßen werden beräumt. Eine Gruppe prüft die Alibis einschlägig bekannter Räuber. Viele Polizisten müssen auf „Klingeltour" gehen. So werden die wenig geliebten Hausbefragungen im weiteren Umfeld des Tatortes genannt. Im Laufe des Tages wird auch eine Meldung für die Zeitungen und den Rundfunk verbreitet. Am Dienstag soll in den Dresdner Zeitungen die übliche Meldung erscheinen: „Frau tot aufgefunden ..." Dabei will die Polizei auch mit konkreten Fahndungsinformationen die Öffentlichkeit auffordern, ebenfalls nach Utes Tasche und Geldbörse zu suchen.

Noch am Montagabend gehen gleich mehrere kleine Trupps in dem Stadtgebiet auf Kneipentour. Sie sollen in Erfahrung bringen, wer in der Nacht zum Montag von den Lokalen in Richtung Fritz-Reuter-Straße auf dem Heimweg war. Zeugen werden gesucht. Und vielleicht macht sich ja einer der Kneipengäste auch verdächtig. Ein Polizeitrupp in Zivil hat das zweifelhafte Vergnügen und stattet nach 20 Uhr dem „Lindengarten" einen Besuch ab. Drei Säle, drei Kapellen – drei Möglichkeiten einzurücken für die Polizisten. Für das lichtscheue Publikum sind es drei Möglichkeiten zu verschwinden. Im kleinen Salon richtet die Kripo ihr Büro ein, ausgestattet mit „Erika"-Reiseschreibmaschinen. Die Tanzveranstaltung wird unterbrochen, ein Kriminalist informiert von der Bühne aus, was in der vergangenen Nacht passiert ist und bittet alle Gäste, die am Vorabend auch anwesend waren, in das kleine Büro im Salon zu kommen. „Es war unglaublich", erinnert sich einer der Ermittler bis heute: „Schon nach kurzer Zeit standen die Gäste an den Vernehmungstischen Schlange." Betroffen von dem Verbrechen bieten viele junge Leute ihre Unterstützung an. Nur eine ganze Reihe junger Mädchen will nicht, dass ihre Eltern erfahren, wo sie in der Nacht zum Sonntag waren. Der „Lindengarten" steht nicht im besten Ruf. Hier verkehren viele algerische Studenten und Gastarbeiter – nicht der richtige Umgang für gut behütete Töchter der Dresdner Gesellschaft. Die erlebnishungrigen Töchter sehen das natürlich ganz anders. Allein am nächsten Tag werden 30 bis 40 Algerier von der Polizei überprüft, aber keiner von ihnen ist verdächtig.

Durch all den Aufwand erfährt die Mordkommission zwar viel über das Geschehen in der Tatnacht. Eine Spur zum Mörder findet sie nicht. Auch die Befragungen in den Verkehrsbetrieben und bei den Taxifahrern am nächsten Tag bleiben erfolglos.

Am Dienstag nach dem Mord sitzen Claus B. und Frieder J. zusammen in einem der großen rollenden Müllschlucker der Dresdner Stadtreinigung. Zusammen fahren sie diese Schicht. Natürlich haben sie in der Zeitung von dem schrecklichen Mord gelesen. Darüber reden können sie nicht viel, denn einer muss fahren, der andere die schweren Mülltonnen zum Auto holen. Wenn Zeit bleibt, hebt Claus B. auf dem Weg zum Auto schon mal den Deckel der Tonnen hoch, um nachzusehen, was die Leute so alles wegwerfen. Auch an der Otto-Buchwitz-Straße 71 nimmt er sich bei Tonne Nummer sieben diese Minute Zeit und findet ein Portmonee. Selbstverständlich schaut er auch rein und findet ein paar Kinderbilder. „Wer wirft schon seinen Geldbeutel mit den Bildern weg", denkt er und wird stutzig. Als Claus B. in dem Portmonee auch noch die Behandlungskarte einer Arztpraxis findet und den Namen der Patientin liest, ahnt er, was für einen wichtigen Fund er eben gemacht hat. „Ich glaube, das ist die Geldtasche der Ermordeten", sagt Claus B. zu seinem Kollegen. Sie sind keine 500 Meter vom Tatort entfernt an der Ecke Eberswalder Straße. Die Müllmänner halten einen Streifenwagen der Polizei an und zeigen ihren Fund. Sie werden aufgefordert, das Portmonee wieder in die Tonne zu legen.

Mülltonnen Otto-Buchwitz-Straße 71: Wenn Kommissar Zufall hilft.

Geldtasche des Opfers: Wegen 50 Mark musste Ute L. sterben.

Noch vor der offiziellen Mitteilung auf dem Dienstweg hört die Mordkommission über den Buschfunk von dem „wichtigen Fund der Müllabfuhr". Es knistert auf dem Flur im Volkspolizei-Kreisamt, denn in einer großen Einsatzgruppe ist längst nicht jeder Ermittler über alle Details der Untersuchung unterrichtet. Doch bald steht fest: Ute L.s Geldbörse ist gefunden. Dank eines besonderen Prinzips von Mülltrennung, das es so 1981 wohl nur in der DDR gibt. Da prüfen eben erfahrene Müllfahrer den Inhalt der Tonnen und entscheiden, was noch verwertbar ist – ganz privat und für den eigenen Bedarf natürlich.

Während nun die Kriminaltechniker routinemäßig nach Fingerspuren auf dem Portmonee suchen, hängt der weitere Erfolg der Ermittlungen davon ab, ob die Mordkommission eine plausible Verbindung zwischen Tatort und Fundort findet. Zwei Fragen stellen sich: Hat der Mörder nach der Tat die Geldbörse nur im Vorbeigehen in die Tonne geworfen? Oder wohnt der Mörder gar in der Nähe der Tonnen? So wie die Börse in der Tonne lag, wurde sie hineingeworfen, kurz bevor die Müllmänner kamen.

Deshalb konzentrieren sich die Ermittlungen auf die Bewohner der Hausnummer 71 und der umliegenden Häuser. Dabei gerät auch der erst 18-jährige Karsten S. ins Visier der Mordkommission. Wegen verschiedener Eigentumsdelikte ist er schon vorbestraft, war sogar schon im Jugendwerkhof. Wie sich herausstellen sollte, hatte er schon als Halbwüchsiger kleinere Mädchen gewürgt und beklaut. Beim Klingelputzen in der Nachbarschaft erfahren die Ermittler, dass Karsten S. mal Fleischer gelernt hatte, jetzt aber auf dem Bau arbeitet und dass er nachts mit dem Fahrrad oder zu Fuß öfter durch die Neustadt streift. Dazu kommen seine Vorstrafen und der Fakt, dass er täglich an der Mülltonne vorbeikommt, in der Utes Börse lag. Außerdem erhält die Mordkommission den Hinweis, dass ein Hausbewohner in der Nummer 71 in der Nacht zum Montag zur fraglichen Zeit Schritte in der Nachbarwohnung gehört hatte. In der lebt Karsten S. Das sind ausreichend Anhaltspunkte für einen Verdacht.

Am 30. April, drei Tage nach dem Mord, wird der großgewachsene, schlanke, mittelblonde junge Mann vorläufig festgenommen. Noch am Abend wollen zwei Mitarbeiter der Mordkommission von ihm wissen, was er in der Nacht zum Montag gemacht hat. Der 18-Jährige ist offenbar beeindruckt von seiner Festnahme. Dennoch schildert er erstaunlich emotionslos, was an dem Wochenende passiert ist: Tagsüber war er in der Gartensparte Rudolphin, wo seine Mutter und deren Bekannter seit März wohnen. 17 Uhr hat er in der Schauburg den Film „Flug durchs Feuer" gesehen. Wieder zurück im Garten verfolgte Karsten am Fernseher das Eishockeyländerspiel UdSSR gegen CSSR. Gegen 21 Uhr sei er wieder zurück zur elterlichen Wohnung in die Otto-Buchwitz-Straße 71 gefahren, um dort zu übernachten. Weil er aber noch nicht müde gewesen sei, habe er gegen 23.30 Uhr beschlossen, noch ein paar Runden mit seinem Fahrrad zu drehen. Doch nicht mit dem Rad verließ er wenig später den Hinterhofschuppen, sondern mit einem 25 Zentimeter langen Küchenmesser. Das habe er eigentlich wieder zurück in die Wohnung bringen wollen, sagt er den Ermittlern. Doch erst habe er es auf seiner nächtlichen Runde zu Fuß in den Ärmel gesteckt. Sein Weg führte zur Schauburg, wo gerade eine Frau aus der Straßenbahn stieg und sich auf den Weg in Richtung Hansastraße machte. Ihr sei er gefolgt. Auf der Fritz-Reuter-Straße habe er sie eingeholt und sein Messer aus dem Ärmel gezogen. „Ich führte praktisch einen richtigen Stoß mit dem Messer, von rechts oben nach links unten", sagt er den Vernehmern. Meinte er vielleicht einen Stoß, den er als Fleischerlehrling mal gelernt hatte?

Das erfahren die Ermittler nie. Zwei oder drei Schritte sei die Frau dann noch gelaufen, ehe sie umfiel. Mit ihrer Tasche sei er dann abgehauen. Später habe er Geld und Personalausweis aus der Börse genommen und den Rest in die Mülltonne geworfen. Wieder zu Hause, hat Karsten noch etwas getrunken und sich dann schlafen gelegt, erfahren die Ermittler. Er sagt ihnen auch, dass er Utes Ausweis am Montag gegen 20 Uhr auf der Paulstraße in der Werkzeugkiste eines Bauwagens versteckt hat. Das Dokument wird später dort gefunden.

Versteck im Bauwagen auf der Paulstraße: Utes Ausweis landet in einer Werkzeugkiste.

Der erst 18-jährige Karsten S.: Nachts mit dem Rad oder mit dem Küchenmesser unterwegs.

Über sein Opfer weiß der 18-Jährige nichts. „Mir ging es einzig und allein ums Geld. Ich hatte keine Ahnung, ob die Frau viel Geld einstecken hatte oder nicht." Wegen 50 Mark löscht der 18-jährige Karsten S. das Leben der 25-jährigen Ute L. aus. Selbst hartgesottenen Mitarbeitern der Mordkommission geht das an die Nieren, angesichts so niedriger Motive für einen kaltblütigen und hinterhältigen Mord. Weil er selbst nur noch 40 Mark in der Tasche hatte, wollte er sich „vorsorglich" Geld beschaffen. Ob er Skrupel vor der Tat hatte?, wollen die Ermittler später von ihm wissen. „Eigentlich nicht, obwohl Gewissensbisse hatte ich schon", antwortet er, laut Protokoll. Angst hatte Karsten nur, dass der Raub rauskommen könnte. Er kannte nicht einmal den Namen seines Opfers.

Den Ermittlern sitzt ein junger Mann mit „widersprüchlichem Charakter" gegenüber. Einsilbig ist er und dennoch kontaktfreundlich, aufgeschlossen und willig. Nur wenn die Fragen unbequem werden, wird auch er ungemütlich, aggressiv, störrig. Dann antwortet er „unverschämt" und „überheblich", erinnert sich ein Vernehmer. Die Ermittler gewinnen den Eindruck einer „erschreckenden Gefühlskälte". Wie „abgestumpft" sei Karsten S., wenn es um die Frage seiner Schuld gehe.

Bereits zwei Tage nach dem Mord, am Dienstag, unmittelbar vor seiner Festnahme, hatte Karsten S. auf der Kurt-Fischer-Allee schon seinen nächsten Raubüberfall verübt. Diesmal war er mit dem Fahrrad dicht an einer Fußgängerin vorbeigefahren und hatte ihr den Einkaufsbeutel aus der Hand gerissen. Sein Opfer diesmal: eine Russin aus der sowjetischen Garnision. Nun überprüft die Kripo ein halbes Dutzend Straßenüberfälle, die in letzter Zeit in der Gegend gemeldet worden waren. Immer waren Frauen die Opfer. Meist wurden sie von hinten angegriffen und gewürgt. Wie sich zeigt, gehen auch diese Straftaten auf Karstens Konto.

Vor dem Dresdner Bezirksgericht wird Karstens bisheriger kurzer Lebensweg bekannt. Den Ermittlern hatte er schon erzählt, dass er nicht weiß, wer sein Vater ist. Auch seinen Bruder habe er angeblich nie kennen gelernt, der lebe bei den Großeltern. Karstens Mutter ist Stenotypistin, hat drei Ehen hinter sich und arbeitet zurzeit an der Kasse einer Konsumkaufhalle. Karstens Probleme fingen in der Schule an, als er bei der Rechtschreibung und bei Mathe nicht richtig mitkam. In der 7. und 8. Klasse verlor er so richtig die Lust am Lernen, bekam stattdessen Verweise vom Direktor und zog 1978 erstmals in den Jugendwerkhof ein, wegen kleinerer Diebstähle. Nach der 9. Klasse verließ er die Schule und begann seine Fleischerlehre im Dresdner Schlachthof. Die musste er unterbrechen, denn wieder steckte ihn die Justiz in den Jugendwerkhof. Danach schulte er um, wurde Maurer und schlug sich recht wacker, auch mit respektablen Noten.

Im Sommer 1980 ist er fertig und verdient sein eigenes Geld. Nicht genug, wie er glaubt. Im Dezember überfällt er im Industriegelände des Dresdner Nordens wohl erstmals eine Frau, würgt sie, reißt ihr die Handtasche weg und versucht sie angeblich auch zu vergewaltigen. Weil ein Auto kommt, lässt er von der Frau ab. Monatlich versucht es Karsten S. nun erneut, Frauen Geld zu rauben. Mehrere Versuche misslingen. Am 27. April 1981 soll offenbar nichts schief gehen. Vermutlich erstmals hat Karsten S. ein Messer bei sich. Das wird Ute L. zum Verhängnis. Trotz seiner erst 18 Jahre verurteilen die Richter Karsten S. zu einer lebenslänglichen Freiheitsstrafe.

Nach dem Mord wäre Karsten S. auf seiner Flucht vom Tatort übrigens fast in die Arme der Polizei gelaufen. Denn gegen 1.55 Uhr begegnete eine Streife des Polizeireviers Dresden-Nord auf der Fritz-Reuter-Straße einem Mann, der gerade in Richtung Conradstraße lief. Streifenführer Ralf K. wollte ihn eigentlich kontrollieren, ließ aber davon ab. Denn sein Partner hatte bemerkt, dass in einiger Entfernung eine Person auf dem Fußweg lag. Offenbar ein Betrunkener, wie der Polizeipraktikant glaubte. Der angehende Wachtmeister irrte gründlich: es war die sterbende Ute L. Nach nur zwei Minuten standen die beiden Polizisten wieder an der Ecke zur Conradstraße. Doch der Mann ist verschwunden. Bei der Vernehmung durch die Kollegen beschrieb Ralf K. den Unbekannten später: 175 Zentimeter groß, schlank, dunkelblond mit einem „viereckigen kunstledernen Gegenstand" unterm Arm. Karsten S. ist wohl nie befragt worden, ob er nach dem Mord auf seinem Heimweg der Polizei begegnet ist.

VERGEBLICHE SUCHE NACH FELIX

Mitte der 80er-Jahre entführt ein Unbekannter vor dem CENTRUM-Warenhaus Dresden einen kleinen Jungen. Die Suche endet vor den Toren einer sowjetischen Kaserne.

Von Manfred Müller

Der 28. Dezember 1984 ist ein Freitag. Ein ganz normaler Tag zwischen Weihnachten und Neujahr, mitten im Winter, mitten in Dresden, so scheint es. Doch für die Dresdner Polizei wird es immer ein besonderer Tag bleiben, denn an dem nasskalten Nachmittag beginnt die scheinbar unendliche Geschichte der beiden Kinder Felix Tiek* und Martin Sonntag oder wie sie in der Dresdner Kriminalgeschichte heißen: Felix I und Felix II.

Dunkle Wolken verdecken an diesem Tag den Himmel. Es fällt leichter Schneeregen. Dresden wirkt grau und düster. Dennoch sind viele Menschen unterwegs. Das stellen auch Eleonore und Eberhard Tiek fest. Sie haben sich entschlossen, nach dem Mittagsschlaf und einem Stück Rührkuchen zum Kaffee mit ihrem fünf Monate alten Liebling Felix in die Dresdner Innenstadt zu fahren. Im CENTRUM-Warenhaus wollen sie einen Einkaufsbummel machen. „Ganz schön was los heute", meint Eberhard, als sie an der Haltestelle Bautzener Straße in die voll besetzte Bahn der Linie 11 steigen. Kaum ein Sitzplatz ist frei. Aber so ist es eigentlich immer am Freitagnachmittag.

An der Haltestelle Dr.-Külz-Ring verlassen Tieks die Bahn. Felix ist inzwischen eingeschlafen. „Ich denke, dass er die nächste Stunde durchschläft. Da können wir in Ruhe unsere Runde machen", sagt Eleonore. Platz im Kinderbetreuungsraum des Warenhauses wird schon noch sein, so hofft sie. Doch auch im CENTRUM sind Menschen über Menschen. Alle glauben wohl, nur an diesem Freitag könne man die Einkäufe für Silvester und Neujahr machen. Und so stehen die Kunden auch vor dem Raum Schlange, der eigens für die Betreuung der Kleinstkinder eingerichtet wurde. Eleonore blickt auf die vor einem Schaufenster abgestellten Kinder- und Sportwagen und sagt zu ihrem Mann: „Weißt du, Felix schläft schön, wir stellen den Wagen auch draußen ab". Eberhard nickt zustimmend. „Und der Sauerstoff hier ist besser als der Mief im CENTRUM", fügt er noch hinzu. Schnell wird das Seilschloss zwischen Vorderrad und Wagengestell gezogen: Man hat ja schon öfter von Kinderwagen gehört, die weggerollt wurden. Und schon sind die Tieks im Warenhaus und tauchen in der Menschenmenge unter. Nach einer knappen halben Stunde kämpfen sie sich zum Ausgang zurück. Gekauft haben sie nichts. „Wir haben wenigstens mal einen Bummel gemacht und uns bewegt", so der Kommentar von

---

Name geändert

Eberhard. „Und Geld gespart", ergänzt seine Frau. Als sie bei den Kinderwagen ankommen und nach ihrem Jungen schauen, stellen sie entsetzt fest: Der Wagen ist leer, Felix ist weg!

Tatort Centrum-Warenhaus in der Dresdner Innenstadt: Hier verschwindet der kleine Felix I.

Bernd Nötzold, Oberleutnant der Kriminalpolizei, ist nicht überrascht, als an diesem Freitagabend das Telefon bei ihm klingelt. Er erhält nur eine kurze Mitteilung: Sofort zum Volkspolizei-Kreisamt Dresden (VPKA) kommen. Als Mitarbeiter der Branduntersuchungskommission (BUK) in der Kriminalpolizei ist es für Nötzold einigermaßen normal, auch zu ungewöhnlichen Zeiten zum Dienst anzutreten. Diese Truppe wird nicht nur zu Großbränden, Explosionen und Havarien gerufen. Auch bei anderen besonders komplizierten Fällen kommt sie öfter zum Einsatz. Nur für die Frauen und Familien sind diese Anrufe immer wieder ein kleiner Schnitt ins traute Familienleben. Irgendwie ahnt Nötzold an diesem Tag, dass es wieder mal ganz „dicke" kommen könnte und die Familienpläne für Silvester und Neujahr ins Wasser fallen. Schon auf der Fahrt zur Dienststelle, der Trabi hat die winterliche Startphase gut gemeistert, wird Nötzold auf das Ereignis eingestellt. Aus Lautsprecherwagen der Schutzpolizei und aus den Sprechanlagen der Dresdner Verkehrsbetriebe schallt es durch die Straßen: „Achtung, Achtung! Fünf Monate altes Kleinstkind entführt ..."

Im Ernst-Thälmann-Saal des VPKA Dresden herrscht Trubel. Schutzpolizisten, Abschnittsbevollmächtigte und Kriminalisten, alle drängen sich im und um den Versammlungsraum. In kleinen Gruppen stehen sie zusammen und diskutieren. Es wird gemutmaßt, gerätselt, Hypothesen werden gebildet. Alle wollen im Vorfeld schon wissen, wer das Kind entführt haben könnte. Hat doch jeder so seine Erfahrungen gesammelt und glaubt, seine „Pappenheimer" genau zu kennen. „Also jetzt mal Ruhe und herhören, Genossen", schallt es schließlich durch den kleinen Saal. „Ein Kleinstkind wurde entführt, fast noch ein Säugling. Das steht fest, daran gibt es keinen Zweifel. Eine vorgetäuschte Tat schließen wir aus." Der Kripo-Chef des VPKA Dresden beschreibt den Sachverhalt, verteilt jede Menge Aufgaben und befiehlt, eine Einsatzgruppe zu bilden. Dem Kripo-Hauptmann Ekkehard Schuldt wird die Leitung der Einsatzgruppe übertragen. Oberleutnant Nötzold erhält die Verantwortung für den Ermittlungskomplex „Kindeseltern, Bezugspersonen und Bearbeitung aktiver Verdachtsrichtungen".

Die Ausgangslage ist schnell skizziert und überschaubar. Der bevorstehende Arbeitsaufwand scheint enorm. Die gesicherten Spuren sind ernüchternd. Bei der Untersuchung des Kinderwagens finden die Kriminaltechniker lediglich ein so genanntes Fremdhaar, das weder von Felix, noch von seinen Eltern und Angehörigen stammt. Dafür finden sie viele Textilfasern.

Es ist nie exakt gezählt worden, wie viele Polizisten in den folgenden Tagen nach dem kleinen Felix gesucht haben. Am 28. Dezember 1984 und an den Tagen darauf sind vermutlich alle greifbaren Polizisten der Stadt Dresden mit dem Entführungsfall beschäftigt. Die Fahndung läuft auf Hochtouren. Alle einschlägig Vorbestraften werden überprüft. Auch Frauen, denen das Erziehungsrecht für ihr Kind entzogen wurde, Frauen, die Fehl- oder Totgeburten hatten und, ... und, ... und ... Jede Stunde zählt und jede Stunde, die verstreicht, kann neue Gefahren für das Leben und die Gesundheit des Kleinkindes bringen. In solchen Situationen ist es selbstverständlich, dass die ganze Nacht gearbeitet, überprüft und gesucht wird.

Selten bezieht die Polizei die Bürger der Stadt Dresden und in der Umgebung so intensiv in ihre Fahndungsmaßnahmen ein. Fahndungsplakate, Handzettel, Aufrufe in allen Tageszeitungen und im Rundfunk: Das ist nicht alltäglich. Die Einsatzleitung kann davon ausgehen: Jeder einigermaßen interessierte Bürger weiß von der ungewöhnlichen Entführung. Und viele rufen an, machen sich Sorgen um Felix und bangen mit seinen Eltern. Viele achten auf Ungereimtheiten auf ihrer Arbeitsstelle, im Haus und in der Nachbarschaft.

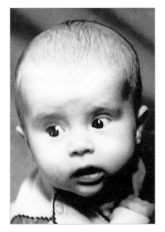

Der kleine Felix I 1984: Heute ist er 20 Jahre und lebt vermutlich in der ehemaligen Sowjetunion.

Uta Strauch* weiß an diesem nasskalten Nachmittag des 28. Dezember ganz sicher nicht, dass sie eine der Hauptzeuginnen dieser Kindesentführung werden würde. Sie hat sich auf diesen Nachmittag gefreut. Ihre Tochter mit dem kleinen Enkel ist zu Besuch gekommen. Sie kann also mit ihm spazieren fahren, ausgiebig herumknuddeln und sie erspart sich gleichzeitig den Stress einer Einkaufstour durchs CENTRUM-Warenhaus. Ihr Mann und die Tochter machen diese Tour gern. Und während beide im CENTRUM abtauchen, fährt Uta Strauch mit dem Kinderwagen hin und her und schäkert mit ihrem Enkel. Ganz langsam dreht sie eine Runde um das große Kaufhaus mit der Alufassade. Ihr entgehen dabei auch nicht die abgestellten Kinder- und Sportwagen, in denen die Sprösslinge liegen oder sitzen. „Leichtsinn", denkt sie sich. Als Krippenerzieherin hat sie einen Blick für solche Situationen.

So fällt ihr auch die Frau mit der seltsamen Wollmütze auf, die längere Zeit wie erstarrt vor einem dieser Wagen steht. Uta Strauch hört eine „knatschende" Kinderstimme aus dem Wagen. So beschreibt sie es später in

---

* Name geändert

ihrer Zeugenaussage. Uta Strauchs Mann und Tochter lassen auf sich warten. So schaut sie instinktiv zur Rathausuhr. Es ist genau 16.30 Uhr. Die Frau mit der Wollmütze steht immer noch reglos an diesem braunen Kinderwagen. Frau Strauch setzt ihre Tour mit dem Enkel fort. Es ist kalt und Bewegung tut gut. „Komisch", denkt sie beim Weitergehen, „in solchen Situationen beruhigt man doch sein Kind. Man schaukelt den Wagen oder fährt damit hin und her". Aber diese Frau mit der komischen Mütze tut nichts dergleichen. Sie erscheint ihr altmodisch, steht nur reglos da und guckt in den Wagen. „Oma oder Tante? Die Mutter ist es nicht", so schätzt sie die fremde Frau ein.

Kindesentführung
gesucht wird eine weibl. Person mit abgebildeter, beigefarbener, rechts/links gestrickter Mütze

Die Strickmütze der mutmaßlichen Entführerin: „Sieht ja aus wie Matka".

Als Uta Strauch wenig später vom verschwundenen Kind Felix hört, meldet sie sich sofort bei der Polizei. Ihre Aussagen zu der fremden Frau, zu deren Verhalten und Aussehen sind für die weitere Arbeit eine äußerst wichtige Spur. Die Ermittler gehen davon aus, dass diese Frau mit ihrem seltsamen Verhalten etwas zu tun haben muss mit der Kindesentführung. Nach den Angaben der Zeugin Strauch wird ein vergleichbares Bild des Kopfes der Frau mit aufgesetzter Wollmütze gefertigt. Spontan sagte einer der Kriminalisten beim Betrachten des Bildes: „Sieht ja aus wie Matka". Und jeder in der Runde weiß, was er damit meint.

Am Abend des 4. Januar, wenige Tage nachdem Felix entführt wurde, kommt endlich ein konkreter Hinweis: Einer in der Nachbarschaft wohnenden Frau wurde das Erziehungsrecht für ihren Säugling aberkannt. Seitdem soll das Kind in einem Heim sein. Aber sehr verdächtig sei nunmehr, dass seit Tagen wieder Windeln auf dem Trockenboden hängen. Das sieht gut aus. Oberleutnant Nötzold erhält den Auftrag, diesem Verdacht sofort nachzugehen. Das Haus und die Gegend sind bekannt. Mit sechs Polizisten fährt er los. Sie stellen ihre Autos versteckt in einer Seitenstraße ab und pirschen sich an das Haus heran. Licht brennt in der Wohnung, also ist jemand da. „Je zwei Mann Vorder- und Hinterfront besetzen, Fluchtweg beachten. Wir müssen auch damit rechnen, dass das Kind bei Bedrängnis aus dem Fenster geworfen wird", so lautet die Aufgabe an der Haustür. Dann folgt das Kommando: „Wir gehen rein."

Die Haustür ist offen. Der Trupp kommt unbemerkt über das Treppenhaus bis an die Wohnungstür. Ein Kriminalist klopft, weil die Klingel nicht funktioniert. „Bitte öffnen, Deutsche Volkspolizei!", ruft ein anderer. Alle lauschen, nichts tut sich. Keiner öffnet, aber die Polizisten hören, wie jemand in der Wohnung tuschelt. Nun ist Eile geboten: Nötzold gibt einem der Mitarbeiter das vereinbarte Zeichen mit dem Kopf. Es folgt ein kurzer Anlauf. Dann fliegen Tür und Füllung aus der Wand. Es kracht fürchterlich. Was die Kriminalisten hinter der Tür feststellen, hat nicht das Geringste mit dem entführten Felix zu tun. Doch zu klären gibt es anschließend etwas ganz anderes. Die Polizei hatte die Tür völlig unbeteiligter Leute eingetreten und muss die Reparatur später bezahlen.

Seit über einer Woche schon sucht die Polizei mit riesigem Aufwand nach Felix. Ist es doch nicht der klassische Fall einer Kindesentführung, wie sie auch in der DDR hin und wieder mal vorkam. Noch ahnt kaum einer, dass dieser Fall ganz anders liegt. Doch das soll sich bald zeigen.

In der Nacht zum 6. Januar, einem Sonntag, hat es wieder geschneit. Kälter ist es auch geworden. Bernd Nötzold liegt lange wach und grübelt: Die Ergebnisse der letzten Tage sind alles andere als berauschend. Alle arbeiten fleißig, keiner schaut auf die Uhr und trotzdem tritt die Einsatzgruppe auf der Stelle. Selbst die Kontrollen der vorgesetzten Dienststelle, der Bezirksbehörde der Volkspolizei, bestätigen: Es gibt nichts auszusetzen, nichts zu bemängeln, nichts zu beanstanden. Alle Untersuchungen und

Ermittlungen sind notwendig und zweckmäßig. Aber dennoch gibt es keine Spur von Felix, das Kind ist wie vom Erdboden verschwunden – eine schwere Bürde, auch für Nötzold und seine Mitstreiter. Sie halten täglich Kontakt zu den Eltern, berichten ihnen, was sie alles tun. Aber sie können den Eltern nicht sagen, worauf sie so sehnsüchtig warten – dass Felix gefunden ist.

Es ist das erste Wochenende seit dem 28. Dezember, an dem sich die Einsatzgruppe die Arbeit teilt. Jeder soll künftig wenigstens einmal einen Wochenendtag frei für sich und die Familie haben. Aber bereits am Sonntagnachmittag klingelt erneut das Telefon und schnell sehen sich alle wieder. Auch Nötzold wird in die Dresdner Neustadt zur Friedrich-Engels-Straße, unweit der Dreikönigskirche, gerufen. Schon von weitem ist sichtbar, dass das Gebiet weiträumig abgesperrt ist. Drinnen tritt sich Polizei-Prominenz gegenseitig auf die Füße. „Aha, das Spuren-Zertret-Kommando ist schon vor Ort", lästert Nötzold vor sich hin und meint damit jene Vorgesetzten, die aus Neugier in die erste Reihe drängen und nicht nur die Arbeit behindern, sondern auch die Spurensuche erschweren.

Und die Welt scheint verrückt zu sein. Tagelang sucht die Polizei nach einem verschwundenen Kind und nun: „Ein Kleinkind ist heute Mittag im Hausflur in einem Pappkarton gefunden worden. Es lebt." Einsatzleiter Schuldt macht eine kurze Pause und holt tief Luft. „Aber offensichtlich ist es nicht unser Felix." Bernd Nötzold ist überrascht, denn die Erregung in seiner Stimme passt nicht zur sonst ruhigen, abgeklärten Art des Kollegen. Der Fund muss ihn sehr berühren. Oder die nervliche Anspannung der letzten Tage zeigt erste Spuren.

Nötzolds Ermittler bekommen sofort den Auftrag, jenen Mann ausführlich als Zeugen zu vernehmen, der das Kind gefunden hatte. So einen Erstzeugen zu befragen, stellt besondere Anforderungen. Man braucht zum einen dringend alle Informationen, jede Kleinigkeit, jedes Detail. Alles, was der Zeuge optisch oder akustisch wahrgenommen hat, gilt es quasi herauszukitzeln. Zum anderen hat die Polizei in diesem Augenblick meist selbst nicht viel an Informationen in der Hand. In solchen Situationen weiß man nie genau, wie es um den Wahrheitsgehalt der Zeugenaussage steht. Deshalb gilt nur eins: Alles erfragen, alles aufschreiben und später mit anderen Ermittlungen vergleichen. Außerdem lehrt die Erfahrung, dass Erstzeu-

Friedrich-Engels-Straße unweit der Dreikönigskirche: Kinderschreie im Hausflur. Der Pfeil zeigt den Eingang, in dem Felix II gefunden wird.

gen oft selbst etwas mit der Sache zu tun haben, zu der sie befragt werden. Deshalb sind Vertrauen und Wachsamkeit gleichermaßen gefragt in so einer Vernehmung.

Aber an diesem Tag ist das alles graue Theorie. Sehr schnell stellt sich heraus: Der Zeuge Tino Herbst* hat rein zufällig diesen Karton mit dem Kind gefunden. Aus einem völlig anderen Grund hatte er an diesem Mittag das Haus aufgesucht. Er erzählt genau, wie er auf den Pappkarton und auf das Kind aufmerksam wurde. Tino Herbst ist bei einer Polstermöbel-Firma beschäftigt. Die hat einen Zweigbetrieb im Erdgeschoss der Friedrich-Engels-Straße 11. Wegen der winterlichen Temperaturen hatte Tino Herbst den Auftrag, bereits am Sonntag die Öfen in den Produktionsräumen zu säubern und zum Anheizen vorzubereiten. „Ich traf gegen 13 Uhr hier ein. Ich habe angefangen, die Öfen im Erdgeschoss zu reinigen. Die Asche brachte ich in die Mülltonnen auf den Hinterhof", erzählt er. Auf dem Weg dorthin hörte Tino Herbst im Hausflur die Laute eines Kindes.

Die Kriminalisten hören den Schilderungen gespannt zu und notieren Stichpunkte für das spätere Protokoll. Tino Herbst findet das Kind in einem

---

* Name geändert

Pappkarton, abgelegt in einem Kinderwagen im Hausflur. Der Karton hat Lüftungsöffnungen. Das Kind im Karton ist warm gekleidet, die Arme sind mit einem Strick an den Körper gebunden. Der Kinderwagen gehört einem Ehepaar aus dem Haus. Das Kind ist im Haus niemandem bekannt. Irgendjemand musste den Karton in das Haus gebracht haben. Das ist nur möglich, wenn der Unbekannte an diesem Sonntag vor 13 Uhr auf der Friedrich-Engels-Straße oder in der Umgebung auf der Straße gelaufen ist. Eine Person mit so einem großen Pappkarton ..., die muss doch auffallen.

Was also liegt auf der Hand? „Klingelputzen" – so nennt das auch die Polizei, wenn bei Ermittlungen alle Anwohner oder Besucher einer Straße zu befragen sind. Aus deren Beobachtungen puzzelt die Polizei dann die so genannte Personen- und Fahrzeugbewegung zusammen.

Es bestätigt sich schnell, dass das gefundene Kind nicht Felix Tiek ist. Es ist ein Findelkind, wird nirgends als vermisst gemeldet. Niemandem fehlt ein Kind. Das ist schon ungewöhnlich in der DDR, und es macht die Ermittler stutzig. Sie nennen den unbekannten Jungen kurzerhand Martin Sonntag, weil sie an einem Sonntag gefunden wurde. In der Polizei heißt er in der Folgezeit aber nur: Felix II.

Einen Zusammenhang zwischen dem verschwundenen Felix I und dem ausgesetzten Martin Sonntag nehmen die Ermittler an. Felix II kommt sofort in medizinische Obhut. Er befindet sich glücklicherweise in guter körperlicher und gesundheitlicher Verfassung. Die Mediziner schätzen sein Alter auf zehn bis zwölf Monate. Die Art und Weise, wie Felix II ausgesetzt wurde – in einem belüfteten Karton und eingepackt in warme Kleidung – deutet darauf hin, dass dem Kind kein Schaden zugefügt werden sollte. Wer es ausgesetzt hatte, wollte offenbar, dass es schnell gefunden wird. Eine Schlussfolgerung, die noch Bedeutung bekommen soll.

Noch während der Arbeit am Fundort des Kartons meldet sich ein Hausbewohner bei der Polizei, um mitzuteilen, was er beobachtet hatte: „Ich weiß aber nicht, ob es von Wichtigkeit ist", sagt er kleinlaut. „Doch, doch, jede Kleinigkeit kann wichtig sein", macht Nötzold dem Mann Mut. „Ich habe etwa eine Stunde vor dem Auffinden des Kindes vor unserem Haus einen Militärjeep der Sowjetarmee gesehen", schildert der Zeuge und fügt hinzu, dass ihm das ungewöhnlich erschien, weil sonntags doch die umliegenden Geschäfte alle geschlossen haben. Auch andere Personen, die befragt werden, hatten diesen Jeep bemerkt. Einige wollen ihn sogar am Nachmittag gesehen haben, als die Polizei bereits vor Ort war.

Mehrere Anwohner der Friedrich-Engels-Straße und der angrenzenden Nieritzstraße haben eine weitere wichtige Beobachtung gemacht: Sie sahen, wie sich ein Mann der Friedrich-Engels-Straße 11 näherte, der einen Schlitten hinter sich herzog. Auf dem Schlitten habe ein Pappkarton gestanden. Mehrere Zeugen beschreiben die Pappe so, dass es genau der Karton sein könnte, in dem Felix II gefunden wurde.

Der Kriminaltechniker der Einsatzgruppe, der gleichzeitig auch Porträtzeichner ist, nimmt sich dieser Zeugen an. Wenig später kommt er strahlend ins Zimmer des Leiters der Einsatzgruppe und schwenkt ein Bild in der Hand: „Ich glaube, hier haben die Zeugen und ich was Tolles zu Stande gebracht. Ein subjektives Porträt vom Schlittenmann. Die Zeugen sind zufrieden; genauso soll er ausgesehen haben." Er legt das Blatt vor seinem Chef auf den Schreibtisch und wartet gespannt auf dessen Reaktion. „Die Fakten formen sich langsam aber sicher zu einem Gesamtbild", so denkt Ekkehard Schuldt vor sich hin. Laut sagt er nur: „Ich erwarte die Komplexleiter und deren Stellvertreter heute 17 Uhr zur Lagebesprechung."

Der Unbekannte: So beschreiben Zeugen den Mann, der Felix II auf einem Schlitten durch die Friedrich-Engels-Straße zieht und vermutlich im Hausflur aussetzt.

„Lasst uns alle bisherigen Ermittlungsergebnisse zusammenfassen", beginnt Schuldt seine Ausführungen und fordert die Komplexleiter auf zu berichten. Der Kriminaltechniker weiß: „Der bewusste Pappkarton wurde ursprünglich zum Transport von Damenstiefeln genutzt. Der Paketaufkleber besagt, dass die Lieferung im November 1984 von Leipzig aus an die sowjetische Handelsgesellschaft Dresden erfolgte." Stimmengewirr und Raunen geht durch die Truppe. „Bitte keine voreiligen Schlüsse", beschwichtigt Schuldt. Dem Kind gehe es gut, wird weiter berichtet. Aber mehrere Narben an Armen und Beinen weisen darauf hin, dass unmittelbar nach der Geburt eine intensive stationäre Behandlung mit längerer Infusion stattgefunden hat. Dann greift Ekkehard Schuldt in ein Schreibtischfach, holt ein Blatt Papier heraus und sagt: „Und das ist das Porträt vom Schlittenmann. Den müssen wir finden, dann sind wir der Aufklärung ein ganzes Stück näher".

Hinweise auf der Kiste: Schuhe für den HO-Spezialhandel. Eine der Spuren führt zum sowjetischen Kasernentor.

Die kommenden Tage und Wochen bringen weitere Ergebnisse. Sie erhärten den Verdacht, dass Felix I gegen Felix II ausgetauscht wurde. Nur alle Antworten auf die Frage nach dem Motiv bleiben Spekulation. Alle Ermittlungsergebnisse im Detail sind in so einem komplexen Fall nicht jedermann bekannt. Und in der Führungsetage hält man sich bedeckt, angesichts des Standes der Dinge. Dennoch sickert immer mehr durch, dass die Spur zu den „Freunden" führt. So heißen die sowjetischen Truppen im politisch korrekten DDR-Umgangston, also in Richtung Sowjetunion. Damit bekommt das Geschehen eine politische Brisanz, die die Ermittler bald zu spüren bekommen sollten.

So heißt es im März 1985 in einem Sachstandsbericht: „... im Ergebnis der Untersuchung kann eindeutig davon ausgegangen werden, dass das ausgesetzte Kind nicht im Gesundheitswesen der DDR behandelt worden ist ..." Außerdem sei es „Tatsache, dass das Kind bis zur Aussetzung keine Schutzimpfung erhalten hat. Im Gesundheitswesen der DDR wurde kein Fall bekannt, dass ein Kind keinerlei Schutzimpfungen erhalten hat ..." Darüber hinaus „... wurde ein pädagogisches Experiment durchgeführt und das ausgesetzte Kind mit verschiedenen Sprachen angesprochen. Während es bei allen Sprachen gleichgültig blieb, reagierte es auf die russische Sprache heftig und aufgeweckt ..." Weiter heißt es: „... die Vernehmung der deutschen Beschäftigten und die Vorlage des subjektiven Porträts des Schlittenmannes im Bereich der sowjetischen Handelsorganisation Dresden ergab, dass es sich bei dieser Person mit hoher Sicherheit um den sowjetischen Hauptbuchhalter Risatdin S. handelt ..." Die Indizien werden sogar noch eindeutiger, denn „... die biologische Untersuchung des im Pappkarton aufgefundenen Babysaugers erbrachte Speichelbestandteile der Blutgruppen A und B. Blutgruppe B gehört zum Findelkind Felix II und Blutgruppe A ... hat der vermisste Felix Tiek ...".

Alles Fakten, die die Version recht deutlich begründen, dass ein Austausch der Kinder stattgefunden hat. Die Ermittler der Einsatzgruppe nehmen an, dass die Eltern von Felix II glaubten, ein krankes Kind zu haben. Felix I und Felix II sind möglicherweise zumindest kurzzeitig zusammengewesen und haben den gleichen Schnuller bekommen. Die Eltern wollten wohl sicher sein, dass der vor dem CENTRUM-Warenhaus aus dem Kinderwagen entführte Junge tatsächlich gesund ist und ihren Vorstellungen entspricht, ehe sie ihr „krankes" Kind aussetzten.

Eine kleine Truppe um Ekkehard Schuldt, die alle Einzelheiten kennt, macht sich schließlich folgendes Bild vom Ablauf der Geschehnisse: Ein Ehepaar der sowjetischen Garnison Dresden bekommt 1984 Familienzuwachs. Entsetzt stellen sie fest, dass das Kind krank ist. Es muss längere Zeit stationär und intensiv behandelt werden. Das Kind entwickelt sich sehr langsam, sie glauben an einen dauerhaften gesundheitlichen Schaden. Anfang Januar 1985, exakt am 6. Januar 12.24 Uhr fährt ein sowjetischer Militärzug vom Bahnhof Dresden-Neustadt, Bahnsteig 1, in die Sowjetunion. Auch die sowjetischen Eltern sollen in die Heimat zurück. Den Angehörigen möchte man aber ein gesundes Kind präsentieren. So wird die Idee geboren, sich ein anderes gleichaltriges männliches Kind zu „holen", es zu beobachten und dann zu entscheiden, ob dieses Kind oder ihr scheinbar krankes in Dresden ausgesetzt wird. Am Sonntag, dem 6. Januar 1985, haben die Eltern entschieden, dass ihr leibliches Kind auf deutschem Territorium zurückbleibt. Nur wenige Stunden vor Abfahrt des Zuges klärt ein Militärjeep die Gegend auf, in der die Eltern einen sicheren und ungefährlichen Ablageort für ihr eigenes Kind vermuten, an dem es schnell gefunden wird. Nachdem der sowjetische Militärzug mit dem betreffenden Ehepaar und Felix I den Bahnhof Dresden-Neustadt verlassen hat und sich bereits der polnischen Grenze nähert, setzt sich ein anderer Angehöriger oder eine beauftragte Vertrauensperson − eben dieser Risatdin S. − mit dem Karton und dem Schlitten in Bewegung und läuft zur Friedrich-Engels-Straße 11. Der Schlittenmann mit Karton und Kind könnte sich bis dahin in dem bewussten Militärjeep aufgehalten haben. Dieser Jeep taucht am Nachmittag erneut im Bereich Friedrich-Engels-Straße auf. Man wollte sichergehen und wissen, ob das Kind gefunden und wohlauf ist.

Bereits im Januar 1985 kommt es zu ersten Kontakten zur sowjetischen Militärstaatsanwaltschaft wegen dieses Verdachts. Die Ermittler verfügen über eine Beweiskette, die sehr gut aussieht. Den Fragen, die sie bewegen, kann eigentlich auch die sowjetische Seite nicht ausweichen. Aber der Einsatzstab kennt auch die Schwierigkeiten, Barrieren und die Skepsis, die der Verdacht in Richtung „sowjetische Armee" schon aus politischen Gründen aufwirft. Sie haben ihre Erfahrungen und wissen, dass sie sehr beharrlich, sehr konsequent und sehr kompakt fragen müssen, um die sowjetischen Genossen zu überzeugen.

Hauptmann Schuldt fordert in den regelmäßigen Beratungen: „Alle Fragen an die sowjetischen Untersuchungsführer aufschreiben und mir geben. Ich leite das dann mit meinen Ergänzungen oder auch Änderungen weiter." Die Ermittlungen werden zu dieser Zeit immer umständlicher und sicher auch mit Informationsverlusten gespickt. Die Fragen laufen über den Chef der Kripo des Bezirkes Dresden zum Bezirksstaatsanwalt und von dem über den DDR-Militärstaatsanwalt zum sowjetischen Militärstaatsanwalt. Und jeder hat, natürlich auf Grund seiner großen fachlichen und politischen Weitsicht und Verantwortung, an den Fragen herumgestrichen, so ist zu vermuten. Aber anders sind die spärlichen Antworten nach den ersten Kontakten kaum zu erklären. Erst später wird es einfacher. Da finden gemeinsame Beratungen in der Sowjetischen Kommandantur auf der Dresdner Hospitalstraße statt. Man hört den Deutschen aufmerksam zu, fragt aber auch sehr ausgiebig, in welche anderen Richtungen denn schon alles ermittelt worden sei. Erst als alle Anfragen zur Zufriedenheit der sowjetischen Seite beantwortet sind, scheinen auch die Zweifel der Freunde einigermaßen ausgeräumt. Sie vermuteten wohl eine Art Voreingenommenheit bei der Dresdner Polizei. Nun werden die Fragen der Deutschen akzeptiert. Man verspricht, entsprechende Ermittlungen zu führen und über die Ergebnisse zu informieren.

Ende März 1985 bekommt die Einsatzgruppe tatsächlich einen umfangreichen Bericht der sowjetischen Militärstaatsanwaltschaft. In neun Punkten wird darin der übersandte Fragekomplex beantwortet. Doch der Inhalt ist ernüchternd: „Es wurden 5 Angehörige der GSSD (Gruppe der sowjetischen Streitkräfte in Deutschland, Anm. d. V.) aus der sowjetischen Handelsorganisation Dresden .., ... die Angehörigen der GSSD, die auf dem freien Territorium im Bereich Bahnhof Dresden-Neustadt wohnen (im Moment der Kindesaussetzung und Kindesentführung wohnten außerhalb der Garnison Angehörige der sowjetischen Militärkommandantur, Eisenbahnkommandantur und noch 15 Angehörige der GSSD aus anderen Organisationen), überprüft. Die Arbeiter der Spezialhandelsorganisation sind an der Kindesentführung nicht beteiligt .... Die Angehörigen der Kommandanturen haben Kinder männlichen Geschlechts in dem selben Alter, wie das ausgesetzte oder entführte Kind. Aber die Kinder wohnen zusammen mit ihren Eltern..." Auch die Ermittlungen bei diesen Personen haben angeblich keine Hinweise erbracht. Fehlanzeige melden die sowjetischen Behörden auch in allen Militärhospitalen in Dresden, Karl-Marx-Stadt, Schmorkau, Cottbus und Leipzig, den ärztlichen Betreuungsstellen der Einheiten und allen Sanitätsabteilungen der Verbände. Nach den Angaben der Eisenbahnkommandantur sind 28 Menschen am 6. Januar 1985 vom Bahnhof Dresden-Neustadt mit dem Zug Dresden–Brest abgefahren. Aber „kein Mensch hat ein Kind im Alter von 5 bis 12 Monaten bei sich gehabt.". Am 26. Januar 1985 sind 46 Kraftwagen aus Dresden herausgefahren, 16 von denen waren im Bereich des Neustadt-Bahnhofes, aber „keiner transportierte Kinder und keiner war direkt im Bereich der Kindesaussetzung".

Am Ende ihres Schreibens haben die „Freunde" noch einen Hinweis: „Im Laufe der Ermittlungen wurde eine Bürgerin der UdSSR ermittelt, die ange-

Felix II: Soll nicht aus dem Wagen klettern und schnell gefunden werden. Die Ermittler nennen ihn Martin Sonntag, weil es an einem Sonntag gefunden wird. Später adoptiert ihn eine Familie.

geben hat, dass eine unbekannte DDR-Bürgerin im September 1984 im Bereich Warenhaus CENTRUM versucht hat, ihre fünf Monate alte Tochter aus dem Kinderwagen zu entführen. Die Vertreter der Kriminalpolizei sind darüber informiert." Der Dresdner Polizei liegt jedoch weder eine entsprechende Anzeige vor, noch wird den Ermittlern Name und Erreichbarkeit dieser UdSSR-Bürgerin übermittelt, auch auf Nachfrage nicht. „Wir hätten uns so gern mit ihr unterhalten", bemerkt Hauptmann Ekkehard Schuldt sarkastisch in einer Lagebesprechung. Er hatte das Ablenkungsmanöver der „Freunde" längst durchschaut.

Die betont abschlägigen Antworten wecken den Ehrgeiz der Ermittler. Weitere Beweise sammeln heißt nun die Devise. Schon unmittelbar nachdem Felix II gefunden wurde, nehmen Kriminaltechniker die Bekleidungsstücke des Findelkindes gründlich unter die Lupe und finden weitere Ansatzpunkte. Ekkehard Schuldt schickt eine Gruppe Kriminalisten ins Thüringische. „Wir haben noch zwei Eisen im Feuer", gibt er den Ermittlern mit auf den Weg, „zum einen das Baby-Jäckchen". In Mühlhausen befindet sich der Textilbetrieb VEB Mülana, aus dem es stammt. Schuldt will möglichst alles über Produktion, Absatz und Verkauf erfahren. Außerdem findet er das Wickeltuch des Findelkindes interessant. „Eigenartig sind der Stoff und die Verarbeitung, etwas dilettantisch umsäumt", sagt er. Die Ermittler nehmen die Originalspuren mit, wohl verpackt in Folie.

Schon am nächsten Mittag kommen erste Informationen aus Thüringen: Das Jäckchen ist zweite Wahl und nicht in den Handel gegangen. Es wurde über Betriebsverkauf abgesetzt. Darüber soll es Nachweise geben. Bald wisse man mehr. Als die zwei Kriminalisten nach Dresden zurückkommen, berichten sie, dass nur drei dieser weißen Jäckchen verkauft wurden, und zwar ausschließlich an Mitarbeiter im Zweigbetrieb Ohrdruff. Von den deutschen Beschäftigten kann sich niemand erinnern, eines der Jäckchen gekauft zu haben. „Beschäftigt sind zu diesem Zeitpunkt im Betrieb aber auch einige Ehefrauen sowjetischer Offiziere der Garnison Ohrdruff", sagt einer der Kriminalisten. Aber da gebe es leider keine Nachweise, wer die Jäckchen gekauft haben könnte. Dennoch hat der Einsatzstab etwas und muss nun feststellen, welche Verbindungen es zwischen den Garnisionen Ohrdruff und Dresden gibt.

Auch über das Wickeltuch weiß die Dresdner Kripo bald mehr. Das Baumwollgewebe, aus dem es besteht, wird in der DDR nicht hergestellt. Dieses Tuch aus dem Karton des Findelkindes ist ursprünglich Meterware gewesen und wird vom Verbraucher selbst zugeschnitten und umsäumt. In diese Untersuchungen werden führende Textileinrichtungen der DDR eingeschaltet. Die Ergebnisse fasst Ekkehard Schuldt im August 1985 zusammen: „Wir haben jetzt ein zusammenfassendes Bild. Diese selbst gefertigten Tücher werden von sowjetischen Müttern sowohl in Kindereinrichtungen der DDR als auch in ihren Hospitälern genutzt. Im Wohnbereich sowjetischer Bürger haben wir solche Tücher auf Wäscheleinen gesehen." Und seine letzte Mitteilung: „Diese Stoffe bringen die Familien aus der Sowjetunion mit in die DDR." Es fehlt nur noch die Nähmaschine, mit der das Wickeltuch umsäumt wurde. Doch an dem Punkt winken die Spezialisten ab. Aus der Forschungsabteilung des VEB Veritas Wittenberge, dem DDR-Nähmaschinenhersteller, kommt ein klares Nein. Solche individuellen Merkmale sind bei Nähmaschinen nicht vorhanden. Die Nähmaschine würde als Beweis nicht weiterhelfen.

Für die Einsatzgruppe „Felix" hat sich die Spur in die Sowjetunion damit weiter verdichtet. Deshalb wird ein mit eindeutigen Fakten gespicktes Rechtshilfeersuchen für die sowjetische Ermittlungsseite erarbeitet. Einige der Ermittler sprühen vor Optimismus, glauben, dass es nur noch eine Frage der Zeit ist, bis sie den kleinen Felix Tiek nach Hause holen können und auch erfahren, wer die Eltern von Martin Sonntag sind.

Am 3. Dezember 1985 kommt unvermittelt eine Order aus Berlin: Hauptmann Ekkehard Schuldt hat unverzüglich im DDR-Innenministerium zu erscheinen, selbstverständlich mit dem Sachstandsbericht zum Fall Felix. Schuldt muss zum Rapport zum obersten Chef der Kriminalpolizei und zum Generalstaatsanwalt der DDR.

Danach läuft alles nach „Fahrplan", so glauben die Dresdner jedenfalls. Am 4. Dezember 1985 geht das Rechtshilfeersuchen an den sowjetischen Militärstaatsanwalt in der DDR. Es ist der vorerst letzte Versuch zur Aufklärung dieser einmaligen Kindesentführung. Zwei Tage später, am 6. Dezember 1985, formulieren die Kriminalpolizei und der Staatsanwalt des Bezirkes Dresden noch einen „Gemeinsamen Standpunkt". Im ersten Absatz darin heißt es: „Alle Versuche, im Zusammenhang mit dem im letzten Rapport in Berlin besonders diskutierten Problem, über das Wickeltuch zu weiteren Beweisen zu kommen, sind nicht gelungen." Auch zu den Ermittlungen der sowjetischen Seite wird in dem Papier Klartext geschrieben: „Das Ergebnis dieser Überprüfungen war negativ. Trotzdem gibt es Indizien, die bei uns immer wieder Zweifel an der Richtigkeit dieser Feststellung aufkommen lassen."

Noch einmal ersucht die Einsatzgruppe „Felix" in dem Schreiben deutlich um Mitteilung, ob und mit welchem Ergebnis der verdächtige sowjetische Hauptbuchhalter Risatdin S. überprüft wurde, und was andere noch offene Fragen ergeben haben. Antworten auf diese und andere Fragen hat die Dresdner Polizei nie erhalten.

Selbst können die Dresdner Ermittler den verdächtigen Rasatdin S. nicht mehr überprüfen. Er ist aus seinem letzten Heimaturlaub nicht wieder in die DDR zurückgekommen. Aus gesundheitlichen Gründen, wie es offiziell heißt.

Am 27. Dezember 1985, ein Jahr nach dem Felix Tiek am Dresdner CENTRUM verschwand, verfügte Hauptmann Ekkehard Schuldt, einem Befehl aus Berlin folgend: „Das Ermittlungsverfahren Tgb-Nr. 6037/85 wird entsprechend dem Vorschlag ... vorläufig eingestellt".

Fast zwanzig Jahre sind seitdem vergangen und es wird wieder Silvester. Wie immer zum Jahreswechsel schlendert Bernd Nötzold durch Dresden.

Wie viele Einwohner stößt auch er alljährlich am Neustädter Elbufer mit seinen Kindern und Freunden auf das neue Jahr an. Es hat Tradition, sich an diesem Tag, zu dieser Stunde im Herzen von Dresden zu treffen. Sein Weg führt ihn über die Königstraße, die vor zwanzig Jahren Friedrich-Engels-Straße hieß. Ihn holen die Erinnerungen ein. Das blaue Emailleschild mit der weißen 11 hängt noch genauso neben der wuchtigen Haustür wie damals im Januar 1985. Nur die Fassade ist neu, heller und freundlicher. „Wie wird es den beiden Kindern heute gehen", grübelt er. Sie sind fast Zwanzig und schon richtige Männer.

Was aus Felix II geworden ist, dem Findelkind, das sie einfach Martin Sonntag genannt hatten, das weiß Nötzold. Martin wurde adoptiert, hat längst neue Eltern und ein neues Zuhause gefunden. Er lebt in Sachsen, und es geht ihm gut. Er hat mit tollen Ergebnissen die Schule absolviert und gesundheitlich – keine Probleme. Aber was macht Felix Tiek, der verschwundene Felix I? Nötzold hofft, dass es ihm genauso gut geht, dass auch er eine neue Heimat gefunden hat, irgendwo in der Ferne. Für Bernd Nötzold ist diese scheinbar unendliche Geschichte der beiden Jungen, die Geschichte der vertauschten Kinder Felix I und Felix II zu Ende. So sollte es bleiben, denkt er und geht weiter. Das neue Jahr wartet nicht.

EIN FALSCHER HAUSFREUND

**1987 entdeckt die Feuerwehr nach Löschar-
beiten eine erschlagene Frau. Die Kripo
findet ihren Mörder. Doch der verlässt 1992
das Gericht als freier Mann – ein Wende-Krimi.**

Von Gert Weidig und Thomas Schade

Helga V. ist schon eine merkwürdige Frau. Vielleicht hat sie den Tod ihrer Mutter 1986 nicht verwunden. Allein und zurückgezogen lebt sie seither als Invalidenrentnerin in dem Haus am Langenauer Weg, einer netten Gegend am Rande von Dresden. Die Katzen aus der Umgebung sind die Einzigen, die sie regelmäßig besuchen, so glauben es die Nachbarn. Bei Anwohnern gilt die 50-Jährige als eigenwillig, eher abweisend und kontaktscheu. Viele nehmen nur wenig Notiz von ihr.

Am 27. August 1987, einem Donnerstag, holt Helga V. zur Mittagszeit im Pappritzer Konsum Kaffeesahne und Milch. Am Freitag bekommt keiner der Nachbarn die Frau zu Gesicht. Am Sonnabend sehen Anwohner, dass Qualm aus den Ritzen der verschlossenen Fenster dringt. Sie alarmieren die Feuerwehr. Die Kameraden müssen zwar die Haustür aufbrechen, haben aber wenig Mühe, den Brand in der Diele zu löschen. Schon zehn bis 15 Stunden hatte er geschwelt, wie sich später herausstellt. Die Feuerwehrleute finden einige tote Katzen im Haus, die offensichtlich durch den Rauch zu Tode kamen. Im Schlafzimmer entdecken sie auch Helga V. Nackt und zugedeckt liegt sie tot in ihrem Bett. Selbst für die Feuerwehrleute ist schnell klar: Dem Feuer ist die Frau nicht zum Opfer gefallen. Sie hat schwere Kopfverletzungen. Deshalb wird der Brand ein Fall für die Polizei und die Gerichtsmediziner.

Die Kriminalisten, die den Brand untersuchen, stoßen schnell auf zahlreiche Merkwürdigkeiten. Irgendjemand wollte offenbar, dass das ziemlich schicke Einfamilienhaus total abbrennt. Denn das Feuer ist gelegt worden. In der Küche sind sogar alle Hähne des Gasherdes geöffnet. Nur weil sich der Brand nicht richtig ausgebreitet hatte, war eine Gasexplosion ausgeblieben. Die gerichtsmedizinische Untersuchung erhärtet den Verdacht, dass Helga V. einem Verbrechen zum Opfer gefallen ist. Mehrere Schläge mit einem stumpfen Gegenstand auf den Kopf hatten sie umgebracht. Nach Ansicht der Gerichtsmediziner ist Helga V. mindestens 48 Stunden tot gewesen, als die Feuerwehrleute sie entdeckten. Sie konnte den Brand also nicht selbst gelegt haben. Zudem sind ihr zahlreiche Schnittverletzungen am Körper erst nach dem Tode zugefügt worden. So, als sollten ihr Arme und Beine abgetrennt werden. Die Kriminalisten schließen auch bald aus, dass das Schlafzimmer der Tatort war. Wieso nur ist die Haustür ordnungsgemäß verschlossen gewesen, als die Feuerwehr kam, fragen sich die Ermittler der Dresdner Mordkommission, die von den Nachbarn bald

Tatort Langenauer Weg 1: Hier geht 1987 wochenlang der falsche Hausfreund Axel S. ein und aus, um Helga V. zu besuchen.

erfahren, wie misstrauisch und vorsichtig Helga V. gegenüber Fremden war. Wen gab es da in ihrem eher einsamen Leben, der offensichtlich auch eine markante Bronzefigur, Porzellan und Bücher, eigentlich den ganzen eher bescheidenen Besitz der Frau weggebracht hat?

Am Tag nach dem Brand sind die Ermittler im gesamten Wohngebiet unterwegs, befragen die Leute in der Straße, hängen Zettel aus und halten sogar eine Einwohnerversammlung ab, um etwas über Helga V. zu erfahren. Tatsächlich meldet sich ein Zeuge, der in der Nacht zum Freitag mit seinem Hund noch mal Gassi war und dabei vor dem Grundstück von Helga V. einen alten Trabant gesehen hat. Seit längerer Zeit schon habe er das Auto nachts vor dem Haus gesehen, berichtete der Mann. Ein zweiter Zeuge weiß, dass ein jüngerer Mann mit dem klapprigen Auto immer donnerstags zu Besuch komme. Sogar an die Tätowierungen im Gesicht des Mannes kann er sich erinnern. Und am Freitagmorgen gegen vier Uhr will er gehört haben, wie der Trabi angelassen und weggefahren wurde. Hatte die spröde und eher schrullige Helga V. tatsächlich einen heimlichen Liebhaber?

Unverzüglich werden alle alten und klapprigen Trabis am nordöstlichen Stadtrand von Dresden kontrolliert und Fahrer mit Tätowierung im Gesicht gesucht. Eine große Hilfe sind bei solchen Aktionen immer die Abschnittsbevollmächtigten, Volkspolizisten, die ihre Wohngebiete so gut kennen wie ihre Uniformtasche. Die Überprüfung rückt einen 32-jährigen Mann ins Visier der Ermittler, der so einen alten Trabi fährt und nicht ganz freiwillig in der Nähe lebt. Es ist Axel S., ein Berliner. Er ist mehrfach vorbestraft und deshalb quasi aus der Hauptstadt der DDR in die Provinz verbannt und in Pappritz angesiedelt worden. Nach mehreren Gefängnisstrafen ist gegen ihn ein „Berlin-Verbot" verhängt worden, wie es im Volksmund heißt.

Doch die Ermittler können Axel S. nicht befragen. Seit zwei Tagen ist der Mann verschwunden, obwohl er unter polizeilicher Beobachtung steht. Denn Axel S. hatte schon früher mal bei den Behörden angedeutet, dass er in den Westen abhauen wollte. Am 31. August wird die Dresdner Polizei aus Berlin informiert, dass ein in Pappritz wohnhafter Axel S. in der DDR-Hauptstadt verhaftet wurde, weil er angeblich versucht habe, aus der DDR zu flüchten. Die Berliner Polizei findet bei Axels Bruder die Gegenstände, die in Helga V.s Haus fehlen. Auf der Unterseite eines Tellers hat Axel S. seinen Fingerabdruck hinterlassen. Außerdem stammen die Streichhölzer aus dem Pappritzer Haus der Helga V., die Axel S. in seiner Tasche hat, als er festgenommen wird. Damit steht der 32-Jährige unter dringendem Verdacht, die Invalidenrentnerin ermordet und ihr Haus angezündet zu haben. So scheint der Tod der Helga V. schon wenige Tage nach dem Brand geklärt. Axel S. sitzt in der Dresdner Schießgasse in Untersuchungshaft und bald auch auf dem Stuhl vor den Ermittlern der Mordkommission. Einige wollen sich schon auf die Schultern klopfen, angesichts ihres raschen Erfolges, nicht ahnend, dass nervenaufreibende Monate vor ihnen liegen und der Fall sie noch Jahre beschäftigen wird.

Schon nach den ersten längeren Vernehmungen, in denen sie Axel S. mit dem Mord konfrontieren und belastende Indizien vorlegen, zeigen sich Sorgenfalten auf den Gesichtern der Ermittler. Mit Axel S. sitzt ihnen ein waschechter „Icke" aus dem Prenzlauer Berg gegenüber – routiniert im Umgang mit der Kriminalpolizei. Aus den Akten erfahren die Dresdner Kripo-Leute, dass er bereits als Hilfsschüler mit 15 Jahren Bekanntschaft mit der Polizei und der Jugendhaft gemacht hat. Seine Eltern haben wohl nicht allzu viel getan für seine Erziehung. 1979 starb Axels Vater und hinterließ fünf Kinder, von denen er das viertälteste ist. Aber eine richtige Ausbildung absolviert er nicht, sondern fängt als Küchenhilfe an, heiratet

1977, aber die Ehe hält nicht. Nach einer seiner Straftaten muss er schließlich Berlin verlassen. Seine Freundin Anica begleitet ihn nach Dresden. Als gelernte Hauswirtschaftspflegerin betreut sie 1984 die Mutter von Helga V.. So lernt auch Axel S. die Bewohner des Hauses am Langenauer Weg kennen, geht ab und zu ein und aus und verrichtet körperlich schwere Hausarbeiten. Er setzt seine Besuche auch fort, als sich Anica von ihm trennt und nach Berlin zurückgeht. Ein unkomplizierter, fast herzlicher Kontakt entwickelt sich. Denn Axel S. kann charmant auftreten und ausgesprochen hilfsbereit sein. Was sich hinter der Fassade verbirgt, ahnen die Frauen nicht.

Axel S. arbeitet als Landmaschinenschlosser in einer nahen LPG und ist unzufrieden. 1986 hat er die Arbeit gewechselt, ist jetzt Stanzer in einem Betrieb des VEB Pentacon und beantragt ganz offiziell die Ausreise aus der DDR. Die zuständigen Behörden halten in ihren Akten fest: Axel S. komme sich vor „wie in der Verbannung", weil er keinen Personalausweis habe und nicht nach Berlin dürfe. Nun will er ganz weg. Doch es kommt anders. Denn im selben Jahr stirbt Helga V.s Mutter und Axel S. lernt in der Stanzerei seines Betriebes Ulrike kennen, seine neue Freundin. Wie einer „mütterlichen Freundin" hilft Axel S. der Helga V., den Tod ihrer Mutter zu überwinden. Doch ab 1987 wird das Verhältnis zwischen dem 32-Jährigen und der 50-Jährigen auch intim. Helga V. möchte den fast zwanzig Jahre jüngeren Mann in ihrem Haus und für sich allein haben. Sie weiß von seiner Freundin und nennt sie „Knastbraut", weil die junge Frau mit dem Gesetz in Konflikt gekommen war. Im August 1987 wartet sie in der Untersuchungshaft auf ihren Prozess. All das regt Axel S. auf, er will seine Unabhängigkeit und seine Freiheit. So kommt es schon mal zum Streit zwischen Helga und ihm.

Vieles aus dieser Lebensgeschichte erfahren die Ermittler vom Beschuldigten selbst. Ausschweifend erzählt er. Nur in einem Punkt bleibt er hartnäckig: Mit dem Tod der Helga V. habe er nichts zu tun. Zu allem, was ihn belastet, hat er wortreiche und ausladende Erklärungen im flottesten Berliner Dialekt parat. Geschickt versucht er, seine Unschuld zu demonstrieren, wählt mal spontane Beteuerungen, mal komplizierte, eher unplausible Geschichten. Dennoch erfahren die Dresdner Kripo-Leute eine Menge von ihm: Natürlich sei er mit der Helga befreundet, gehe in ihrem Haus ein und aus. Und weil er ihr helfe, wo es nur geht, habe sie ihm auch die

Gegenstände geschenkt, die bei seinem Bruder gefunden wurden. Axel S. bietet Alibis an und bringt einen bärtigen Unbekannten ins Spiel, der auf das Geld des Opfers scharf gewesen sein soll. Mehrmals, so finden die Ermittler heraus, hatte es Axel S. früher auf diese Art geschafft, dass die Polizei Verfahren gegen ihn einstellte und Richter ihn freisprachen.

Doch diesmal geht es nicht um Diebstähle, Sachbeschädigung, Rowdytum, Kfz-Delikte oder Urkundenfälschung. Jetzt geht es erstmals um Mord, und bei fast jeder neuen Vernehmung weisen die Ermittler ihm nach, dass eine seiner Aussagen ein Märchen ist. Fast ein halbes Jahr dauert das Katz-und-Maus-Spiel. Im Januar 1988 kommen Axel S. die flotten Sprüche nicht mehr so locker über die Lippen. Er kann den psychischen Druck kaum noch kaschieren, der offenbar auf ihm lastet.

Vielleicht spielt dabei auch eine Rolle, dass ihm selbst „Ulli", seine „Sonne", nicht mehr so recht über den Weg traut. So nennt er seine Freundin. Ulrike kennt zwar „die Helga". Diesen Namen hatte er immer genannt, wenn er mal auf den Langenauer Weg gefahren ist, um bei einer Bekannten den Garten in Ordnung zu halten. Doch Ulrike kennt nicht mal Helgas Nachnamen und sagt der Polizei, dass ihr Freund lediglich zwei- oder dreimal dort gewesen sei, zuletzt vielleicht im Februar 1987. Auch zur Nachtzeit sei er nie in dem Haus gewesen, das wisse sie genau, sagt sie als Zeugin. Ulrike weiß nicht, dass ihr Freund auf zwei Hochzeiten tanzt, wie man so sagt. Axels Kumpel wissen es schon. So erfährt die Mordkommission auch, dass er immer donnerstags zu Helga V. fuhr, wenn seine Freundin zweite Schicht hatte. Kaffee trinken anfangs, später wurden die Besuche länger und zogen sich schließlich bis zum nächsten Morgen hin. Am Donnerstag vor dem Brand ist offenbar auch Axel S. im Pappritzer Konsum gewesen, um vier Stück Torte für das Kaffeetrinken bei Helga V. zu holen.

Anfang Februar 1988 befindet sich Axel S. in beträchtlichen Erklärungsnöten. Mit einigen Kriminalisten der Mordkommission hat er fast täglich zu tun. Diesen Vernehmern kann er nichts mehr vormachen. Sie haben sich auf ihn eingestellt und offenbar eine grenzenlose Geduld, auch wenn manchmal minutenlang kein Wort gesprochen wird. Sie sind hartnäckiger als alle, die er vorher kennen gelernt hat. Und sie haben ihm klar zu verstehen gegeben, dass die Vernehmungen so lange dauern, bis die Wahrheit bekannt ist. Am 4. Februar schließlich erzählt er der Mordkommission erstmals, dass er Helga V. im Haus gefunden habe, als sie bereits tot war. Dann erst habe er die Gegenstände aus ihrem Haus geschafft und versucht, seine Spuren zu verschleiern.

Da ihm die Ermittler wenig später nachweisen, dass auch diese Darstellungen im argen Widerspruch zu den kriminalistischen und gerichtsmedizinischen Erkenntnissen stehen, legt Axel S. im Mai 1988 ein umfassendes Geständnis ab und erzählt, dass er am 27. August wie so oft donnerstags mit einem Paket Kuchen zu Helga V. zum gemeinsamen Kaffee trinken gefahren sei. Auch in dieser Nacht wollte ihn seine Freundin bei sich haben. Aber am nächsten Tag hatte Ulrike ihren Prozess im Gericht, und Axel S. wollte da bei ihr sein. Deshalb sei es wieder zum Streit gekommen. Helga habe verlangt, dass er seine „Knastbraut" hinten anstelle und ihr den Vorzug gebe. Das verweigerte er. Schließlich habe ihn seine Freundin aufgefordert, ihr wenigstens im Keller noch etwas festgebackenes Salz zu spalten. Das wollte er tun. Plötzlich habe er gemerkt, dass Helga V. ihm gefolgt ist und mit dem Beil auf ihn losging. Sie rangen miteinander. Dabei konnte er seiner Freundin das Beil entreißen und habe nun selbst mehrmals zugeschlagen. Nervlich fertig sei er gewesen. Gegen 0.30 Uhr wurde Axel S. angeblich bewusst, dass die Frau tot ist. Dann habe er die blutüberströmte Leiche mit Wasser abgespritzt, den Kopf verbunden und seine tote Freundin nach oben ins Bett gebracht. Auch den Keller habe er gründlich gereinigt.

Am Freitagvormittag, wenige Stunden nach der Tat, sitzt Axel S. im Gericht und verfolgt den Prozess gegen Ulrike. Am Abend fährt er gegen 22 Uhr noch einmal an den Tatort, will alle seine Spuren beseitigen und packt auch seine Fälscherutensilien ein, Stempel, Ausreiseanträge, Krankenscheine. Schließlich bastelt er eine primitive Zündvorrichtung und dreht die Gashähne auf. Wenn er über alle Berge ist, sollte das Feuer auch die letzten Spuren vernichten. Doch dieser Versuch schlägt fehl, wie so vieles in seinem Leben.

Nach dem umfassenden Geständnis demonstriert Axel S. Tage später seine Tat an Ort und Stelle noch einmal in allen Einzelheiten. Eine Kriminalistin geht im Keller zum Schein mit dem Beil auf den Verdächtigen los. Schließlich führt er die Ermittler auch zu dem Beil, das er auf einer Müllkippe entsorgt hat. All diese Vorgänge werden aufgezeichnet. Mehrere Tage reist eigens dafür ein Kollege der Kripo aus Karl-Marx-Stadt (heute Chemnitz) an. Denn in Karl-Marx-Stadt ist im Sommer 1988 die einzige Videokamera stationiert, über die die Volkspolizei im gesamten Süden der DDR verfügt.

Axel S.'s Demonstrationen entsprechen in wesentlichen Teilen dem Ermittlungsergebnis und den gerichtsmedizinischen Gutachten. Auch wenn letztlich unklar bleibt, wer zuerst wen mit dem Beil angegriffen hat. Dennoch verurteilt das Bezirksgericht Dresden Axel S. am 6. Dezember 1988 wegen Mordes, schwerer Brandstiftung und Diebstahl zu einer lebenslänglichen Freiheitsstrafe. Die Richter erkennen ihm alle bürgerlichen Ehrenrechte ab und verhängen gegen ihn eine Geldstrafe von 8.674,67 Mark. Endlich ist der Fall für die Dresdner Polizei erledigt. So glauben alle.

Doch Axel S. geht vor dem Obersten Gericht der DDR in Berufung. Es ist inzwischen Frühsommer 1989. Da haben die obersten Richter der DDR nach dem 6. Mai 1989 weitaus größere Sorgen. Aus dem Lande liegen zahlreiche Anzeigen wegen Wahlbetrugs vor. Ihre Zahl hat bisher unbekannte Dimensionen angenommen. Dennoch hebt das Oberste Gericht am 25. Mai 1989 das Dresdner Urteil gegen Axel S. zum größten Teil auf und verweist es zurück nach Dresden, wo der Fall neu verhandelt werden soll.

Als die Akten im Spätsommer 1989 wieder in Dresden ankommen, haben Polizei und Justiz keine Zeit für einen mutmaßlichen Mörder, der vielleicht gar keiner ist. Seit dem Sommer rollte eine nie dagewesene Ausreisewelle. Sie läutet den heißen Herbst 1989 in der DDR und damit die Wende ein. Als die Menschen in Dresden und anderen Städten jeden Montag auf den Straßen mit den Füßen neu abstimmen und lediglich einen Steinwurf neben der Schießgasse vorbeidemonstrieren, da sitzt Axel S. noch immer als Untersuchungsgefangener in der legendären Haftanstalt im hinteren Teil des Gebäudes. Am 6. November, als die Mauer fällt, überrollt die Zeit den Mann, der seit Jahren in den Westen will. Zum Jahreswechsel hat die Wende auch die Gefängniszellen erreicht. In der Schießgasse hallen die Rufe nach Amnestie lautstark durch den Innenhof. An den vergitterten Fenstern hängen die Bettlaken mit den Forderungen der Gefangenen. Tatsächlich werden in den letzten Monaten der DDR tausende Häftlinge, auch Untersuchungsgefangene amnestiert. Axel S. sieht viele gehen, er muss bleiben.

Erst im Februar 1992, viereinhalb Jahre nach seiner Verhaftung, findet die Berufungsverhandlung statt, nun vor dem neuen Landgericht Dresden. Ganz anders als vorher müssen die Ermittler der Mordkommission in einer ungewohnt umfangreichen Beweisaufnahme teilweise stundenlang als Zeuge Frage und Antwort stehen. Sie empfinden es als nervenaufreibend. Die teilweise turbulenten Tage im Zeugenstand werden zu einer Art Tribunal für die Arbeit der Volkspolizei der DDR. Am ermittelten Tatgeschehen hatte sich zwar nichts geändert. Aber Richter und Staatsanwälte aus dem Westen betrachten nun die Ermittlungsergebnisse mit einem anderen Rechtsverständnis. Das gesamte kriminalistische Ermittlungsverfahren, jede polizeiliche Maßnahme stehen plötzlich auf dem Prüfstand des Rechtsstaates. Noch einmal werden die Tonbandaufzeichnungen der wichtigen Vernehmungen angehört. Auch die Videoaufzeichnung mit Axel S.'s Demonstrationen sehen sich die neuen Richter an. Einige schmunzeln, als sie sehen, wie der Beschuldigte auf der Müllkippe an einer langen Leine spazieren geführt wird. Er war wegen der Absturzgefahr angeseilt worden.

Letztendlich hält die Ermittlungsarbeit der Mordkommission dem ungewöhnlichen Überprüfungsverfahren in punkto Rechtsstaatlichkeit stand. Ihre Beweisführung übersteht die historische Zeitenwende. Nur rechtlich bewerteten die Richter das Geschehen in der Nacht vom 27. zum 28. August 1987 anders: Aus ihrer Sicht war es kein Mord, sondern Totschlag. Aus diesem Grund verurteilen sie Axel S. zu fünf Jahren Freiheitsstrafe. Seit dem 30. August 1987 hat er den größten Teil dieser Strafe bereits in der Untersuchungshaft abgesessen. Den Rest setzten die Richter zur Bewährung aus, wohl auch angesichts der besonderen „historischen Umstände". Noch am 11. Februar wird der DDR-Haftbefehl von 1987 aufgehoben und Axel S. kann nach dem Urteil das Gericht als freier Bürger verlassen.

Das einst schmucke Haus der Helga V. steht fünfzehn Jahre nach dem Geschehen vom August 1987 noch immer verlassen – in bester Dresdner Stadtrandlage. Bisher hat kein Mensch wieder in dem Haus gelebt, und im verwilderten Vorgarten wuchern die stacheligen Hagebuttensträucher. Einst waren es wohl die Rosenstöcke, die Helgas falscher Hausfreund pflegte.

TÖDLICHER FLIRT AM POLTERABEND

Der Mord an der 23-jährigen Uta F. ist 1988 schnell geklärt. Aber war der Täter überhaupt schuldfähig?

Von Gert Weidig und Thomas Schade

Hans-Peter und Ingrid F. denken an nichts Schlimmes, als am Nachmittag des 18. August 1988 gegen 16 Uhr ein junger Dresdner Kripo-Leutnant bei ihnen klingelt und nach ihrer Tochter Uta fragt. Es ist ein Donnerstag. Die 23-jährige Uta hat gerade eine Sommergrippe überstanden und war am Mittwoch wieder auf Arbeit in den Rat des Bezirkes gegangen. In der Bezirksverwaltung gilt die junge Frau als eine der Besten ihres Alters. Mitarbeiter beurteilen sie als sehr zuverlässig, aufgeschlossen, lebenslustig und auch als resolut. Uta tüftelt an Jugendprojekten mit, ist eine der Ersten, die am Personalcomputer PC 1715 arbeitet und marschiert als junge Genossin sogar freiwillig in der Kampfgruppe mit.

Ihren Job als Sekretärin macht sie gern. Aber nicht nur deswegen hat sie sich vorzeitig wieder im Büro gemeldet. Am Mittwochabend ist auch Party angesagt und gleich danach will sie mit Freunden nach Bulgarien in den Urlaub aufbrechen. Utas Eltern wissen, dass die Party eigentlich der Polterabend einer Kollegin ist, die am Wochenende den Polizisten Henry M. heiraten will. Uta und einige andere Frauen haben der Braut versprochen, zu kommen. Dass ihre Tochter nach der Party nicht noch mal nach Hause gekommen ist, sorgt die Eltern nicht. Sie vermuten ihre Tochter vielmehr auf der Reise. Als der Polizist vor der Tür steht, glauben sie, dass vielleicht an der Grenze etwas schiefgelaufen ist. So beschreiben sie dem Mann von der Kripo ihre Tochter. Er zeigt ihnen ein Paar Wanderschuhe der Marke „Dolomit" und eine Glashütter Damenuhr. Die Eltern stellen sofort fest, daß die Sachen ihrer Tochter gehören. Dann folgt der schlimmste Augenblick bei solchen Gesprächen. Die Eltern erfahren: Die Sachen stammen von einer Toten.

Der junge VP-Leutnant macht Besuche wie diesen nicht zum ersten Mal. Doch immer wieder ist es ein schwerer Gang, wenn man Menschen die Nachricht vom Tod ihrer Angehörigen überbringen muss. Es ist im Polizeialltag unzweifelhaft die Mission, die psychisch und physisch am schwierigsten zu bewältigen ist. Auch Familie F. fällt in einen unbeschreiblichen Schock, als sie begreift, dass ihre Tochter nicht auf dem Weg nach Bulgarien ist, sondern Opfer eines Verbrechens wurde.

An diesem Donnerstag zur Frühstückszeit fällt dem Bauarbeiter Andreas H. am Rande der Großbaustelle Dresden-Gorbitz, im VI. Wohnkomplex, unweit einer Kranbahn ein Silberstreifen auf, der in der Sonne glitzert. Es ist eine angerissene Packung Antibabypillen. Sie liegt im Gebüsch an einem Gartenzaun. Auch eine rote Kraxe fällt ihm auf. Schließlich entdeckt er die leblosen Finger einer Hand etwas verdeckt von Ästen und Gestrüpp. Ihm wird unheimlich. Er ruft die Polizei.

Die tote Uta F.: Eigentlich wollte sie am nächsten Tag mit Freunden in den Urlaub nach Bulgarien.

Wenig später tummeln sich vor Ort Kriminaltechniker, Fahnder, Sachbearbeiter für unnatürliche Todesfälle und die Mordkommission. Auch der Staatsanwalt und Gerichtsmediziner sind da. Alle schauen zu dem Zaun und den Einfamilienhäusern dahinter und rätseln: Wie kommt die Leiche der hübschen jungen Frau hierher, wo eigentlich nur Ortskundige laufen, um den Weg zur Straßenbahn abzukürzen.

Gerichtsmediziner und Tatortspezialisten erkennen schnell, dass die junge Frau in der vergangenen Nacht hier am Zaun getötet wurde und dass sexuelle Motive eine Rolle gespielt haben können. Das Opfer ist teilweise entkleidet. Unter der Leiche finden Tatortspezialisten den Slip der jungen Frau. Die gerichtsmedizinische Untersuchung wird wenige Tage später bestätigen: Das Opfer wurde erwürgt und vorher vergewaltigt.

Doch die Obduktion können die Ermittler nicht abwarten. Sie finden am Tatort keinerlei persönliche Sachen der jungen Frau, keine Tasche, keine Ausweise, keine Hinweise auf ihre Identität. Und der Mörder hat mindestens sechs bis acht Stunden Vorsprung. Es gilt schnell, aber nicht hektisch zu handeln. Die Mordkommission geht davon aus, dass sich Täter und Opfer an diesem Ort abseits der Straßen und Wege nicht zufällig begegnet sind. Es musste eine Beziehung zwischen ihnen geben oder zumindest einen gemeinsamen Aufenthaltsort am vergangenen Abend.

Tatort an Kranbahn vier in Dresden-Gorbitz 1988: Abkürzung auf dem Weg zur Straßenbahn.

Michael Berthold, der Leiter der Mordkommission, richtet seine provisorische Einsatzzentrale gleich auf einem Betonsockel an der Baustelle ein. Er will in den nächsten Stunden vor Ort schnell entscheiden können. Jeden verfügbaren Polizisten schickt er in die nahen Plattenbauten und in die angrenzende Wohnsiedlung, um die Leute zu befragen. Vielleicht hat jemand etwas gehört oder gesehen in der Nacht? Tatsächlich meldet sich schon bald ein Kollege. Von einem Mann in der Gombitzer Straße 98 hatte er erfahren, dass am Abend zuvor irgendwo in Richtung Omsewitz gut hörbar gefeiert worden war. Musik und lautes Reden drangen bis spät in die Nacht von dort herüber. Wenig später wissen die Ermittler: In der Roitzscher Straße hatte Henry M., einer ihrer künftigen Kollegen, Polterabend gefeiert mit mindestens fünfzig Gästen.

Der Hinweis des Anwohners ist Gold wert. Schon Braut und Bräutigam erinnern sich an das Mädchen mit der roten Kraxe, dem blauen T-Shirt, der dunklen Hose und der schwarzen Jacke, das gleich nach der Feier nach Bulgarien reisen wollte.

Zwei Ermittler müssen sofort der „Polterabend-Spur" nachgehen. Ohne Computer und ohne Funktelefon, nur mit einem „Trabi" und einem Stadtplan machen sie nacheinander fast alle Gäste ausfindig, die vom Mittwoch zum Donnerstag in der Roitzscher Straße gefeiert hatten: Es sind Polizisten, Mitarbeiter des Rates des Bezirkes und des Reichsbahnausbesserungswerkes (RAW), wo der Bräutigam mal tätig war, ehe er zur Polizei wechselte. Viele Leute kannten sich vor der Party nicht. Dennoch gelingt es den beiden Ermittlern innerhalb von Stunden, viele der Poltergäste nach der jungen Frau mit der roten Kraxe zu befragen. Schon kurz nach Mittag hat die Mordkommission kaum noch Zweifel: Das Mordopfer ist die 23-jährige Ute F. Sie wohnt in Dresden-Reick und ist eine Kollegin der Braut.

Viele Gäste erinnern sich gut an den Polterabend. So gelingt es den beiden Ermittlern, aus einem Mosaik von Zeugenaussagen das Geschehen zu rekapitulieren. Die Freunde und Kollegen des Bräutigams hatten anfangs auf der Terrasse gesessen, die Kolleginnen der Braut im Garten. Je später der Abend, desto öfter habe einer der Männer zu den Frauen herübergeschaut. Insbesondere Uta F. habe er angestarrt, sagen einige Zeuginnen übereinstimmend. Der jungen Frau sei nicht entgangen, dass sich da einer für sie interessierte. Uta hatte die Braut nach dem jungen Mann mit dem schmalen Gesicht und dem hellen schulterlangen Haar gefragt und erfahren, dass er Uwe R. heißt. Er ist ein ehemaliger Kollege des Bräutigams, aber schon verheiratet. Er hilft dem Brautpaar beim Eigenheimbau. Einige Gäste erinnern sich auch, dass Uta und Uwe sichtbar miteinander geflirtet und auch zusammen getanzt hatten. Aber Uta vertraut einer Kollegin in der Küche auch an, dass der Mann ihr irgendwie lästig sei. Dennoch tanzen beide später wieder miteinander, auch eng umschlungen. Uta lässt sogar eine Kollegin ziehen, mit der sie eigentlich den Polterabend verlassen wollte. Mehrere Zeugen sehen, dass Uta später mit Uwe R. verschwindet. Ziemlich angetrunken sei der Uwe gewesen. Er habe sogar Utas Kraxe getragen. Und beide gehen nicht allein. Mit anderen Poltergästen haben sie sich eine halbe Stunde nach Mitternacht auf den Weg zur letzten Straßenbahn gemacht. An der Bushaltestelle Schlehenstraße – nicht weit vom Tatort – seien Uta F. und Uwe R. aber nicht mehr dabei gewesen, weiß ein Zeuge noch genau.

Was die Ermittler zu diesem Zeitpunkt noch nicht wissen: Uwe R. taucht an diesem Donnerstagmorgen erst gegen 5.45 Uhr zu Hause auf und „sah schrecklich aus", so beschreibt es später seine Frau. Die Schuhe waren dreckig, an den Hosen kleben Blut und Dreck, und der Reißverschluss ist rausgerissen. Außerdem trägt Uwe einen fremden Pullover. Und er brüllt seine Frau an: Seit zwei Uhr schon würde er klingeln und sie hätte ihn nicht gehört. Frau R. ahnt: „Es musste etwas passiert sein". Was es ist, das erfährt sie an diesem Morgen nicht. Wortlos gehen beide auseinander.

Am Donnerstag gegen Mittag taucht die Mordkommission im RAW auf. Hier ist Uwe R. ein angesehener Kollege. Die Ermittler erfahren, dass er hilfsbereit ist und gute Arbeit macht. Nun ja, sagt einer, seine Ehe laufe wohl nicht besonders. Auch bei der Geburtstagsfeier zum 50. eines Kollegen sei mal was gewesen. Da sei der Uwe nach einigen Bieren auf die Toi-

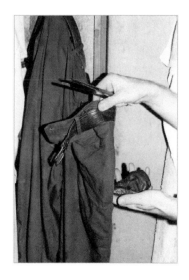

Der Schlüsselbund des Opfers: Verräterischer Fund im Spind des Mörders.

lette gegangen und nicht wiedergekommen. Später habe die Bedienung gesagt, Uwe sei rausgeflogen, weil er eine Frau angetatscht und sogar gewürgt habe. Sogar die Polizei sei da gewesen. Aber die Geschichte sei bald vergessen gewesen, schließlich sei der Uwe ja ein „guter Kumpel".

Auch am Tatort kommen die Kriminaltechniker voran. Sie finden gleich neben der Leiche einen Jeansbeutel mit einem Schlüsselbund. Es könnte Uwes Beutel sein. Der 29-Jährige gerät immer mehr unter Tatverdacht. Als er am Donnerstagnachmittag gegen 15.30 Uhr von der Arbeit nach Hause kommt, ist er wie ausgewechselt. „Wie ein Schuljunge ..., der etwas ausgefressen hat", so beschreibt ihn seine Frau später. Wieder fragt sie ihn, was los gewesen sei in der Nacht, woher das Blut, seine geschwollene Hand und die Kratzer auf seiner Haut kommen. Uwe R. bleibt für eine Antwort keine Zeit, denn es klingelt. Vor der Tür steht die Polizei. Unter Mordverdacht nimmt sie Uwe R. fest – fast zeitgleich, als der junge Kripo-Leutnant Frank Nicolaus den Eltern von Uta F. die Nachricht vom Tod ihrer Tochter überbringt.

Noch am Abend des selben Tages sitzt der 29-jährige Uwe R. den Vernehmern der Mordkommission gegenüber. Auf die Frage, wie denn sein Heimweg von dem Polterabend verlaufen sei, sagt er: Allein sei er nach Hause gegangen, nachdem er sich von dem Mädchen verabschiedet habe, das er an dem Abend kennen gelernt hatte. Eindringlich ermahnen die Kriminalisten den Verdächtigen zur Wahrheit. Und das Geschehen der letzten Nacht lastet offenbar noch immer schwer auf Uwe R. Außerdem ist er wohl beeindruckt davon, dass ihn die Polizei so schnell gefunden und festgenommen hat. Vielleicht sagt er deshalb unvermittelt: „Ja, ich sage es, ich war es." – „Was waren Sie?", fragt einer der Vernehmer. „Ich habe das mit dem Mädchen gemacht", sagt Uwe R. und schildert der Mordkommission an diesem Abend, was nur der Mörder wissen kann: Auf dem Heimweg habe er begonnen, das Mädchen zu küssen und zu umarmen. Sie habe ihn weggestoßen. Dann sei seine Hand an ihrem Hals gewesen, und er habe zugedrückt. Weil sie sich immer heftiger wehrte, seien sie beide in den Graben neben den Zaun gefallen. Dann habe das Mädchen nur noch geröchelt. Da sei er in sie eingedrungen. Plötzlich habe sie sich wieder gewehrt. Da habe er wieder zugedrückt, bis sie still gewesen sei. „Es war aus und vorbei mit mir", so beschreibt er Kriminalisten seinen Zustand während der Tat.

Am nächsten Tag durchsucht die Polizei Uwe R.s Spind im Umkleideraum des RAW. Sie findet Uta F.s Dienstausweis vom Rat des Bezirkes. In Uwes Arbeitshose steckt Utas Schlüsselbund. Bei dem Kampf in der Nacht am Gartenzaun hatten Täter und Opfer ihre Taschen und andere Sachen verloren. Uwe R. hatte wohl aus Versehen Utas Schlüssel eingesteckt. Von der Frau des Verdächtigen erhalten die Kriminalisten die Kleidungsstücke, die Uwe auf dem Polterabend getragen hatte. Die Ehefrau ist entsetzt über den Vorwurf gegen ihren Mann. Die Begegnung mit ihr ist auch für einen altgedienten routinierten Kriminalisten aufwühlend. Schließlich kann es passieren, dass er als Überbringer solcher Nachrichten ein Familienleben zerstört. Und Uwes Frau glaubte anfangs sogar, mitschuldig zu sein an Utas Tod.

Vielleicht fasst sie sich deshalb einige Tage später ein Herz und erzählt den Ermittlern mehr über den unglücklichen Verlauf ihrer Ehe. Sicher, Uwe habe es nicht leicht gehabt in seiner Jugend, bekommen die Kriminalisten zu horen. Er ist der älteste unter sieben Geschwistern. Schon als Junge musste er alles machen, bekam dafür aber nur Prügel und kaum mal Taschengeld. Sie heirateten, als Uwe gerade mal 19 war. Ein Jahr später kam ihre Tochter zur Welt, im zweiten Jahr ihr Sohn. Eigentlich lief alles gut bis 1983/84. Da habe Uwe angefangen zu trinken. Im Rausch häuften sich bei ihm Wutausbrüche. Außerdem plagte ihn die Eifersucht. Ab

1985, so erfahren die Kriminalisten, sei er ausfällig geworden, schlug auch zu oder würgte seine Frau, wenn sie seine teilweise bizarren sexuellen Wünsche nicht erfüllte. Aber immer nur im Alkoholrausch sei er so, sagt sie. „..., dann hakt es in seinem Verstand aus", hören die Ermittler.

Gegenüberstellung: Ein früheres Opfer erkennt Nummer vier. Er hatte ihr im Klubhaus der Werktätigen unter den Rock gegrabscht.

Und sie finden schließlich in den Polizeiakten des Reviers Dresden-Mitte auch jenen Vorfall, der sich am 30. April 1986 im Restaurant der „Herkuleskeule" ereignet hatte, als Uwe R. mit anderen den 50. Geburtstag eines Kollegen feierte. Er hatte einer 19-Jährigen „unter den Rock gegriffen" und versucht, sie zu würgen. Die Polizei stufte die Sache als Belästigung ein. Uwes Vergehen bleibt ohne Folgen. Wenig später bekommt die Mordkommission einen weiteren, aber noch ungeklärten ähnlichen Vorfall auf den Tisch. Am 6. April 1984 hatte ein 17-jähriges Mädchen angezeigt, dass jemand versucht habe, sie im Hof ihres Hauses in der Weißtropper Straße zu vergewaltigen. Nach vier Jahren sucht die Kripo die junge Frau noch einmal auf und fragt, ob sie den Mann nach so langer Zeit wiedererkennen würde. Sie traut sich das zu. So steht sie am 21. Dezember 1988 bei der Polizei fünf Männern gegenüber und wird gefragt, ob einer von ihnen der Täter sei. Sie schaut sich die Männer genau an und zeigt ohne lange zu zögern auf die Nummer vier. Es ist Uwe R.

Für die Mordkommission ist das eine wichtige Erkenntnis. Denn seit Wochen schon nimmt der Fall keinen guten Verlauf. Uwe R. hat sein Geständnis widerrufen. „Gewaltsam habe ich auf die überhaupt nicht eingewirkt", hatte der Verdächtige schon am 22. September zu Protokoll gegeben. Mit einem Kuss habe er sich von dem Mädchen verabschiedet. Man habe sich sogar für den nächsten Sonnabend 13 Uhr verabredet. In jener Nacht habe er plötzlich einen Hieb bekommen, so dass ihm schwarz vor Augen geworden sei. Dabei habe er auch seinen Jeansbeutel verloren. Ein anderer müsse der Mörder sein. Später sagt er, bei seinem Geständnis habe er noch unter Alkohol gestanden. Die Sachverständigen der Gerichtsmedizin hatten bei ihm tatsächlich einen Blutalkoholspiegel von 2,7 bis 3,1 Milligramm je Liter für die Tatnacht errechnet.

Utas letzter Tanz mit ihrem Mörder: Bekanntschaft auf dem Polterabend.

Die Mordkommission konfrontiert Uwe R. schließlich mit den erdrückenden Indizien, die ihn schwer belasten. So wurde am Tatort direkt unter der Leiche sein Jeansbeutel gefunden. Uwe hatte ihn beim Kampf mit Uta wohl verloren und später in der Dunkelheit vergessen. „Mir fehlt ein Stück Film", sagt er schließlich und gibt auch zu, Uta am Hals gewürgt zu haben. Als die Ermittler am 6. Januar 1989 wieder mehr als sechs Stunden mit ihm reden, blafft er sie an, dass das alles nicht passiert wäre, wenn er damals in der „Herkuleskeule" für sein Vergehen „eins auf den Deckel bekommen hätte". Weil in diesem „Staat alles beschissen ist", habe er begonnen zu trinken, erfahren die Vernehmer. Drei Tage später wiederholt er sein Geständnis, wird aber bei seinen Vernehmungen immer ruppiger, so der Eindruck der Mordkommission.

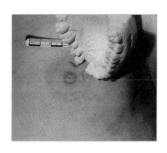

*Brustbiss des Mörders:
„Es war aus und vorbei mit mir".*

So fügen die Ermittler ihrem Abschlussbericht ein paar „besondere Bemerkungen" zu Uwe R. an. Sie weisen auf eine „abnorme Entwicklung seiner Persönlichkeit" hin, vorwiegend im sexuellen Bereich, die seit etwa fünf Jahren zu beobachten sei. So fanden die Ermittler in der Toilette unter dem Fußbodenbelag in Uwes Wohnung Bilder mit „bestrumpften Frauenbeinen". Die Bilder erklärten schließlich, warum sich seine Frau beim Sex gegen ihren Willen kleiden musste. Auch stellten die Ermittler bei Uwe R. besondere Anzeichen für Brutalität fest, die sich immer dann entfalten, wenn er unter Alkohol stehe und sich sexuelle Befriedigung bei Frauen verschaffen wolle. So hat er seinem Opfer nach dem Polterabend in die Brust gebissen, kann sich aber daran nicht erinnern. Seine Gedächtnislücken sind nach Ansicht der Mordkommission nicht auf den Alkohol zurückzuführen. „In mir ist was", habe er einmal gesagt. Deshalb beantragt die Mordkommission, Uwe R. psychiatrisch begutachten zu lassen, um festzustellen, ob er nur vermindert schuldfähig ist.

Die Staatsanwaltschaft sieht dafür jedoch keinen Bedarf. Später vor Gericht widerruft der Angeklagte Uwe R. erneut Teile seines Geständnisses. Auf Grund vieler objektiver Beweise sind die Richter aber von Uwes Schuld überzeugt und verurteilen ihn zu einer langjährigen Haftstrafe.

Mindestens zwei Fälle abnormen Verhaltens von Uwe R. waren der Polizei vor dem Mord an Uta F. im August 1988 bekannt geworden. Wäre er als vermeintlicher Triebtäter erkannt worden, hätte Uta F. nach dem Polterabend vielleicht wie geplant nach Bulgarien in die Ferien fahren können.

DER TRESOR IM FLUR

1988 stirbt die begüterte Oma T., als ein Räuber ihre Wohnung plündert. Von der Aufklärung des Falls im September 1989 nimmt kaum einer Notiz.

Von Gert Weidig und Thomas Schade

Es gibt ein paar Grundweisheiten über den Erfolg kriminalistischer Arbeit. Die treffen zwar nicht immer zu, prägen aber die Stimmungslage der Kriminalisten mitunter beträchtlich. Eine dieser Grundwahrheiten lautet: Je mehr Zeit nach einem Verbrechen ins Land geht, je geringer werden die Chancen, den Verbrecher zu finden. Das gilt insbesondere dann, wenn Täter und Opfer sich nicht kennen, sondern zufällig aufeinander treffen. Neue und moderne kriminalistische Methoden, wie die Arbeit mit dem molekular-genetischen Fingerabdruck (DNA), relativieren seit einigen Jahren diese alte Regel, und es gelingt immer wieder, Täter erst nach vielen Jahren zu überführen.

Tatort Warthaer Straße 27 in Dresden-Cotta 15 Jahre nach der Tat:

Einstieg durch das schmale Toilettenfenster und Suche nach dem Tresor im Flur.

Doch dieses sogenannte DNA-Fingerprinting steht der Dresdner Kripo Ende der 80er-Jahre noch nicht zur Verfügung. Und so entwickelt sich im Herbst 1988 der Mord an einer alten Frau für ein paar Mitarbeiter der Dresdner Kripo zur nervenaufreibenden Suche nach einem Phantom, die monatelang nur von einem geprägt ist – von Rückschlägen.

Am Vormittag des 30. September 1988, einem sonnigen Freitag, ist das alles noch nicht zu ahnen. Da fällt besorgten Hausbewohnern der Warthaer Straße 18 in Dresden-Cotta auf, dass es im Erdgeschoss nach Gas riecht und der Gestank aus der Wohnung der 79-jährigen Dora T. kommt. Ein paar Hausbewohner klopfen wieder und wieder an der Tür der Rentnerin, aber nichts rührt sich. Eine Frau schaut durch den Briefschlitz der Wohnungstür und bemerkt, dass die Schubkästen der Flurkommode herausgezogen sind und auch große Unordnung herrscht. Die Leute haben den Verdacht, es könnte etwas Schlimmes passiert sein. Schließlich war Oma T. vor

Monaten schon einmal das Opfer eines Einbruchs geworden. Dora T. ist verwitwet und lebt allein.

Nach einem Notruf kommen Polizei und Feuerwehr. Auch der Enkel mit dem Wohnungsschlüssel wird gerufen. Die Tür muss kurz vor Mittag doch gewaltsam geöffnet werden, weil ein Schlüssel von innen steckt. In der Wohnung herrscht Chaos. Schränke und Kommoden sind durchwühlt. In der Küche strömt Gas aus einem Brenner des Herdes. Und auf der Schwelle der Schlafzimmertür liegt Dora T., lediglich bekleidet mit ihrem hellblauen Flanell-Nachthemd. Zwei Stunden später geht die ebenfalls alarmierte Kripo von einem Mord aus. Die Tote hat Verletzungen am Kopf und ist wahrscheinlich erdrosselt worden.

Mehrere Tage lang untersuchen die Kriminaltechniker den Tatort. Schon auf den ersten Blick ist erkennbar, dass der oder die Täter in allen Zimmern der geräumigen Wohnung waren und nach etwas gesucht hatten. Nichts liegt an seinem Platz – ein schier unermessliches Arbeitspensum für die Spezialisten, die nach Spuren suchen. Mehrere Tage lang sind zwei bis drei Kriminaltechniker damit beschäftigt. Sie nehmen jeden Quadratzentimeter der Wohnung unter die Lupe, wenden jeden noch so kleinen Gegenstand hin und her, vermessen, dokumentieren und fotografieren. Doch die Ausbeute ist „miserabel", wie es der ermittelnde Staatsanwalt später etwas verzweifelt nennen wird. Nicht einen einzigen relevanten Fingerabdruck entdecken die Kriminaltechniker. Es finden sich lediglich ein paar Haare, die Spur eines Schuhabdrucks und wenige Fasern. Dennoch soll sich die Akribie dieser Arbeit später noch auszahlen.

Schon nach der ersten Besichtigung des Grundstückes ist den Kriminalisten ziemlich klar, dass der Täter über den Hinterhof durch das Toilettenfenster in die Wohnung eingestiegen ist. Von einer Hausbewohnerin erfahren die Männer von der Mordkommission, dass die Rentnerin nach dem ersten Einbruch einen Korb voller leerer Flaschen innen auf das Fensterbrett gestellt hatte, quasi als „Alarmmelder". Denn in der Nacht vom 5. zum 6. August 1988 war ein Dieb schon einmal ebenso durchs Toilettenfenster bei ihr eingestiegen und hatte mehr als 7.000 Mark Bargeld erbeutet. Damals schlief Dora T. tief und fest und bemerkte den Einbrecher nicht. Käme er noch einmal, so hatte sie sich wohl gedacht, würde er sicher die leeren Flaschen vom Fensterbrett stoßen und viel Lärm verursachen.

Doch der Henkelkorb mit den leeren Flaschen steht nun draußen im Hof in einer Ecke zwischen Zaun und Haus. Der Täter hatte die schlichte Diebstahlsicherung der Oma T. wohl entdeckt und „entschärft". An dem Henkelkorb wird der Polizeifährtenhund angesetzt. Der Hund verfolgt die Spur bis in die angrenzende Gottfried-Keller-Straße, wo sie unweit einer Schule endet. Von den Angehörigen des Opfers erfahren die Ermittler, dass auch diesmal einiges fehlt in der Wohnung, insbesondere eine beträchtliche Anzahl teils recht wertvoller und seltener Münzen sowie Bargeld. Vom ebenfalls vorhandenen kostbaren Meissner Porzellan hatte der Einbrecher einige Vasen in der Hand, ließ sie aber dann stehen.

Nach einem Vergleich beider Einbrüche bei der Rentnerin erkennen die Kriminalisten, dass beide Taten unzweifelhaft die gleiche Handschrift tragen. Sie haben es mit einem Einbrecher zu tun, der offenbar nur auf Bargeld aus ist. Beim zweiten Mal hatte ihn Dora T. offenbar bemerkt und überrascht. Schon wenig später wird in der ganzen DDR nach den gestohlenen Münzen gefahndet. Allen Antiquitäten- und Münzgeschäften liegen Informationen über die Sammlung der Oma T. vor. Mit großem Zeitaufwand werden An- und Verkaufsläden überprüft, ohne Erfolg. Auch umfangreiche Befragungen im Haus und im Wohngebiet bringen die Mordkommission nicht weiter. Nirgendwo tauchen die Münzen auf. Die Zeit läuft davon, und es sinken die Chancen, den Fall schnell zu klären.

Zwangsläufig konzentrieren sich die Ermittlungen schon bald darauf, einschlägig bekannte Einbrecher diskret zu überprüfen. Die Mordkommission analysiert die „persönlichen Handschriften" beim einschlägig bekannten Klientel, überprüft ihre Alibis, und untersucht, ob es Verbindungen zum Bekannten- oder Verwandtenkreis des Opfers gibt. Bei jedem Einzelnen musste am Ende das Ergebnis stehen: Er ist als Täter auszuschließen. Doch selbst ein Treffer wäre erst einmal ein unsicheres Ergebnis. Jedem Verdächtigen müsste auch der Münzdiebstahl nachgewiesen werden. Also müssen auch die gestohlenen Münzen erst einmal wieder auftauchen. Am Ende jedes Monats stellt sich die Mordkommission die Frage: Ist der Täter vielleicht schon durchgerutscht? Sie fahren auf der Achterbahn der Gefühle. Immer wieder gehen einerseits Hinweise zu Münzverkäufen ein, bei denen sie Hoffnung schöpfen. Andererseits enden alle Personenüberprüfungen negativ.

Mitte November 1988 sind rund 170 Personen ohne greifbares Ergebnis überprüft. Dabei lässt die Ermittler vor allem eine Frage nicht los: Warum steigt der Täter zweimal in die gleiche Wohnung ein? Wusste er nach dem ersten Einbruch, dass bei Dora T. noch mehr zu holen war? Zu Beginn des Jahres 1989 wird die Überprüfung auch auf andere Bezirke ausgedehnt. Mittlerweile arbeiten nur noch wenige Ermittler an dem Fall. Noch einmal sollen über einhundert Leute überprüft werden. Beträchtliche Zweifel machen sich breit, ob der ganze Aufwand Sinn macht. Die Mitarbeiter der Mordkommission bitten auch die Kollegen der Kommissariat Einbrüche, Raub und ähnlicher Delikte bei ihrer einschlägigen „Kundschaft" den Mord an Dora T. und die Warthaer Straße ins Gespräch zu bringen und nach Hinweisen zu fragen. Als auch aus dieser Richtung nichts kommt, soll das Verfahren Anfang Mai vorläufig eingestellt und zu den Akten gelegt werden.

Da wird den Ermittlern bekannt, dass Anfang April ein Dresdner „Knacki" bei seiner Vernehmung eine ehemalige Geschäftsfrau auf der Warthaer Straße erwähnt hat, die einen Tresor im Flur habe und darin viel Geld aufbewahrt. Näheres weiß er nicht, in seinen Kreisen sei davon die Rede gewesen. Dora T. hatte in ihrem Flur einen solchen Tresor. Er war bei keinem der beiden Einbrüche geöffnet worden, weil die Diebe wohl den Schlüssel nicht gefunden hatten. Er hätte ihnen auch nichts genützt, denn der Tresor war leer.

Im April hält die Mordkommission erstmals einen Faden für gezielte Ermittlungen in der Hand. Es ist eine erste Spur nach einem Dreivierteljahr. Doch sie muss sehr behutsam verfolgt werden. Es gilt, den Personenkreis einzugrenzen, in dem über Dora T.s Tresor als lohnendes Einbruchsziel geschwärmt worden war. Das ist nicht ganz einfach, denn es gehört nun mal zur Ganovenehre: Ohne Not verpfeift man nicht einen anderen. Aber schließlich geht es in dem Fall auch um Mord, und da endet manche Ganovenfreundschaft. So lässt sich der Kreis jener Leute, die etwas von der Warthaer Straße gehört hatten, bald eingrenzen und er reduziert sich immer mehr. Einige haben wasserdichte Alibis, einer war beim ersten Einbruch noch in Haft. So bleibt im Sommer 1989, ein Jahr nach dem ersten Einbruch bei Dora T., noch einer übrig: Silvio Gärtner*.

---

* Name geändert

Im Leben des 27-Jährigen ist bis dahin längst nicht alles glatt verlaufen. Im Westerzgebirge als Sohn eines Wismutbergmannes geboren, verlebte Silvio mit drei Geschwistern die ersten Jahre seiner Kindheit im Elternhaus. Die Ehe wird später geschieden und Silvio ist wohl auch kein sehr pflegeleichter Junge, denn schon mit zehn Jahren macht er Bekanntschaft mit der staatlichen Jugendhilfe. Die steckt ihn in ein so genanntes Spezialkinderheim für Schwererziehbare. Dennoch schafft Silvio die 10. Klasse und lernt nach der Schule in einem vogtländischen Schlachthof den Beruf des Fleischers. Während der Ausbildung ziehen Mutter und Kinder in die Altmark. 1981 schafft Silvio seinen Lehrabschluss, steht aber ein Jahr später das zweite Mal wegen Diebstahl vor dem Kreisgericht Stendal. Diesmal geht es nicht mit Bewährung ab und der junge Mann muss für 25 Monate ins Gefängnis. In der Haft schult Silvio um, wird Blechformer und arbeitet nach seiner Entlassung 1984 in einem Betrieb des Fahrzeugbaus in der Nähe von Stendal.

Schon ein Jahr später muss Silvio wieder ins Gefängnis. Wieder hatte er gestohlen. Außerdem wollte er aus der DDR flüchten, um sich der Strafverfolgung zu entziehen. Diesmal brummt er seine Strafe im sogenannten Gelben Elend von Bautzen ab und findet dort wohl auch Kontakt zu einschlägigen Kreisen aus Dresden. Im Frühsommer 1987 hat er auch diese Strafe abgesessen, doch nun gelingt es ihm nicht mehr, in seinem alten Betrieb wieder Fuß zu fassen. Er hat Ärger mit den Chefs und geht, um sich selbstständig zu machen. Doch das misslingt, da ihm die zuständigen Behörden den Gewerbeschein verweigern. So jobbt er im Sommer 1988 als Kraftfahrer in einem Broilerschlachthof in der Nähe von Stendal, lernt dort eine Freundin kennen und pflegt Kontakte zu alten Dresdner Knast-Kumpels. Man besucht sich gegenseitig. Dabei zeigt ihm einer auch Häuser, in denen es angeblich viel Schmuck, Münzen und Bargeld „zu holen" gäbe. Dazu gehört auch das Haus, in dem die Witwe eines alteingesessenen Farbenhändlers lebt.

Vieles davon haben die Ermittler der Dresdner Mordkommission bis zum Spätsommer 1989 herausbekommen. Mitte August waren acht Ermittler in die Altmark gefahren und hatten sich provisorisch im Lehrlingswohnheim einer Molkerei einquartiert. Vorsichtig klären sie mit den ortsansässigen Polizisten Silvio Gärtners persönliche Lebensverhältnisse auf, machen seinen Wohnsitz ausfindig, interessieren sich für seine Angehörigen und

Freunde. Knapp ein Jahr nach dem Tod der Dora T. hoffen sie bald, den Fall doch noch klären zu können.

Mit dem zuständigen Abschnittsbevollmächtigten der Polizei als Verstärkung tauchen zwei Dresdner Ermittler dann am Morgen des 13. September kurz nach 7 Uhr in dem Geflügelschlachthof auf und holen Silvio Gärtner „zur Klärung eines Sachverhaltes" ab. Silvio leistet keinen Widerstand, regt sich nur wegen des Wirbels auf, der schade dem Ansehen seiner Person, glaubt er. Fast zeitgleich taucht die Polizei auch bei seiner Freundin und seinen Familienangehörigen auf und durchsucht deren Wohnungen.

Die Mordkommission hat einige belastende Indizien gegen Silvio Gärtner. Aus seinem Dresdner Bekanntenkreis wusste sie einiges und einiges auch von seinem Vater, den er hin und wieder in Meißen besucht. So steht fest, dass Silvio Gärtner am 5. und 6. August 1988, also in der Nacht des ersten Einbruchs, mit einem Stendaler Kumpel in Dresden weilte, wahrscheinlich auch am 29. und 30. September 1988. Aus anderer Quelle haben die Ermittler erfahren, dass er nach dem 6. August über eine größere Geldsumme verfügt haben soll. Nur einen konkreten Beweis haben sie nicht.

So ist Vorsicht geboten, als Silvio Gärtner am 13. September gegen 8 Uhr den Vernehmern der Mordkommission gegenübersitzt. Sie sagen ihm lediglich, dass er einer schweren Straftat verdächtig sein könnte. Das weist er sofort zurück. Dass er nach seiner Haftzeit in Bautzen Kontakt zu einem ehemaligen Zellengenossen halte, sei schließlich nicht verboten. Die Ermittler fragen eine Zeit lang um den heißen Brei herum, ehe sie Silvio Gärtner auf den Kopf zu fragen, wo er am 29. und 30. September vergangenen Jahres war. Zu Hause sei er gewesen, mit seinem Bruder habe er vorrichten wollen und außerdem Zahnschmerzen gehabt. Schließlich räumt Gärtner ein, dass ihm sein alter Zellen-Kumpel in Dresden Häuser gezeigt habe, in denen „was zu holen" sei und gibt sogar zu, eines Abends bei Dora T. ins Fenster geschaut zu haben, „um bloß mal zu gucken", wie er sagt.

Auch Silvios Kumpel aus der Stendaler Ecke, mit dem er hin und wieder in Dresden war, sitzt in einem Nachbarzimmer und wird vernommen. Auch er räumt schließlich ein, dass er mit Silvio Gärtner bei so einem Aufenthalt mal zu einem Haus gefahren ist, in dem angeblich 70.000 Mark „zu holen" seien. Aber Gärtner sei allein hingegangen und rasch zurückgekommen, ohne Geld. So geht es einige Stunden hin und her. Die Mordkommission weiß, sie hat den Richtigen, nur die Beweise fehlen noch.

Die rollen schließlich gegen Mittag buchstäblich auf den Tisch. Es sind 124 Münzen aus dem Besitz der Dora T. Sie sind bei der Durchsuchung der Wohnung von Silvio Gärtners Bruder gefunden worden. Der hatte sie in einer Plastiktüte im Nachttischschränkchen verwahrt. Die Aussage des Bruders dazu ist klar und eindeutig: Silvio habe alle Münzen angebracht und einige davon seien schon 1988 in Berlin verkauft worden.

Mit dem Fund und der Aussage seines Bruders konfrontiert, kippt Silvio Gärtner schließlich um und legt noch am selben Tag ein Geständnis ab. Den ersten Einbruch bei Dora T. habe er mit seinem Stendaler Kumpel gemacht, beim zweiten Mal sei er allein gewesen. In mehreren Vernehmungen schildert Silvio Gärtner das Geschehen jener Nacht zum 30. September 1988.

Eigentlich will er am Abend des 29. September Dresden mit dem Zug wieder verlassen. Im Hauptbahnhof genehmigt er sich gegen 20 Uhr noch drei halbe Liter Bier. Da kommt ihm erneut der Tresor auf der Warthaer Straße in den Sinn und er entschließt sich spontan, ein zweites Mal bei Dora T. einzusteigen, um erneut nach dem Tresorschlüssel zu suchen. Zu Fuß läuft er die weite Strecke bis nach Cotta. Gegen 22 Uhr kommt er an. Kein Fenster des Hauses Nummer 27 ist beleuchtet. Wie schon beim ersten Einbruch zieht sich Gärtner an dem schmalen Badfenster hoch und drückt vorsichtig das Fenster ein. Er bemerkt zum Glück den Korb mit den leeren Flaschen, hebt ihn vorsichtig aus dem Fenster und stellt ihn im Hof ab. In der Wohnung streift Silvio Gärtner als Erstes seine Socken ab. Er benutzt sie als Handschuhe, um keine Fingerabdrücke zu hinterlassen.

Bei der Suche nach dem Tresorschlüssel merkt er auch diesmal, dass die 79-jährige Dora T. in ihrem Bett im Schlafzimmer liegt und schläft. Im kleinen Wohnzimmer entdeckt Gärtner dann den Münzschrank. Wahllos schüttet er einige Fächer aus und sucht nun im Korridor weiter. Hier überrascht ihn Dora T., die offenbar von den Geräuschen des Einbrechers aufgewacht ist. Gärtner stößt die alte Frau so, dass sie rückwärts ins Schlafzimmer taumelt und auf ihr Bett fällt. Damit sie nicht schreit, drückt er ihr ein Kissen ins Gesicht und würgt sie am Hals. Als die alte Frau das Bewusstsein verliert, lässt er von ihr ab und sucht im Schlafzimmer weiter und entdeckt in der Frisiertoilette 730 Mark. Wenigstens etwas, denkt er wohl und will im kleinen Wohnzimmer nur noch die Münzen einpacken und dann verschwinden. Dabei überrascht ihn Dora T. offenbar ein zweites Mal. Nach den Schilderungen Gärtners ist sie wieder zu Bewusstsein gekommen. Sie habe plötzlich in der Tür gestanden, eine Pistole auf ihn gerichtet und gelacht. Da sei er erschrocken und habe sich bedroht gefühlt „wie in einem Krimi", sagt Gärtner in einer seiner Vernehmungen. Nach dem ersten Schreck habe er Dora T. am Handgelenk gepackt und solange geschüttelt, bis die Pistole zu Boden gefallen sei. Gleichzeitig stößt er sein Opfer zu Boden. Doch die alte Dame schreit. Erneut drückt er ihr ein Kissen ins Gesicht. Das hilft nicht. Nun würgt Gärtner sein Opfer mit beiden Händen, wickelt der alten Frau ein Tuch um den Hals. Gärtner löscht das Licht im Zimmer, bindet seinem Opfer das Tuch wieder vom Hals. Beim Gehen hört er sie angeblich noch röcheln, er reißt noch das Telefonkabel aus der Dose und verschwindet, so wie er gekommen ist – mit Münzen im Wert von über 4.000 Mark, dem Bargeld und der Pistole. Erst auf dem Weg zurück zum Hauptbahnhof merkt der stark kurzsichtige Gärtner, dass ihn die alte Dame mit einer rostigen Luftdruckpistole Angst machen wollte.

Nach vier Tagen in der Altmark kann die Mordkommission aufatmen. Geständnisse und die entscheidenden Beweismittel liegen auf dem Tisch. Die Verdächtigen sind in Haft. Der Mordfall Dora T. ist weitgehend aufgeklärt. Mit Silvio Gärtner sind zwar noch eine Reihe von Details zu klären. Aber erstmal kehren die Ermittler stolz und zufrieden in die Dresdner Schießgasse zurück und erwarten wenigstens das Schulterklopfen der Genossen. Den Dienstreisenden in der altmärkischen Provinz war weitgehend entgangen, dass sich in Dresden am 15. September 1989 krisenhafte Zustände entwickelt haben. Die Fluchtwelle von DDR-Bürgern in die Prager Botschaft hat die Polizeiführung völlig überrollt und schüttet sämtliche Mitarbeiter in den Dienststellen mit unangenehmer Arbeit zu. Vom späten Erfolg der Mordkommission im Fall Dora T. nimmt keiner Notiz.

Die Ereignisse des Herbstes 1989 verzögern sicher auch den Abschluss der Ermittlungen etwas. Außerdem kommt noch ein dritter Einbruch, wieder in der Wohnung einer alten Frau, auf sein Konto. Außerdem müssen die Gerichtsmediziner in einem zweiten Gutachten die Frage beantworten, ob es möglich sein kann, dass Dora T. noch lebte, als Silvio Gärtner sie verließ. Die Sachverständigen schließen das nicht aus. Damit kann dem Beschuldigten kein Mord vorgeworfen werden. Dennoch muss Silvio Gärtner den Untergang der DDR in Untersuchungshaft in der Dresdner Schießgasse erleben. Das fällt ihm reichlich schwer. Mehrere Amnestien gehen an ihm vorbei.

Am 13. Februar 1990 schreibt die Mordkommission ihren Abschlussbericht. Demzufolge wird er wegen schweren Raubes mit Todesfolge angeklagt. Im Mai 1990, wenige Wochen vor der Währungsunion, steht er vor dem Dresdner Bezirksgericht und wird nach vier Verhandlungstagen zu zwölf Jahren Freiheitsstrafe verurteilt. Sein Stendaler Komplize muss für ein Jahr hinter Gitter. Beide legen Berufung beim Obersten Gericht der DDR ein. Doch das löste sich am 3. Oktober 1990 mit der DDR auf. Es herrschen schwierige Zeiten auch im weiten Wirkungskreis von Justitia. Der Bundesgerichtshof übernimmt die Angelegenheit als Revision. Am 10. Juli 1991 verwerfen die fünf Richter des 3. Strafsenats am BGH aber Silvio Gärtners Antrag. Sie finden im Urteil der DDR-Richter keinen Rechtsfehler zu seinem Nachteil. Doch Gärtner, der auch die deutsche Wiedervereinigung hinter Gittern erlebt, gibt nicht auf und versucht auf dem Wege einer Petition seine Lage zu ändern. Er glaubt, durch den vollzogenen Wechsel vom DDR-Recht zum bundesdeutschen Recht sei er einer dritten Überprüfungsinstanz beraubt worden. Doch auch der noch junge Petitionsausschuss des sächsischen Landtages kann ihm nicht helfen. Dafür gelingt ihm zumindest in einem anderen Fall die Rehabilitierung. Sein Urteil wegen des „versuchten ungesetzlichen Grenzübertritts" aus dem Jahre 1985 wird aufgehoben. Gärtner wendet sich schließlich in einem Gnadengesuch an Sachsens Ministerpräsident Kurt Biedenkopf und bittet, dass ihm die zu Unrecht abgesessene Zeit im Gefängnis auf seine jetzige Haftstrafe angerechnet werde. Vergebens. Auch das Pfälzische Oberlandesgericht, bis zu dem er diesen Antrag ebenfalls stellt, versagt ihm das. Es gibt dafür „keine Rechtsgrundlage", so die Richter. Erst im August 1996 wird Gärtner die Reststrafe bis zum Jahr 2001 zur Bewährung ausgesetzt. Da er in dieser Zeit gesetzestreu lebt, wird sie ihm zwei Jahre später erlassen.

TOD AM KAUSCHAER SEE

1989 fällt die 16-jährige Franziska einem Verbrechen zum Opfer. 14 Jahre später stehen die Richter vor einem schwierigen Indizienprozess.

Von Thomas Schade

Idyllisch liegt der kleine Stausee im Gebergrund zwischen Kauscha und Goppeln unmittelbar an der südlichen Stadtgrenze von Dresden. Auf der einen Seite werfen große Birken, Pappeln und Eichen ihre Schatten. Am anderen Seeufer finden Sonnenanbeter ein herrliches Fleckchen mit absoluter Ruhe. In einiger Ferne überquert die neue Autobahnbrücke das Tal. Ein lehmiger Weg, befestigt mit alten Eisenbahnschwellen, führt vom Ortsteil Kauscha hinunter zum Wasser.

Tatort Kauschaer Staubecken im Gebergrund: Angler entdecken 1989 am Nordufer eine weibliche Leiche mit Platzwunde am Kopf.

Im September 2003 interessiert sich die 2. Jugendkammer des Dresdner Landgerichts für diese Idylle. Denn der romantische Flecken ist vor mehr als zehn Jahren Tatort eines Verbrechens gewesen. Nun müssen der Vorsitzende Richter Rainer Lips und seine Kammer die schwierige Frage klären: Was geschah in den Abendstunden des 8. April 1989? Damals ging gerade ein wechselhafter Frühlingstag zu Ende. Und am Nordufer des Sees blieb die Armbanduhr der erst 16-jährigen Franziska P. gegen 21.44 Uhr im Wasser stehen.

Zur selben Stunde macht sich im Dresdner Neubaugebiet Gorbitz die Mutter des Mädchens Sorgen. Franziska war zu ihrem Freund Tarik H. aufs MZ-Motorrad gestiegen. Beide wollen lediglich eine Spritztour in die Umgebung machen. Aber die Tochter kommt in der Nacht nicht zurück. Am nächsten Tag ruft die Mutter Franziskas Freund an. Doch der hatte das Mädchen am Abend zuvor unweit der Wohnung wieder abgesetzt, so sagt er.

Über Wochen bleibt Franziska verschwunden. Bis Angler in den Mittagsstunden des 4. Mai am Ufer des kleinen Stausees im Gebergrund Franziskas Leiche finden, mit einer Platzwunde am Kopf. Ihr Anorak ist um den Kopf gebunden und mit Steinen gefüllt. Gerichtsmediziner finden heraus: Das Mädchen ist ertrunken und im vierten Monat schwanger gewesen. Alles deutet auf ein Verbrechen. Endete Franziskas Spritztour hier am See mit einem Mord?

Schon am nächsten Tag in der Frühe sitzt der damals 19-jährige Tarik H., ein gebürtiger Dresdner, vor den Beamten der Dresdner Kripo. Stundenlang muss er seine Fahrtstrecke mit Franziska bis ins Detail schildern. Im Gebergrund seien sie nie gewesen, beteuert der junge Mann. Außerdem nervt ihn die Fragerei wohl etwas. Und so lässt er durchblicken, dass schließlich Franziska ihm nachlaufe und nicht er ihr. Außerdem sei es zwischen ihnen nie zum Geschlechtsverkehr gekommen.

Opfer Franziska P. 16 Jahre alt: Verliebt in Tarik und tagelang verschwunden.

Doch diese Behauptung macht den eher ruhigen und zurückhaltenden jungen Mann erst recht verdächtig. Denn die Gerichtsmediziner stellen bei der Obduktion der Leiche fest, dass Franziska kurz vor ihrem Tod Geschlechtsverkehr hatte. Außerdem hat sie ihrem Tagebuch, der Mutter und auch Freundinnen anvertraut, dass Tarik der Vater des Kindes sei, das sie erwartet. Sogar Streit soll es zwischen beiden gegeben haben, weil Tarik angeblich das Kind nicht wollte. Während der mehr als zehnstündigen Befragung kann der junge Mann keinesfalls alle Fragen der Kripo plausibel und erschöpfend beantworten. Noch am selben Abend wird er unter Mordverdacht in der Dresdner Schießgasse festgenommen.

Der Verdacht erhärtet sich, als Tarik einige Zeit später zugibt, den Stausee im Gebergrund doch zu kennen. In den Ferien hatte er mal in der Nähe gejobbt. In der Berliner Charité werden Tariks Spermien morphologisch untersucht und mit den Spermaspuren an Franziskas Slip verglichen. Es ist 1989 das Modernste in der Forensik auf diesem Gebiet. Danach steht der junge Mann mit dem dunklen Teint mit einer Wahrscheinlichkeit von über 98 Prozent als derjenige fest, der mit Franziska kurz vor ihrem Tod intimsten Kontakt hatte.

Doch Tarik bestreitet das in all seinen Vernehmungen hartnäckig und bittet nur um etwas mehr Eile bei den Ermittlungen. Denn es ist früher Herbst 1989. Auf den Straßen seiner Stadt demonstrieren jeden Montag tausende Menschen, der gesellschaftliche Umbruch ist im vollen Gange und der junge Mann sitzt in der Untersuchungshaft.

Vielleicht lag es an der Aufregung in jener Zeit, dass dem wichtigsten Beweismittel in dem Fall, dem Fötus aus Franziskas Leib, Fatales widerfährt. Erst konservieren ihn die Berliner Spezialisten in Formalin und machen ihn damit für einen Vaterschaftstest angeblich unbrauchbar. Heute wäre der Test möglich. Es gibt bessere Untersuchungsverfahren, sagt Tariks Verteidiger Christian Fischer. Aber der Fötus ist wohl in den Wirren der Wende verschwunden.

Anfang Februar 1990 wird Tarik H. aus der Untersuchungshaft entlassen. Die Ermittler der Mordkommission glauben nach wie vor, dass er das Mädchen im Gebergrund getötet hat. Sie können ihm die Tat aber ohne sein Geständnis nicht nachweisen. Siegmar Vetter, der als streng geltende Staatsanwalt für die Tötungsverbrechen, verzichtet schließlich auf eine Anklage. Der Fall kommt zu den Akten.

Viele Jahre später, in der Nacht vom 7. zum 8. Oktober 1998, kommt die 27-jährige Yvonne S. nicht zu ihrem Sohn nach Hause. Es ist „Muttitag" und die Oma passt auf den kleinen Dave auf. Am nächsten Tag sucht Yvonnes Mutter nach ihrer Tochter, gemeinsam mit deren bester Freundin Ramona. Sie meldet ihre Freundin schließlich bei der Dresdner Polizei als vermisst. Bei den Nachforschungen erfahren die Beamten auch, dass Yvonne einen Freund hat und im vierten Monat schwanger ist. Die Polizei findet ihren Mutterschaftspass. Ihren Freund habe sie im „Banana" kennen gelernt, einer Dresdner Disko. Er sei auch der Vater ihres Kindes, heißt es in Yvonnes Bekanntenkreis. Und viele kennen den Freund auch mit Namen. Es ist Tarik H.

Seit 1998 wird die 27-jährige Yvonne S. vermisst: Auch eine Freundin von Tarik.

Einer der Beamten erinnert sich an den ungeklärten Mordfall vor fast zehn Jahren. Erneut wird Tarik H. vernommen. Und auch diesmal bestreitet der inzwischen 28-Jährige nicht, Yvonne zu kennen. Aber auch diesmal, so versichert er den Ermittlern, habe er weder mit ihrem Verschwinden zu tun noch mit ihrer Schwangerschaft. Mittlerweile arbeitet Tarik H. als Busfahrer und ist inzwischen selbst Vater zweier Kinder. Er lebt in einer festen Partnerschaft und gilt als der nette Nachbar von nebenan. Doch hat er vielleicht auch zwei schwere Verbrechen begangen und verdrängt nur seine Taten, wie Ermittler glauben? Oder ist alles nur ein fataler Zufall?

Die Geschichte ist kein Leckerbissen für die Dresdner Staatsanwaltschaft. Sie macht aus beiden Fällen einen und hofft auf die Fortschritte in der Kriminaltechnik. Man sucht und findet schließlich im brandenburgischen Landeskriminalamt die alten Spurenträger aus dem Jahre 1989 mit dem Sperma aus Franziskas Slip. Ein moderner DNA-Vergleich bestätigt das Ergebnis von 1990 – nun aber mit einer Sicherheit von 99,999 Prozent. Vaterschaftstests sind in beiden Fällen nicht möglich. Der Fötus aus dem Jahr 1989 ist verschwunden. Und auch die seit 1998 vermisste Yvonne S. taucht nicht wieder auf.

Dennoch wird Tarik H. nach dem DNA-Vergleich im Oktober 2002 erneut festgenommen. Im Januar 2003 hebt das Oberlandesgericht den Haftbefehl gegen Kaution wieder auf und ordnet Nachermittlungen an. „Wir haben derzeit keine objektiven Hinweise, dass die Frau noch am Leben ist", sagt Frank Nicolaus von der Dresdner Mordkommission. Noch hat die Kripo ihre Ermittlungen aber nicht eingestellt. Dennoch kommt es zur Anklage. Sie stützt sich nun auf das Ergebnis modernster DNA-Vergleichsuntersuchungen.

Tarik H. berät sich im Gerichtssaal mit seinem Verteidiger Rechtsanwalt Christian Fischer.

Das Verschwinden der Yvonne S. spielt vor Gericht und in der Anklage keine Rolle. Richter Rainer Lips steht mit seinen Beisitzern vor einem schwierigen Indizienprozess. „Die Indizien sind kaum anders als 1990", sagt Tariks Verteidiger zuversichtlich. Dennoch sehe sein Mandant mit einem „flauen Gefühl im Bauch" der Verhandlung entgegen. „Wer möchte schon wegen versuchtem Totschlag auf der Anklagebank sitzen."

Die Beweisaufnahme im Gerichtssaal dauert mehrere Tage. Detailliert kommt das Geschehen vor 14 Jahren noch einmal zur Sprache. Zeugen sagen aus, der Angeklagte sei damals ein netter und eher schüchterner junger Mann gewesen. Es sei für sie nicht vorstellbar, dass er seine Freundin damals getötet habe, betonen einige. Zugleich schildern sie Tarik H. auch als einen Mann, der gut aussah und deshalb bei den Mädchen gut ankam. Nur seine Gefühle habe er kaum gezeigt.

Mehrere Zeugen erinnern sich auch genau, dass Franziska ihnen gegenüber den Angeklagten als Vater ihres ungeborenen Kindes genannt hat.

Ein inzwischen verstorbener Ex-Freund der Ermordeten sagte vor 14 Jahren bei der Polizei, dass Tarik H. zunächst gleichgültig reagiert habe, als Franziska ihm eröffnet habe, dass er der Vater ihres Kindes sei. Dann habe er sie aber aufgefordert, das Kind wegmachen zu lassen. Der Angeklagte bestreitet dies im Gericht, ebenso wie auch die Tat. Aber er verwickelt sich in Widersprüche und macht unterschiedliche Angaben über den Zeitpunkt, zu dem er Franziska nach der Spritztour mit dem Motorrad wieder nach Hause gebracht haben will.

Am Tag, als das Urteil verkündet werden soll, ist auch Siegmar Vetter im Gerichtssaal. Er hatte vor 14 Jahren auf eine Anklage verzichtet. Die objektiven Beweise reichten ihm damals nicht aus, da der Beschuldigte die Vorwürfe so hartnäckig bestritt. Inzwischen ist der Staatsanwalt, der über viele Jahre mit Mördern und Totschlägern zu tun hatte, pensioniert. Doch an diesem Tag wagt er keine Prognose. „Es ist alles möglich", sagt er vor Sitzungsbeginn.

Jetzt liegt der Fall etwas anders. Man könnte sagen, um 1,9 Prozent ist die Wahrscheinlichkeit gestiegen, dass Tarik H. doch der Täter ist. Um diese 1,9 Prozent sind sich die Kriminaltechniker diesmal sicherer, dass es der Angeklagte war, der mit der 16-Jährigen kurz vor ihrem Tode Geschlechtsverkehr hatte.

Richter Rainer Lips, der Vizepräsident des Landgerichts, hatte die Sitzungen des Jugendschwurgerichts mit Umsicht geleitet und wohl gemerkt, dass sich der Angeklagte in Widersprüche bei wichtigen Fragen verwickelte. Aber es ist auch viel Zeit vergangen seit jenem Abend im Frühsommer 1989 am Kauschaer Stausee, räumt der Richter ein. Als er das Urteil verkündet, spricht er von „einem der schwierigsten Fälle" seiner 30-jährigen Richtertätigkeit. Eineinhalb Tage hat die Kammer beraten. Danach spricht sie Tarik H. wegen Totschlags schuldig und verurteilt ihn zu sechs Jahren Haft. Das sind 15 Monate mehr, als die Staatsanwaltschaft gefordert hatte.

Die solide Arbeit der Dresdner Mordkommission zu DDR-Zeiten, das gute Erinnerungsvermögen zahlreicher Zeugen und präzise Aussagen der Gutachter hätten die Suche nach der Wahrheit doch noch ermöglicht, sagt Lips. Die Kammer habe nach der Abwägung aller Indizien „keine vernünftigen Zweifel an der Tat" mehr gehabt. Die Ursachen für das tragische Geschehen seien in der komplizierten Beziehung zwischen den beiden jungen Leuten zu sehen. „Franzi", wie Eltern und Freundinnen das Opfer nannten, war auf Tarik „voll abgefahren", sei ihm hinterhergelaufen und habe den jungen Mann mit der Schwangerschaft überrumpelt. Tarik sei nur wegen Sex zu „Franzi" gekommen, wollte keine feste Bindung und kein Kind. So sei die Beziehung zum Konflikt geworden. Tarik habe keine Lösung gefunden und das Mädchen sogar bedroht.

Für das Gericht steht schließlich fest, dass es bei dem Motorradausflug im April 1989 im Gebergrund an dem Stausee zum Streit gekommen ist. Dabei habe Tarik dem Mädchen erst mit einem Stein auf den Kopf geschlagen. Dann sei er ausgerastet und habe nur noch gewollt, dass „Franzi" verschwindet. Weil ein vorgefasster Mordplan nicht bestand, erkennt Richter Lips im Handeln des Angeklagten auch keinen Verdeckungsmord. Tarik habe Franzi mit Steinen beschwert ins Wasser geworfen, um zu verdrängen, was er anders nicht lösen konnte. So, wie er bis zu diesem Tag auch die Tat selbst verdrängt habe. Dabei habe er den qualvollen Todeskampf des Mädchens billigend hingenommen.

Der Angeklagte hatte im Verlaufe des Prozesses seinen Hochzeitstermin bekannt gegeben. Doch nach den Worten des Richters wird Tarik H. noch im Gerichtssaal festgenommen.

ANSCHLAG AUF DEN „CLUB ALIBI"

Ein kleiner Zuhälter aus Mannheim will 1991
in Dresden Fuß fassen und spielt Wild-Ost.
Ein Vater von drei Kindern bezahlt das mit
seinem Leben.

Von Gert Weidig und Thomas Schade

Der Club „Alibi" 1991: Für Nachtschwärmer und Leute, die zu einem erotischen Abenteuer nicht nein sagen.

„Club Alibi" – ein wenig ist der Name wohl auch Programm im Jahr 1991 in der noblen Kellerbar des Dresdner Vier-Sterne-Hotels Hilton. Gut betuchte Geschäftsleute verkehren hier, Dienstreisende, die im Hause übernachten. Aber das Personal registriert auch halbseidenes Publikum in zunehmendem Maße. Etwa 50 Personen finden in den zwölf kleinen Sitzgruppen und an der langen Bar Platz. Vor 23 Uhr ist kaum etwas los. Hotelbewohner kommen gleich von der Lobby aus in die Tanzbar. Andere Gäste finden den Weg von der Münzgasse über eine verwinkelte Treppe hinunter in den lang gestreckten Raum mit der schummrigen Atmosphäre. Der „Club Alibi" lockt auch jene Nachtschwärmer, die einem kleinen erotischen Abenteuer keinesfalls ausweichen und später dennoch sagen können: Ich war ja nur in der Hotelbar.

So oder ähnlich denken in der Nacht zum 22. Februar 1991 vielleicht auch die drei Herren aus dem mecklenburgischen Barth. Sie sind am Nachmittag mit dem Zug angereist. In den nächsten Tagen haben sie mit dem Symposium für Umwelttechnik zu tun, das gerade im Hilton stattfindet. Die Konstrukteure betreuen ihren Firmenstand auf der Industrieausstellung am Rande der Tagung. Gegen 16 Uhr waren sie angekommen, hatten im Ratskeller diniert und dann auf dem Hotelzimmer Karten gespielt. Nach Mitternacht, so gegen 0.45 Uhr, landen sie schließlich noch im „Club Alibi", auf einen Absacker, wie der letzte Drink des Abends eben heißt.

Doch in dieser Nacht ist es ziemlich öde in der Bar. Kaum Besucher. Sogar die Diskothek hat ihren Geist aufgegeben, weil ein Gast aus Versehen ein Glas Sekt ins Mischpult des DJs geschüttet hatte. Außerdem sind weder Halina da, die schöne und attraktive Polin aus Köln, noch die anderen Damen, die seit einigen Monaten schon in der Bar dem horizontalen Gewerbe auf sehr gediegenem Niveau nachgehen. Einer aus dem Trio von der Waterkant verabschiedet sich bald. Horst C., Konstrukteur und Vater von drei Kindern, plaudert belanglos mit der Bardame. Doch sie erzählt ihm nichts von dem Stress, den einige der Damen hier gerade haben.

Dagmar S. zum Beispiel. Die 25-Jährige war Ende Januar in der Bar von zwei Männern übelst bedroht worden. Erst hatten sie ihr 1.000 Mark für einen flotten Dreier angeboten. Den lehnte sie ab. Da zog einer der Männer eine Pistole und sagte nur: „Mit uns ist nicht zu spaßen." Schon eine Woche später haben es die beiden wieder auf die junge Frau abgesehen, die ebenfalls im „Club Alibi" diskret nach Freiern Ausschau hält. Auf der Toilette zieht einer der Männer sein Messer und drückt es Dagmar S. an die Kehle. Unmissverständlich fordert er sie auf: Ab morgen solle sie für die beiden „anschaffen". All das hat sie bei der Polizei angezeigt.

Wären die drei Herren aus Barth in dieser Nacht etwas eher im „Club Alibi" erschienen, hätten sie Dagmar S. noch treffen können. Wie immer sitzt sie gegen 23 Uhr an Tisch 7 gleich links neben dem Eingang. Später kommt ihre Freundin Sabine hinzu. Aber zu allem Übel taucht auch diesmal der Mann wieder auf, der ihr schon mit dem Messer an die Kehle wollte. Wieder fordert der große Kerl mit den schulterlangen und pomadigen Haaren die junge Frau auf, Sie solle die Bar nicht ohne Freier verlassen und das Geld bei ihm abliefern. Als sie sich wehrt, bedroht er sie mitten in der Bar unauffällig mit dem Messer. Nur durch einen Trick können Dagmar und ihre Freundin die Bar durch den Personaleingang verlassen.

Kurz vor vier Uhr morgens sind außer den beiden Konstrukteuren aus Barth kaum noch ein Dutzend Gäste im „Club Alibi". Da stürmt plötzlich die Garderobiere völlig aufgelöst in die Bar und ruft um Hilfe. Hinter ihr geht ein Mann und brüllt: „Alles raus hier, alles raus hier!" Mit einer Pistole zeigt er zum Notausgang. Der Mann trägt einen militärischen Tarnanzug, und er ist maskiert mit einer Skimütze, die nur Augenschlitze hat. In einer Hand hält er einen Kanister. Während Gäste und Personal flüchten, schüttet der Unbekannte ohne Hast den Kanister im vorderen Bereich der Bar aus und zündet die Flüssigkeit an. Im Nu ist die Bar voller Qualm und Rauch. Kunstledersessel, Fußboden und Holzverkleidung brennen. 3.53 Uhr geht bei der Dresdner Feuerwehr der Notruf ein. Eine Stunde brauchen die Feuerwehrleute, um das Feuer zu löschen. Als die ersten Männer in ihren Schutzanzügen die Bar durchsuchen, finden sie Horst C. Er ist tot. Erstickt am Qualm, wie die Gerichtsmediziner später feststellen. Der Ingenieur liegt auf einem Treppenabsatz gleich neben dem Notausgang. Eine künstliche Palme ist über ihn gestürzt. Der 42-Jährige hatte sich nicht mehr aus der brennenden Bar retten können.

Erstickt bei dem Brandanschlag: Horst C., 42-jähriger Vater von drei Kindern. Eine künstliche Palme stürzt über ihn.

Als die Dresdner Kripo am frühen Morgen eintrifft, bietet die ausgebrannte Bar einen verheerenden Anblick. Sie wird auf unabsehbare Zeit geschlossen bleiben. Allein der Sachschaden wird später auf über 700.000 Mark beziffert. Schon vor sieben Uhr werden die ersten Zeugen vernommen. Wenig später weiß die Polizei: Hier hat kein technischer Defekt zum Brand geführt, sondern hier hat ein Brandanschlag stattgefunden. Das hatte es noch nicht gegeben in Dresden. Und das Ziel ist eines der besten Hotels der Stadt. Für die Touristen- und Landeshauptstadt hat der Fall damit höchste Brisanz. Seit der Wiedervereinigung Deutschlands am 3. Oktober 1990 sind noch nicht einmal sechs Monate vergangen, da ist die Dresdner Polizei mit einem Verbrechen konfrontiert, das sie in dieser Form bisher nicht kennt.

Das Geschehen der vergangenen Nacht in der Bar ist nach einem Dutzend Zeugenaussagen recht schnell rekonstruiert. Ganz gelassen und wortlos, so wird berichtet, habe der unheimliche Mann den Inhalt eines Kanisters ausgeschüttet und angebrannt. Und so plötzlich wie er gekommen war, sei er auch wieder verschwunden. Kein Zeuge weiß woher oder wohin. Schon am Tag nach dem Anschlag ruft die Dresdner Polizeiführung eine Sonderkommission ins Leben. 45 Mitarbeiter werden ihr zugeteilt. Die Beamten wissen wenige Tage später Bescheid über das aufkommende Rotlichtmilieu im „Club Alibi". Und vom Chef des Etablissements wissen sie auch, dass es Ärger mit einigen Damen gibt, die allzu dreist bei den Gästen baggerten. Anfang Februar hatte der Chef der Bar deshalb eine Auseinandersetzung mit einer etwa 30-jährigen Frau, die immer in Begleitung anderer Damen erscheint. Er hatte ihr Hausverbot angedroht, falls sie sich nicht mäßigen. Empört seien die Damen gegangen, erfährt die Kripo. Am nächsten Tag seien drei Männer im „Club Alibi" aufgekreuzt. Typen in Lederhose und Lederjacke und goldenen Ketten am Handgelenk, die sich als „Bekannte" der Damen vorstellten. Sie wollten keinen Stunk, sagten sie. Aber sie machten dem Barchef unmissverständlich klar: Wenn ihre Mädchen nicht reinkommen, kämen bald auch keine anderen Mädchen mehr in die Bar. War das bereits eine deutliche Ansage für den Anschlag, der folgen sollte?

Der Eingang zum Club „Alibi" nach dem Brandanschlag.

Der Dresdner Kripo ist zu dieser Zeit bekannt, dass geschäftstüchtige Zuhälter aus dem Westen längst gewinnträchtige Märkte für die käufliche Liebe im Osten entdeckt haben und dabei sind, auch in der sächsischen Landeshauptstadt Fuß zu fassen. In wenigen Monaten schießen gleich mehrere Unternehmungen dieses Gewerbes aus dem Boden. An der Lommatzscher Straße läuft eine Wohnwagenbordellerie, auf der Bremer Straße und auf der Stauffenbergallee entsteht ein Straßenstrich. Doch der erwartete Markt erweist sich nur als begrenzt aufnahmefähig. Dennoch öffnen auch erste Sex-Etablissements. Sie stehen schon bald im harten Wettbewerb um die Freier. Vereinzelt teilen sich Zuhälter auch die Reviere auf.

Einer dieser neuen Sex-Klubs ist die „Villa d´Amour", die im Januar 1991 in der Dölzschener Straße 68 öffnet. Eine edle Villa ist es nicht, sondern nur das Erdgeschoss eines Mehrfamilienhauses. Im August, ein knappes halbes Jahr nach dem Anschlag, erhält die Soko „Alibi" den vertraulichen Hinweis, dass der Brandanschlag von diesem Sex-Klub ausgegangen sein könnte. Einer der Beteiligten hatte angeblich vor zu vielen Zuhörern geplaudert.

Doch so ein diskreter Tipp hilft meist nicht weit, denn bewiesen ist damit noch gar nichts. Für die zahlreichen Ermittlungsgruppen der Soko ist es vielmehr ein hartes Brot, überhaupt ausreichende Informationen zu beschaffen. Ohne einen begründeten Verdacht oder sogar Beweise würden die Betreiber, die Wirtschafter und die Damen in der „Villa d´Amour" nur schmunzeln, wenn die Kripo vor der Tür steht. Es wäre eine Mauer des Schweigens, auf die die Kripo in diesen Kreisen stieße. So überwacht die Soko die „Villa d'Amour" erst einmal nur mit einer versteckten Videokamera. Schließlich werden auch einige Gesichter der dort tätigen „Wirtschafter", ihre Vor- oder Spitznamen und ihre Herkunft bekannt. Sie stammen aus dem Raum Heidelberg und Mannheim.

Die Ermittler erfahren auch, dass einige der Mannheimer nur wenige Stunden vor dem Brandanschlag in der Alibi-Bar waren. Einer der Wirtschafter des Bordells hatte die Gruppe allerdings alarmiert, weil es Ärger mit einem unliebsamen Freier in der „Villa d' Amour" gab. Der Mann ist wohl mit den Dienstleistungen der Rosi nicht recht zufrieden gewesen, will sein Geld zurück und hat sie angeblich sogar geschlagen. Das wollen die Mannheimer nicht auf sich sitzen lassen. Sie verlassen in der Nacht zum 22. Februar die Bar und verfolgen den Mann bis zu seiner Wohnung auf der Pirnaer Landstraße. Dort brechen sie dessen Wohnungstür auf. Der unzufriedene Freier versucht noch, sich durch einen Sprung aus dem Fenster zu retten, doch die Zuhälter holen ihn ein und traktieren ihn mit Baseballschlägern. Er muss später im Krankenhaus stationär behandelt werden.

Nach seiner Strafanzeige ist für die Soko die Zeit reif, in der Villa zuzuschlagen. Aber die Durchsuchungen, Festnahmen und Vernehmungen sind ein Schlag ins Leere. Alle für die Ermittlung interessanten Personen sind verschwunden. Die Betreiber haben das Personal der „Villa d´Amour" quasi über Nacht ausgetauscht und die „Neuen" haben natürlich keine Ahnung, was ihre Vorgänger getrieben haben. Keiner will wissen, ob die Leute am

Anschlag auf die „Alibi"-Bar beteiligt waren. Den gesuchten Damen und Herren waren die intensiven Ermittlungen nicht verborgen geblieben. Zu allem Übel können sie in einer Dresdner Zeitung sogar das Konterfei eines der gesuchten Männer sehen. Das Bild stammt von der verdeckten Video- aufzeichnung und wird mit der Bemerkung veröffentlicht, dass der abge- bildete Mann kurz vor der Verhaftung stehe. Wer da nicht abtaucht, ist sel- ber schuld. Vom Anwalt des gesuchten Mannes erfahren die Ermittler nur, sein Mandant sei im Urlaub in Thailand oder in der Karibik und er wisse nicht, wann er zurückkomme.

Zum Frust über den Fehlschlag kommt für die Soko auch die bohrende Frage, wer aus den eigenen Reihen das Video-Bild der Presse zugespielt hat. So etwas hat noch keiner der Dresdner Kriminalisten erlebt. Auf den Fluren ist offen von Verrat die Rede. Der Verräter wird jedoch nicht gefun- den. Zu viele dieser Video-Bilder sind zur Fahndung polizeiintern im Umlauf. Unter Verdacht kommt schließlich ein Kriminalist, der die Perso- nalüberprüfungen in den folgenden Monaten beim Neuaufbau der sächsi- schen Polizei nicht übersteht und entlassen wird. Für die Ermittler ein schwacher Trost.

Dennoch kommt die Soko langsam voran. Schritt für Schritt gelingt es, Namen, Spitznamen, Personenbeschreibungen und Herkunftsorte der Leute zu ermitteln, die alle mal in der „Villa d´Amour" zu Gange waren. So rundet sich das Bild der Truppe aus dem Raum Mannheim und Heidelberg ab, die offensichtlich versucht hatte, „Wild-Ost" in Sachsen zu spielen.

Denn vor dem Anschlag auf die Nobelbar haben es die selben Ganoven mindestens auf ein weiteres kleines und diskretes Konkurrenzunterneh- men abgesehen, das „Spechtitzer Stübchen". Auch in dem etwas abseits gelegenen Wirtshaus im Rabenauer Grund ist zu Beginn des Jahres 1991 die Liebe einiger Damen käuflich und vor allem preiswert. In der „Villa d´ Amour" ist man deshalb sauer und regt sich auf: Für wenig Geld würden „wahre Hochzeitsnächte" dort gefeiert, noch dazu ohne Gummi. Da müsse „Linie" reingebracht werden, heißt es in der Villa, auch vom „abfackeln" soll die Rede gewesen sein.

Schließlich erfahren die Ermittler auch, dass Udo F., der Betreiber des „Spechtritzer Stübchens", ebenfalls Besuch von den Männern aus Mannheim hatte. Sogar am 21. Februar, nur einige Stunden vor dem Brandanschlag, waren sie zu viert da gewesen und hatten zum wiederholten Mal gedroht, dass sie hier die Chef sind. Wenn F. nicht spure, dann werde seine Bude plattgemacht, drohten sie. Und einer fügte hinzu: Die Tür im Erdgeschoss sei günstig, da brauche man nur einen Kanister reinzuschmeißen. Noch vor dem Anschlag im Hilton war also anderen „Konkurrenten" im Milieu das Gleiche angedroht worden.

Für die Ermittler ist es höchste Zeit, ihre Arbeit auf die Heimatländer der Verdächtigen auszudehnen. Auch das ist Neuland im Jahr eins der Deutschen Einheit. Schließlich heißt das: Kontakt aufnehmen zur Polizei des alten Klassenfeindes. Aber im Polizeipräsidium Mannheim sitzen ausgesprochen kontaktfreudige Kollegen. Und die Dresdner Kripo schickt ihre Ermittlungsergebnisse vertrauensvoll in den Westen mit der Bitte um Unterstützung. Nicht die badische und die sächsische Mundart erschweren anfangs die Verständigung, sondern ein überaus komplizierter und langer Dienstweg. Deshalb genehmigt die Dresdner Polizeiführung schon bald direkte persönliche Kontakte mit den Kollegen in den baden-württembergischen Dienststellen. So sind im Sommer 1991 zahlreiche „Wartburgs" und „Ladas" zwischen Dresden und Mannheim unterwegs. Immer mit einem vollen Reservekanister im Kofferraum, denn das Tanken im Westen hatte die junge sächsische Polizei intern noch nicht geklärt. Schon bald floriert der sogenannte „Ermittlungstourismus", denn im Sommer 1991 konzentriert sich neben der Suche nach dem Brandstifter in der „Alibi"-Bar auch die Fahndung nach dem Mörder des Neonazis Rainer Sonntag auf das Mannheimer Rotlicht-Milieu. Die Mannheimer Kollegen sind sofort hellwach, helfen nach Kräften, stoßen aber bald an Grenzen.

So findet die Mannheimer Sitte recht schnell einige der Damen, die im Februar in der Dresdner „Villa d'Amour" beschäftigt waren. Den Beamten erzählen sie nun, dass sie inzwischen mit den Verdächtigen verlobt seien und deshalb ihr Aussageverweigerungsrecht in Anspruch nehmen. So werden die Ermittlungen immer mühseliger, ziehen sich in die Länge und werden schließlich vorläufig eingestellt. Die Dresdner Kripo hat die Namen zweier Verdächtiger, kann ihnen den Anschlag aber nicht beweisen.

Erst zwei Jahre später, im Dezember 1993, kommt neuer Schwung in den Fall, als die belgische Polizei den 32-jährigen Wolfgang R. verhaftet und an die deutschen Behörden ausliefert. Der gelernte Fleischer aus Mannheim wird wegen Drogenhandels gesucht. Mitte Januar 1994 soll vor dem Landgericht Mannheim der Prozess gegen ihn beginnen. Wohl um seinen eigenen Hals aus der Schlinge zu ziehen, erzählt er den Mannheimer Ermittlern, dass er zu einer Brandstiftung in einem Dresdner Hotel etwas sagen könne, bei der ein Mensch zu Tode gekommen sei. Sogar die Brandstifter könne er nennen. Am Nachmittag des 11. Januar 1994 sitzen zwei Dresdner Ermittler und ein Mannheimer Staatsanwalt dem Zeugen Wolfgang R. in der Mannheimer Justizvollzugsanstalt gegenüber. Die Dresdner erkennen bald, dass der Zeuge zum Umfeld jener Zuhältertruppe gehört, die sie schon seit zwei Jahren im Verdacht haben. Detailliert schildert er den Hergang der Brandstiftung, nennt die Hintergründe und sagt, dass Bernd K. den Anschlag organisiert und angestiftet und Uwe E. die Tat ausgeführt habe. Der Zeuge weiß Einzelheiten, die bisher nicht in der Presse zu lesen waren, die er nur selbst erlebt oder von Leuten erfahren haben konnte, die an dem Anschlag direkt beteiligt waren. Wie sich herausstellt, kennt Wolfgang R. einen Teil der Truppe um Bernd K., wollte im März 1991 sogar selbst mal in der „Villa d´Amour" vorbeischauen, stand aber vor verschlossenen Türen. Von einem der Betreiber habe er schließlich erfahren, dass sich Bernd K. wegen des Anschlages auf die Alibi-Bar zurückgezogen hatte. Der Zeuge erzählt sogar, wie er Bernd K. einen falschen Pass besorgt hat, mit dem sich der mutmaßliche Brandstifter erfolgreich nach Thailand absetzen konnte. Uwe E. dagegen sei vermutlich unter Alkohol oder Drogen zu dem Anschlag überredet worden, da er ansonsten kaum den Mut aufbringen würde, so einen Brand zu legen.

Was die Kriminalisten und der Staatsanwalt an diesem Tag hören, reicht für einen Haftbefehl gegen die beiden Verdächtigen. Fahnder spüren Bernd K. in Heidelberg auf. Er hatte wohl geglaubt, nach zwei Jahren sei im Osten Gras über den Fall gewachsen und war aus Thailand zurückgekommen. Uwe E. wird in Speyer aufgespürt. Zusammen mit den Dresdnern bereitet die Mannheimer Kripo einen komplexen Polizeieinsatz vor. Beide Verdächtige sollen am 8. Februar 1994 gleichzeitig festgenommen werden.

Einen Tag vorher reisen Dresdner Kriminalisten mit den richterlichen Haftbefehlen und Durchsuchungsbeschlüssen nach Heidelberg zur örtlichen Polizeidirektion. Nachmittags besprechen sie die Lage. Und es bleibt noch Zeit, mit einem ortskundigen Kollegen die Wohnung des Bernd K. unauffällig anzuschauen. So setzen sich die drei Dresdner Polizisten zu einem jungen Fahnder der Heidelberger Kripo ins Auto. In dem kleinen Ort unweit von Heidelberg zeigt er ihnen das Appartementhaus in der Nähe einer Diskothek. Bernd K. bewohnt eine Erdgeschosswohnung, Fenster nur nach vorn. Da würde es am nächsten Morgen kaum Schwierigkeiten geben.

Vor dem Haus parkt ein schwarzes Mercedes-Coupe. Beim Vorbeifahren sehen die Beamten, dass sich der Fahrer des Coupes am Armaturenbrett zu schaffen macht. Im nächsten Augenblick erfahren die Sachsen, was junge dynamische Westfahnder so drauf haben. Der Heidelberger Kollege stoppt das Auto und ruft nur noch: „Das ist er, so schnell kriegen wir den nicht wieder!" Schon springt der junge Beamte raus. Noch ehe die Dresdner richtig sehen, wen der Kollege eigentlich meint, liegt der Mercedes-Fahrer schon in Handschellen mit dem Oberkörper auf der Motorhaube seines Wagens. Es ist Bernd K. Außerplanmäßig wird die Arbeit des nächsten Tages noch am selben Abend erledigt: Hausdurchsuchung, Einlieferung in die altehrwürdige Justizvollzugsanstalt Heidelberg, Vernehmung bis in den späten Abend hinein. Alles läuft wie am Schnürchen, nur Papier und Stift fürs Protokoll müssen sich die Sachsen pumpen, denn eigentlich wollten sie an diesem Abend ja nur mal gucken und danach ein Bier trinken gehen. Am nächsten Morgen wird auch der verdächtige Uwe E. festgenommen. Er hat von der Aktion am Vorabend glücklicherweise nichts mitbekommen. Beide, der Anstifter und der Brandstifter, schweigen zu den Fragen der Kripo. Zumindest Bernd K. ist dafür in der Untersuchungshaft um so aktiver.

Denn als ein knappes Jahr später, im April 1995, am Dresdner Landgericht Dresden die Hauptverhandlung gegen die beiden Männer beginnt, marschieren gleich mehrere ehemalige Zellengenossen als Zeugen auf. Sie sagen aus, wie Bernd K. in der Untersuchungshaft versucht haben soll, den Verdacht von sich zu lenken. Unter der Last der Indizien legt Uwe E. schließlich ein umfassendes Geständnis ab. Er schildert, wie er mit 14 Jahren erstmals Drogen nahm, seine Ausbildungen zum Maurer und zum Lebensmittelverkäufer nicht abschloss, wie er seinen Dienst bei der Bundeswehr wegen eines Selbstmordversuches vorzeitig beenden musste. Danach war er Fernfahrer und Dachdeckergehilfe, bis er 1990 Bernd K. kennen lernte und dessen Fahrer wurde. Schließlich sei er in der „Villa d´ Amour" gelandet, hatte aber dort nichts zu sagen. Uwe E. sagt aus, dass er von Bernd K. in mehreren Gesprächen Anweisungen für den Anschlag sowie 500 Mark für den Tarnanzug und das Benzin erhalten habe. Auch die Waffe habe er von seinem Chef erhalten. Und er schildert, wie er am 21. Februar 1991 mit seiner Freundin von der Villa aus erst in eine Diskothek gefahren ist, um sich Mut anzutrinken. Gegen drei Uhr sind dann beide auf einem Parkplatz an der Elbe angekommen. Während seine Freundin einschlief, habe er zum zweiten Mal an diesem Tag eine Mischung aus Kokain und Speed, eine synthetische Droge, genommen, den Tarnanzug angezogen und sich mit dem Benzinkanister und der Waffe auf den Weg zum „Club Alibi" gemacht. Nach fünf Uhr sei er wieder in der „Villa d´Amour" gewesen und habe den anderen von seiner Tat berichtet.

Dem Komplizen den Anschlag nicht zugetraut: Hier saßen sonst die Damen aus der „Villa d´Amour" mit dem Chef der Bar.

Bernd K. hatte ihm den Anschlag offenbar nicht zugetraut, denn er setzte sich sofort ins Auto und fuhr zum Hilton, um sich zu überzeugen, dass es dort tatsächlich gebrannt hatte. So stand der Anstifter der Anschlages am Morgen nach der Tat unbemerkt unter den vielen Neugierigen in der Dresdner Münzgasse. Am Nachmittag des 22. Februar 1991 verließen er und seine Kompagnons die Villa und setzten sich erst mal wieder in Richtung Westen ab.

Vor Gericht räumt Berns K. ein, dass ihm der „Club Alibi" und das „Spechtritzer Stübchen" so etwas wie ein Dorn im Auge waren, weil sie die Preise versauten. Zu dem Anschlag angestiftet habe er jedoch niemanden, und dem Uwe E. habe er so etwas überhaupt nicht zugetraut. Doch das glauben ihm die Richter nicht. Sie verurteilen den Zuhälter Bernd K. zu 14 Jahren und sechs Monaten Haft. Uwe E. muss für zehneinhalb Jahre ins Gefängnis. Einen Revisionsantrag gegen das Urteil beim Bundesgerichtshof zieht Bernd K. später zurück.

DER VERMEINTLICHE „FÜHRER"-MORD

1991 liegt Rainer Sonntag erschossen auf der Leipziger Straße und über ihm die Reichskriegsflagge. Zum Märtyrer der „Bewegung" wird der Neonazi jedoch nicht.

Von Thomas Schade

Der Dresdner Kripo-Hauptkommissar Gert Weidig übermittelte dem Standesamt am 5. Juni 1991 die Anzeige eines „unnatürlichen Todesfalles". Im etwas schwülstigen Briefkopf des Formulars steht noch immer „Ministerrat der Deutschen Demokratischen Republik, Ministerium des Innern". Doch es sind längst andere Zeiten angebrochen. Nach der Wiedervereinigung beider Teile Deutschlands sollten die Bürger im Osten und auch die neue sächsische Polizei nicht nur Licht-, sondern auch die Schattenseiten der neuen Gesellschaft kennen lernen. Viele Polizisten schauen reichlich unsicher in die eigene Zukunft und werden gleichzeitig mit einer Kriminalität konfrontiert, die bisher ohne Beispiel ist in der Kunst- und Kulturstadt an der Elbe. Der „unnatürliche Tod" des Rainer Sonntag ist so ein Fall, über den die Todesanzeige beim Standesamt nur vermerkt, dass er am 31. Mai 1991 um 23.55 Uhr „vor dem Kino Faunpalast verstorben" ist.

An diesem Abend warten Karin und Gert H. in ihrer Wohnung auf der Leipziger Straße 78 auf den Fernseh-Krimi, der 23.40 Uhr beginnen soll. Doch vorher lockt sie der Lärm unten auf der Straße ans Fenster. Was sie da quasi „in der ersten Reihe" erleben, kann ihnen selbst Hollywood an diesem Abend kaum besser bieten.

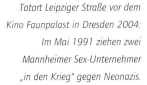

Tatort Leipziger Straße vor dem Kino Faunpalast in Dresden 2004: Im Mai 1991 ziehen zwei Mannheimer Sex-Unternehmer „in den Krieg" gegen Neonazis.

Etwa 40 bis 50 Neonazis krakelen unten auf der Straße am Kino „Faunpalast". Viele sind mit Baseballschlägern oder Knüppeln bewaffnet. Sie haben offenbar etwas vor. Ihr Anführer sitzt auf der anderen Straßenseite in seinem Auto. Dann kommt ein großer dunkler Mercedes-Benz aus der Moritzburger Straße gefahren und biegt in die Leipziger Straße ein. Am „Faunpalast" hält er an. Ein Mann steigt aus. Ein zweiter wartet am Steuer des Autos. Bewaffnet mit einem kurzen Gewehr läuft der etwa 27-Jährige mit dem südländischen Teint und den langen schwarzen Haaren mitten auf der Straße auf die Neonazis zu. „Was ist hier los", ruft er. „Haut ab hier." Wie im Film lädt der Mann sein Gewehr durch. Es ist eine Pumpgun. Angesichts dieser „schweren Artillerie" türmen die Neonazis. Nur ihr Anführer nicht. Der steigt aus seinem Auto und läuft mit erhobenen Händen auf den Bewaffneten zu. „Schieß doch, schieß doch, Du traust es Dir sowieso nicht!", brüllt der etwas untersetzte Mann mit dem runden Gesicht provozierend. Tatsächlich zieht sich der südländische Typ mit dem Gewehr ins Auto zurück. Er sitzt schon im Wagen, als doch noch ein Schuss fällt. Getroffen sackt der Anführer der Neonazis zusammen. Der Mercedes rast davon. So etwa schildert Familie H. später der Dresdner Mordkommission das kinoreife Geschehen vor ihrer Haustür. Die H.'s gehörten zu den wenigen unbeteiligten Augenzeugen eines Verbrechens, das noch für viel Wirbel sorgen sollte.

Als Kripo-Hauptkommissar Gert Weidig etwa eine halbe Stunde später am Tatort eintrifft, ist der Tote mit einer Reichskriegsflagge bedeckt. Dieses Ersatzsymbol der Neonazis aus dem Dritten Reich sehen die Dresdner in diesen Wochen öfters auf den Straßen. Meist an den Wochenenden marschieren 100 bis 200 Rechtsradikale durch die Stadt und wettern gegen aufkommende Drogenkriminalität und Prostitution. Sie versuchen sich selbst als neue Ordnungsmacht aufzuspielen.

Rainer Sonntag war ihr Anführer. Nun liegt er tot unter der Fahne. 1985 hatte der Dresdner die DDR verlassen und in der hessischen Kleinstadt Langen Anschluss an die bundesdeutsche Neonaziszene gefunden. Weithin bekannte Rechtsextremisten wie Michael Kühnen und Heinz Reiß wurden seine Freunde. Mit der Wende war Rainer Sonntag zurückgekommen und versuchte seither, in Dresden Neonazis zu sammeln. Nun liegt er auf der Straße in seinem eigenen Blut. Drei Schrotkugeln haben ihn im Kopf

Wenige Minuten nach der Tat:
Eine Reichskriegsflagge liegt über dem erschossenen Rainer Sonntag.

getroffen. Er ist sofort tot gewesen, stellen die Gerichtsmediziner fest, die am Morgen nach der Tat um 6 Uhr mit der Leichenschau beginnen. Fast zur selben Zeit zieht die Dresdner rechte Szene zur Mahnwache am „Faunpalast" auf.

Die heiße Spur zum Schützen findet die Mordkommission schon in der Nacht. Dutzende Zeugen aus der rechten Szene berichten freimütig: Es ist kein zufälliges Treffen an diesem Abend gewesen. Rainer Sonntag hatte dazu aufgerufen. Sie wollten dem „Sex-Shop-Center", einem der ersten Schmuddelpuffs in Dresden, „einen Besuch abstatten", so sagt es später einer der Zeugen. Der Laden in der Moritzburger Straße sollte „aufgemischt" und „platt gemacht" werden, geben andere zu Protokoll. Einer weiß auch, dass Hütchenspieler aus dem Laden geholt und „verkloppt" werden sollten. Diese meist aus Südosteuropa stammenden Männer mit der kleinen Staniol-Kugel und den drei Streichholzschachteln locken den Leuten auf der Prager Straße das Geld aus der Tasche. Die Neonazis wollten diese Hütchenspieler vertreiben und dem aufkommenden Sex-Betrieb einen Denkzettel verpassen, so heißt es in der Szene. In dieser Mainacht des Jahres 1991 geht das gründlich schief. Denn einer der rechten Kameraden hatte offenbar die geplante Aktion an die Puff-Betreiber verraten.

So spricht Nicolaos (Nico) S. an diesem Abend gegenüber den Mädchen auch davon, dass er nun „in den Krieg ziehen" werde, als er sich zu seinem Kumpan Ronny M. in den dunklen Mercedes 500 SEL mit Mannheimer Kennzeichen setzt. Beide wollen die Gegend um den Laden auskundschaften. Sie sind Mitbesitzer des kleinen Sex-Betriebes und stammen eigentlich aus der Rotlichtszene in der Mannheimer Lupinenstraße. In Dresden wollen sie den Aufbau Ost in der Rotlicht-Branche voranbringen. Widerstand ausgerechnet von Neonazis haben sie dabei wohl nicht erwartet. So ziehen sie los, um ihn zu brechen. Minuten später kommt es vor dem Kino zu der tragisch-grotesken Begegnung zwischen dem aufstrebenden Rotlichtmilieu aus dem Westen und der wachsenden Schar von Neonazis aus dem Osten.

Schon am nächsten Tag wissen Hauptkommissar Weidig und seine Männer, dass sie nach den beiden Mannheimern Nico S. und Ronny M. suchen müssen. Unklar dagegen sind die möglichen Folgen der tödlichen Konfrontation. Scharenweise reisen Rechtsextremisten aus anderen Bundesländern zum Trauerdefilee am Faunpalast an. In der Szene macht der Spruch die

Runde: „Rache für Rainer". Der Sex-Betrieb wird später tatsächlich zerstört. Glaubt man dem Dresdner Kompagnon des Todesschützen, so will auch das Rotlichtmilieu aus Hessen und Hamburg mit angeblich tausend Kerlen in Dresden einrücken, um den Neonazis das Fürchten zu lehren. Die Polizisten registrieren jedoch nur einige einschlägig bekannte Autonummern und keine Aktionen. Ein Trauermarsch für Rainer Sonntag wird angemeldet. Zu dem schaurigen Aufmarsch rücken hunderte Neonazis an.

Trauermarsch in Dresden: Nach seinem Tod versuchten Neonazis, ihrem Anführer in die Rolle eines Märtyrers zu heben.

Bei der Fahndung nach dem Todesschützen und seinem Fahrer helfen Mannheimer Kollegen der Dresdner Kripo kräftig mit. In ihrer Heimat waren Nico S. und Ronny M. keine Unbekannten. Schon am Morgen nach der Tat liegen erste Erkenntnisse aus Hessen auf Weidigs Tisch. Doch die beiden Verdächtigen sind untergetaucht und müssen zur Fahndung ausgeschrieben werden. Am 4. Juni erfährt die Kripo Mannheim aus zwei von einander unabhängigen Quellen: Nico S. und Ronny M. haben sich nach Holland abgesetzt. Nun leitet das Bundeskriminalamt (BKA) die weltweite Suche ein. Die Dresdner Staatsanwaltschaft stellte einen der ersten internationalen Haftbefehle im neuen Sachsen aus. Schon am 10. Juni meldet der Rauschgiftverbindungsbeamte des BKA im Königreich Thailand telefonisch einen „konkreten Hinweis" in die Heimat. Der BKA-Mann sitzt in Bangkok. Wenige Tage später wird die Festnahme der beiden Flüchtigen aus Deutschland als toller Erfolg der BKA-Zielfahnder öffentlich vermeldet.

Tatsächlich sollen es die vorzüglichen Kontakte des wackeren BKA-Verbindungsmannes in der Fremde gewesen sein, die den beiden Verdächtigen schnell zum Verhängnis wurde. Bei einem guten Tropfen oder auch zwei, so ist es überliefert, hat der deutsche Drogenfahnder den Chef der Thailändischen Drogenpolizei, General Aeng Yenothey, persönlich überzeugt, die beiden Deutschen sofort festzunehmen und anschließend abzuschieben.

Am 12. Juni kommen die amtlichen deutschen Papiere gerade noch rechtzeitig. Dann kreuzt der General der Drogenpolizei höchstselbst im Luxushotel „Holiday Garden" am Golf von Siam auf und verhaftet die beiden Mannheimer. Das jähe Ende des einwöchigen Fluchturlaubs von Nico. S. und Ronny M. im Rattanbett ihres Hotelzimmers wird sogar fotografisch festgehalten. Denn der General ist gleich mit der Presse angerückt, um den Fahndungserfolg zu dokumentieren. Das Hotel führt ein Deutscher – ein Mann aus Mannheim. Nico S. und Ronny M. hatten sich wirklich schlecht versteckt.

Nico S. und Ronny M. im Bangkoker Luxushotel „Holiday Garden" am Golf von Siam: Zur Festnahme kommt der Polizeichef mit der Presse.

Quasi über Nacht soll Hauptkommissar Weidig nun als erster Dresdner Kripo-Mann nach der Wende mit einem BKA-Beamten nach Bangkok fliegen, um die beiden abzuholen. Das Vorhaben scheitert schon an den Formalitäten: Gerd Weidig hat bis zur Wende West-Kontakte stets gemieden, ganz wie es ihm befohlen war. So besitzt er auch 1991 noch keinen Reisepass. Mit seinem DDR-Personalausweis will ihn das südostasiatische Königreich partout nicht einreisen lassen. Außerdem soll der bodenständige Dresdner Kommissar auch nicht besonders scharf auf die ungewöhnliche Dienstreise gewesen sein. Ein großer Fehler, wie er noch merken sollte.

Als die beiden BKA-Zielfahnder am 15. Juni im Abschiebegefängnis von Bangkok Nico S. und Ronny M. erstmals treffen, haben die Deutschen nach drei Tagen Haft in einem thailändischen Gefängnis die Nase gestrichen voll. Sie wollen schnell zurück nach Deutschland und plaudern mit den BKA-Beamten ausführlich, auch darüber, wie Rainer Sonntag zu Tode gekommen ist. „Die hätten uns in dem Augenblick alles erzählt, was wir noch nicht wussten", erinnert sich Gert Weidig später wehmütig an die verpasste Gelegenheit. So bleibt unklar, woher Nico S. seine Schrotflinte hatte und wo das Gewehr nach der Tat geblieben ist. Als der Lufthansaflug LH-777 Stunden später in Frankfurt (Main) landete, lassen beide Mannheimer den Dresdner Hauptkommissar eiskalt abblitzen und schweigen bis zu ihrem Prozess.

Der beginnt Anfang des Jahres 1992 und wird zum Medienereignis. Kein Geringerer als der Münchner Star-Verteidiger Rolf Bossi taucht an der Seite von Nico S. im Dresdner Landgericht zur Hauptverhandlung auf. Sie endet am 26. März 1992 nach zig Verhandlungstagen, an denen die Anwälte tief in ihre Trickkisten greifen. Das Ergebnis ist für die Dresdner Mordkommission vernichtend. Nico S. und sein deutscher Komplize werden freigesprochen. Geschickt hatten Bossi und die anderen Anwälte eine Notwehrsituation dargestellt, von der zum Schluss auch die Schwurgerichtskammer überzeugt ist. Die beiden Angeklagten verlassen lachend als freie Männer den Gerichtssaal. Die rechte Szene empört sich. Den Ermittlern stehen die Haare zu Berge. Die Staatsanwaltschaft kündigt auf der Stelle Revision an. Der Fall kommt vor den Bundesgerichtshof (BGH).

Knapp ein Jahr später, am 3. Februar 1993, gegen 11 Uhr, kommt telefonisch die Nachricht vom Generalbundesanwalt aus Karlsruhe: Der BGH hat eben den Freispruch aufgehoben. Die Karlsruher Richter sind der Ansicht, dass die Notwehrregel des Strafgesetzbuches vom Dresdner Landgericht falsch angewendet worden ist. Noch am gleichen Tag telefoniert Hauptkommissar Weidig mit seinen Kollegen in Mannheim und bittet sie, Nico S. erneut ausfindig zu machen. Schließlich hatte sich der Grieche schon einmal ins Ausland abgesetzt. Nun besteht erneut Fluchtgefahr. Nico S. ist auch diesmal offenbar gut informiert und taucht ab. Sein Anwalt teilt den Fahndern nur mit, dass Nico S. sich nicht freiwillig stellen wolle. Wo Nico ist, verrät der Anwalt natürlich nicht. So landet der Todesschütze erneut im nationalen Fahndungscomputer des Bundeskriminalamtes.

Am 4. Juni 1993 meldet sich die Wiesbadener Behörde in Dresden und fragt an, ob die internationale Fahndung nach Nico S. noch aktuell ist?

Denn Interpol Luxemburg hatte sich beim BKA gemeldet und mitgeteilt: Im Nachbarland ist ein Mann namens Roidos Angelos-Vaios aus Ludwigshafen wegen eines Passvergehens festgenommen worden. Der Mann gibt an, dass er in Wirklichkeit Nico S. heiße und in Deutschland wegen Mordes gesucht werde. Eilig schicken die Dresdner Fotos und Fingerabdrücke. Wenig später wissen sie, dass sie ihren Mann wiedergefunden haben. Am 30. August 1993 übergeben die luxemburgischen Behörden Nico S. an der saarländischen Grenzschutzstelle Nennig dem BGS.

Schon zwei Wochen später beginnt am Dresdner Landgericht der zweite Prozess gegen den Todesschützen und seinen Fahrer. Staranwalt Bossi taucht nicht mehr auf, und der Vorsitzende Richter Rainer Lips zeigt sich wesentlich weniger beeindruckt von der Notwehr-Verteidigung. Dennoch wird auch der zweite Prozess für die Ermittler zu einer peinlichen Angelegenheit, als das Gericht anordnet, es sollen die Spuren 28 bis 32 vorgelegt werden. Die Richter wollen die Jacke, das T-Shirt und andere Kleidungsstücke sehen, die Rainer Sonntag in der Nacht trug, in der er starb. Wieder geht es um Notwehr und um ein langes Messer, mit dem der Neonazi angeblich Nico S. bedroht haben sollte. Die Angeklagten hatten es angeblich gesehen, alle anderen Zeugen nicht. Das Gericht will nun feststellen, ob das Messer möglicherweise Schnitte oder Beschädigungen an der Kleidung hinterlassen hat. Aber Rainer Sonntags Klamotten sind weg. Eine Reinemachfrau, so muss Gert Weidig dem Richter zähneknirschend erklären, hatte die Asservate wohl versehentlich in den Müll befördert. Dennoch entgeht der Todesschütze Nico S. diesmal seiner Strafe nicht und wird zu mehreren Jahren Haft verurteilt. Ronny M. kommt mit einer Bewährungsstrafe davon.

Auch im zweiten Prozess findet das Gericht nicht heraus, warum die beiden Angeklagten am Abend des 31. Mai 1991 tatsächlich „in den Krieg" gezogen sind. Wurden sie nur bedroht oder auch erpresst? Eine Zeit lang halten sich in der rechten Szene Gerüchte, dass der Puff nicht platt gemacht, sondern um Schutzgeld erpresst werden sollte. Unklar bleibt auch, ob Nico S. und Ronny M. aus eigenem Antrieb handelten oder im Auftrag anderer Mannheimer Rotlichtgrößen. Das wird ebenso wenig geklärt wie die Frage, wer der Taxifahrer war, der an jenem Abend über Notruf die Polizei alarmiert hatte.

Rainer Sonntag, kein Märtyrer der Bewegung.

Das 36-jährige Opfer jener tragischen Nacht hinterlässt eine Lebensgefährtin, deren Name auf seinem linken Arm tätowiert war und eine Tochter. Ein Jahrzehnt nach der Tat ist Rainer Sonntag von der Öffentlichkeit weitgehend vergessen. Sein Grab auf dem Neuen Annenfriedhof ist kein Wallfahrtsort der neubraunen Bewegung geworden. Lediglich der US-Neonazi Gerry Lauck vertreibt Jahre danach noch ein Video über den „Protestmarsch gegen den Freispruch für die Todesschützen des Kameraden Rainer Sonntag" vom 4. Februar 1992. Der US-amerikanische Holocaust-Leugner ist eben mal wieder nicht auf der Höhe der Zeit.

DREI LEICHEN AUF ZWEI SOFAS

1995 vermutet die Polizei eine blutige Fehde in der Russenmafia. Doch am Ende ist es Mord unter Freunden.

Von Gert Weidig und Thomas Schade

Kriwoj Rog und Grosny – was haben die ukrainische Berg- und Stahlarbeiterstadt und die tschetschenische Hauptstadt gemeinsam? Auf den ersten Blick wenig. Der Schriftsteller Otto Gotsche hat Kriwoj Rog zu einer gewissen literarischen Bedeutung verholfen. Aus der Stadt kam bekanntlich die berühmte rote Fahne ins Mannsfelder Land, wurde dort von Bergleuten vor den Nazis versteckt und später der Roten Armee entgegengetragen. So erinnert Kriwoj Rog in dem proletarischen Heldenepos an die ruhmreichen Zeiten der alten Sowjetunion. Die Ruinen von Grosny dagegen – äußere Zeichen des großen Leides eines kleinen Volkes – sind die raue Wirklichkeit von heute. Sie zeigen, dass das riesige Land nach den gesellschaftlichen Umbrüchen zwischen dem Gestern und dem Heute noch immer nicht zur Ruhe gekommen ist. Diese bewegten Zeiten führen zu Beginn der 90er-Jahre zwei Männer aus diesen Städten nach Dresden: den Tschetschenen Hawashi Kerimow aus Grosny und den deutschstämmigen Ukrainer André G. aus Kriwoj Rog.

Gerade mal 18 Jahre ist Hawashi Kerimov alt, als ihn das sowjetische Militär 1984 einzieht und in die DDR schickt. Tausende Kilometer von der Heimat entfernt, dient er in der Garnison in Königsbrück. Erst 1992 verlässt er Deutschland mit Tausenden anderen sowjetischen Soldaten wieder. Der Soldat ist inzwischen verheiratet, und in Grosny warten seine Frau und seine beiden Kinder. Doch schon ein Jahr später, 1993, taucht Hawashi Kerimow wieder bei deutschen Behörden auf. Er beantragt Asyl. Sein Antrag wird abgelehnt. Aber der junge Mann, inzwischen Mitte Zwanzig, kehrt nicht in die Heimat zurück. Wie viele ehemalige Sowjetsoldaten bleibt er illegal in Deutschland und versucht sich durchs Leben zu schlagen, auch mit Straftaten. Mitte der 90er-Jahre werden ihm Erpressung, Bedrohung, Waffenhandel und Körperverletzung vorgeworfen, sogar ein Haftbefehl liegt gegen ihn vor.

André G.s Leben sollte eigentlich ganz anders verlaufen. Als Sohn eines Bauingenieurs und einer Lehrerin will er nach der Schule in Kriwoj Rog die akademische Laufbahn einschlagen und an der örtlichen Hochschule chemische Technologie studieren. Ein Job in der großen Gummifabrik lockt ihn. Doch im zerfallenden Sowjetreich fühlt sich der junge André an der Hochschule zunehmend als „Fremder", wie er später sagt. Schon mit 16 Jahren hatte er sich zu seiner deutschen Abstammung bekannt und gegen den Rat der Eltern die deutsche Staatsbürgerschaft angenommen. Sein

Dekan an der Hochschule und auch Studenten, so erzählt er später, lassen ihn ihre Abneigung spüren, weil er ein Deutscher ist. 1992 siedelt die Familie nach Deutschland aus. Anfang 1993 kommen sie in Dresden an. Hier geht André zum Sprachkurs und strebt eine Umschulung an. Doch daraus wird ebenso wenig etwas wie aus einer Ausbildung bei der Bundeswehr. So verdingt sich André G. in verschiedenen Leiharbeitsfirmen. Als Türsteher zunächst in der Radebeuler Diskothek „Bussard" verdient er dazu und findet schließlich den Weg ins Dresdner Milieu.

Vermutlich sind sich der Tschetschene Hawashi Kerimow und der Ukrainer André G. Mitte der 90er-Jahre in Dresden nie begegnet. Doch 1995 und 1996 nimmt das Schicksal der beiden Männer eine dramatische Wendung. Ausgelöst wird alles durch zwei Verbrechen, von denen die Dresdner Kripo und auch das Landeskriminalamt monatelang befürchten, sie könnten der Beginn einer blutigen Fehde unter den Banden der so genannten Russenmafia sein. Denn es geht um internationale Kfz-Verschiebung, Prostitution, Schutzgelderpressung – typische Felder der organisierten Kriminalität – und schließlich sogar um Mord.

Alles beginnt am 7. Mai 1995, einem Sonntagnachmittag. Da spaziert ein Dresdner Ehepaar vom „Wilden Mann" auf der Hellerhofstraße entlang und wundert sich über einen abgestellten noblen BMW der 7er-Reihe. Ein Hinterreifen ist platt und eine Scheibe ist eingeschlagen. Herrenlos steht er da rum, so scheint es. Das Ehepaar ruft die Polizei. Alarmierte Beamte vom Revier Nord finden wenig später Blutspuren am Heck des Autos. Die Routineabfrage in den Polizeicomputern ergibt: Das Auto ist auf eine Münchner Geschäftsfrau zugelassen. Doch sie ist telefonisch auf die Schnelle nicht aufzutreiben. Deshalb rufen die Polizisten einen Schlüsseldienst. Der öffnet den Wagen.

Schon beim Anheben der Kofferraumklappe läuft es allen Anwesenden kalt den Rücken herunter. Mit starren Gliedern und entgeisterten Gesichtern schauen alle in das geöffnete Auto. Zusammengekrümmt liegt im Kofferraum ein nackter Mann in seinem Blut. Er ist tot. Über die Eigentümerin des BMW ist es am nächsten Tag nicht schwer, den Toten zu identifizieren. Es ist der Freund der Geschäftsfrau, der 28-jährige Tschetschene Hawashie Kerimow. Sie hatte ihm den BMW geliehen.

Die gerichtsmedizinische Untersuchung der Leiche ergibt, dass er in der vergangenen Nacht vom Sonnabend zum Sonntag durch vier Schüsse getötet worden war. Die Kugeln stammen aus zwei unterschiedlichen Waffen. Sie sind vom Kaliber 5,6 und 7,65 mm. Die Eigentümerin des teuren Autos hat mit dem Verbrechen ganz offensichtlich nichts zu tun. Im Gegenteil. Sie kennt die Herkunft und die Lebensumstände ihres gutaussehenden Freundes nicht. Sie weiß nicht, dass sie sich mit einem ehemaligen Sowjetsoldaten eingelassen hat, der im fernen Grosny eine Frau und zwei Kinder zu versorgen hatte. Hawashie ist auch nicht der Typ eines Furcht erregenden Tschetschenen. Immer gut gekleidet, meist im Anzug und mit Krawatte mischt Hawashie Kerimow 1995 im Geschäft mit gebrauchten Autos kräftig mit. Auf einem der Märkte auf der Werftstraße hat er mit das Sagen. Auf dem Platz unweit der Dresdner Flügelwegbrücke floriert angeblich die Autoschieberei nach Osteuropa. Deshalb ist der Tschetschene zusammen mit einer ganzen Clique von Landsleuten auch ins Visier des Landeskriminalamtes (LKA) geraten. Die Kollegen von dort vermitteln der Mordkommission bald, in welchem Milieu sie nach Kerimows Mördern suchen müssen, welche Motive und Hintergründe eine Rolle spielen könnten. Grund genug, eine Sonderkommission zusammenzustellen und milieuerfahrene Beamte zu integrieren.

Vor allem LKA-Ermittler werten in den nächsten Tagen unzählige Polizei- und Gerichtsakten aus und zeichneten eine verwirrende, sogenannte Personen- und Datenspinne. Aus so einem Bild ergibt sich, wer wen kennt, wer mit wem Straftaten begangen hat, wer gegen wen Straftaten verübt hat oder wer in welchen Verfahren als Zeuge ausgesagt hat. Das Bild ergibt ein ethnisch differenziertes Milieu. „Eine Miniaturausgabe der alte Sowjetunion", sagt spontan einer der Ermittler und überspitzt die Sache etwas. Doch die Mordkommission kann einigermaßen erkennen, wer in dem Völkergemisch wessen Freund und wer wessen Feind ist. Mit Befragungen in diesem Milieu oder Vernehmungen lässt sich das Feld weiter sondieren. Die grundlegende kriminalistische Tugend dabei heißt: Zur richtigen Zeit, in der richtigen Art und Weise an die richtigen Leute die richtigen Fragen stellen. Das ist einfacher gesagt als getan.

In dem Fall merken die Ermittler schnell, dass sie dazu vor allem nationale Besonderheiten der Russen, Usbeken, Tschetschenen, Aserbaidschaner, Armenier und anderer ehemaliger Sowjetvölker berücksichtigen müssen.

Nach einigen Tritten in diverse Fettnäpfe nehmen die Ermittler einige Lektionen Religionskunde. Bald merken sie bei ihren Ermittlungen, dass vor allem eine Frage nicht zu unterschätzen ist: Wer führt oder führte gegen wen Krieg in der Heimat dieser Leute. Selbst tausende Kilometer entfernt spüren die Ermittler die Frontverläufe.

Es vergehen nur wenige Tage nach dem Mord an Hawashie Kerimow, da kommt ganz von selbst Bewegung in die Ermittlungen. Denn der Tod des eleganten Tschetschenen sorgt auch im Russen-Milieu für reichlich Aufregung, wie fälschlich und oberflächlicherweise die Treffpunkte genannt werden, die von den ehemaligen Sowjetvölkerschaften frequentiert werden. Wohl auch angesichts zahlreicher Konflikte in der Heimat ist es nicht weit her mit der Mauer des Schweigens. Überall, wo die Kripo auftaucht, fließt die eine oder andere wertvolle Information. So bleibt den Ermittlern nicht verborgen, dass außer ihnen noch andere intensiv auf Tätersuche sind: Landsleute Kerimows, eine gefürchtete Tschetschenen-Clique. Und deren Verhörmethoden seien wesentlich drastischer, erfahren die Beamten. Die Tschetschenen sind auf der Jagd nach einem Armenier namens Ruben O., ebenfalls ein ehemaliger Sowjetsoldat, der nach dem Abzug seiner Truppe in Sachsen geblieben war. Die Dresdner Mordkommission ist hinter dem selben Mann her und muss nun auf der Hut sein, dass ihr die Tschetschenen nicht zuvorkommen und den Armenier aus Rache töten. Eine unabsehbare blutige Bandenfehde könnte die Folge sein. Und sie würde zwischen Leuten ausgetragen, bei denen ein fremdes Menschenleben nicht allzuviel zählt.

Der Armenier Ruben O. ist schon vor der Mordnacht auf der Suche nach Hawashie Kerimow gewesen und hat daraus auch keinen Hehl gemacht. So findet die Mordkommission Zeugen, die am Abend vor dem Mord mit Hawashie Kerimow und etlichen Bekannten am Imbiss an der Straßenbahnhaltestelle Bautzener Straße Ecke Rothenburger Straße standen. Dort habe Kerimow einen Handy-Anruf von Ruben O. erhalten. Aufgeregt habe der Armenier den Tschetschenen zu einem dringenden Treffen bestellt. Kerimow erzählt seinen Freunden davon, die ihm tunlichst abraten, sich mit dem Armenier zu treffen. Doch der Tschetschene lässt sich nicht beirren. Es gehe um viel Geld, sagt er seinen Landsleuten noch. Dann düst er mit dem großem BMW davon, in dessen Kofferraum er am nächsten Morgen gefunden wird.

Andere Augenzeugen haben gesehen, dass Ruben O. schon mehrfach mit einem kleinkalibrigen Revolver geprotzt hat. Einer der Zeugen erlebte, wie der Armenier wenige Tage vor dem Mord in der Werkhalle eines anderen russischen Autohändlers über Hawashie Kerimow fluchte und vor lauter Wut mit einem kleinen Revolver in die Tür eines Abstellraumes ballerte.

Schnell findet die Mordkommission das Loch in dieser Tür. Die Suche nach der Kugel dauert beträchtlich länger. Der Raum misst zwar nur drei mal drei Meter, ist aber gefüllt mit alten Autoteilen, Gerümpel und Müll. Zwei emsige Kriminalhauptkommissare lassen es sich nicht nehmen und stellen die Abstellkammer auf den Kopf. Einen Tag und eine Nacht lang wenden sie Stück für Stück, Fetzen für Fetzen, den ganzen Ramsch der Kammer in den Händen hin und her, um Spuren des Projektils zu finden. Später Erfolg ist ihr größter Lohn. Sie entdecken tatsächlich das 5,7 mm große Projektil, das dem Armenier zum Verhängnis werden soll. In Watte verpackt und per Blitzkurier wird das Geschoss zum Bundeskriminalamt nach Wiesbaden gebracht. Spezialisten vergleichen es dort mit dem 5,7 mm Projektil, das die Gerichtsmediziner in der Hüfte von Kerimows Leiche gefunden hatten. Es ist ein ballistischer Volltreffer, wie man so sagt. Beide Projektile, das können die Sachverständigen nachweisen, wurden mit Sicherheit aus derselben Waffe verschossen.

Nun gibt es einen dringend Verdächtigen. Doch die Ermittler müssen noch die beiden Waffen, die Bekleidung des Opfers und natürlich den verdächtigen Ruben O. finden. Außerdem hatte der Armenier höchstwahrscheinlich einen Komplizen. Die breit angelegte Fahndung und sicher auch die zahlreichen ausführlichen Medienberichte bringen am Morgen des 17. Mai 1995 einen ersten wichtigen Hinweis. Ruben O. sollte in Begleitung einer jungen Frau einen alten Audi 80 gekauft haben. Um ein Radio einbauen zu lassen, will er noch einmal in diese Werkstatt zurückkommen. Das ist ein heißer Tipp. Was in den nächsten Stunden in Dresden abläuft, werden weder die Akteure noch die zahlreichen zufälligen Beobachter der Szenerie so schnell vergessen.

Gleich zwei mobile Einsatzkommandos (MEK) des Polizeipräsidiums und des Landeskriminalamtes werden alarmiert, um Ruben O. an der Autowerkstatt festzunehmen. Vorsicht ist geboten. Der Armenier kann im Besitz von zwei Schusswaffen sein. Alle liegen in Bereitschaft. Doch Ruben O. entdeckt die Falle. Mit seinem neuen, alten Audi 80 jagt er auf die nahe Autobahn, wendet in einer Baustelle mit quietschenden Reifen und kann verschwinden. Wenig später suchen alle über Funk informierten Streifenpolizisten der Stadt nach dem Audi. Ein aufmerksamer Beamter entdeckt das Fahrzeug am späten Nachmittag auf einem unübersichtlichen Grundstück in Leuben. Die MEK's, etwa acht bis zehn Autos, nehmen Aufstellung, um den Armenier aufzuhalten. Zwei Beamte der Mordkommission sitzen im Führungsfahrzeug. Sie glauben, der mutmaßliche Mörder sitzt erneut in der Falle. Doch dann rast Ruben O. an einer nicht besetzten Stelle aus dem umstellten Gelände. Eine filmreife Verfolgungsjagd ist die unvermeidliche Folge. Laubegast, Tolkewitz, Schandauer Straße, Schlüterstraße sind einige der Etappen. Wieder wendet der Armenier mit quietschenden Reifen auf der Stelle. Der Konvoi rast zurück bis zur Altenberger Straße. Alles im Wahnsinnstempo. Ampeln, Fußwege, Vorfahrtsschilder spielen keine Rolle mehr. An einem Eiscafé kommt der Armenier mit seinem Audi schließlich nicht mehr weiter. Die vermummten MEK-Leute springen aus ihren Fahrzeugen. Auf den Fußwegen staunt die Menge. Publikumswirksam nehmen die Beamten den Fahrer und seinen Beifahrer fest. Selbst einige Passanten sprechen hinterher von einer filmreifen Show.

Trotz eines falschen Passes wird der Fahrer als Ruben O. schnell identifiziert. Waffen hat er nicht bei sich. Seine Freundin wird nach Hause geschickt. Der Armenier kommt in Untersuchungshaft. Der Fall scheint gelöst. Doch die abschließenden Ermittlungen verlaufen schleppend. Der Armenier bestreitet vehement, den Tschetschenen erschossen zu haben.

Doch Ruben O. ist eine schillernde Figur. Seit 1991 lebt er unter verschiedenen Alias-Namen in der Bundesrepublik. Gleich unter mehreren Namen ist er straffällig geworden. Wegen Menschenhandel und Bandendiebstahl sucht ihn die Polizei mehrfach. Für diese Straftaten kommt der Armenier wenig später erst einmal vor Gericht und muss nach seiner Verurteilung für mehrere Jahre ins Gefängnis. Im Justizvollzug liefert Ruben O. schließlich selbst die entscheidenden Beweise. Heimlich versucht er einen Kassiber aus der Haft zu schmuggeln. Aber die geheime Botschaft wird entdeckt und abgefangen. Sie enthält eindeutige Hinweise auf eine Person, die angeblich für den Armenier etwas aufbewahrt. Die Hausdurchsuchung bei dem Adressaten des Kassibers ist erfolgreich: Die Kripo findet zwei Schusswaffen samt Munition. Es sind die Pistolen, mit denen Kerimow erschossen wurde. Minutiös schildert der Wohnungsinhaber in seiner Zeugenaussage, wie er wenige Tage nach dem Mord an Hawashie Kerimow bei einem konspirativen Treffen am Nürnberger Ei von Ruben O. die Päckchen zur sicheren Aufbewahrung bekommen habe.

Umgehend konfrontiert die Mordkommission den Armenier mit den belastenden Fakten. Doch der redselige Ruben O. hat auch dafür flink eine Erklärung parat. Bei einem geheimen nächtlichen Treffen will er die Waffen und Munition an der russischen Kirche von dem Kirgisen Satybaldy Bek übernommen haben.

Dass der Kirgise Bek nun fast ein Jahr nach dem Mord an dem Tschetschenen Kerimow vom Hauptverdächtigen ins Spiel gebracht wird, überrascht die Mordkommission wenig. Hatten sie doch bei den Ermittlungen im Milieu längst herausgefunden, dass Kerimow und Bek ziemlich schwer miteinander verfeindet waren. Der Streit drehte sich angeblich darum, wer am „Straßenstrich" auf der Stauffenbergallee das Sagen hatte.

War dieser im Milieu bestens bekannte Kirgise vielleicht sogar der zweite Mann im Mordfall Kerimow? Nun steht er zumindest unter dem Verdacht, in das Verbrechen verwickelt zu sein. Des Rätsels Lösung liefert schließlich wieder der Hauptverdächtige Ruben O. selbst, dessen Redseligkeit gegenüber einigen Mitgefangenen schließlich den Fall klärt. In Gesprächen mit anderen Häftlingen schwadroniert er offenbar unbekümmert, wie es zum Mord am Tschetschenen Kerimow gekommen ist, dass ein Armenier namens „Sako" sein Komplize gewesen ist und dass der Kirgise Satybaldy Bek den Auftrag erteilt habe. Dabei protzt Ruben O. mit Details, die er weder von der Polizei noch aus der Presse wissen konnte. Der Armenier namens „Sako" bleibt unauffindbar. Satybaldy Bek dagegen ist auch für die Polizei kein Unbekannter, im Milieu aber ein eher Unauffälliger.

So kommt nach über einem Jahr noch einmal Spannung in die Ermittlungen, die für die Mordkommission schon fast abgeschlossen sind. Alles konzentriert sich jetzt auf den Kirgisen Bek, dessen Rolle in der Szene bisher wohl etwas unterschätzt worden ist.

Satybaldy Bek, gerade 30 Jahre geworden, ist ebenfalls als Sowjetsoldat in die DDR gekommen und nach dem Truppenabzug einfach geblieben. Zum

Schein hat er die Deutsche Maria W. geheiratet und sich so ein unbefristetes Aufenthaltsrecht verschafft. Spätestens seit 1994 verdient Bek, wie der Kirgise im Milieu nur genannt wird, sein Geld als Türsteher oder Bodyguard und landet schließlich im Dunstkreis des aus München angereisten Rotlicht-Unternehmers Felix Fischer. Als der Farbige Fischer, ein echter Lude von altem Schrot und Korn, 1996 gerade artig eine Haftstrafe absitzt, führt Bek dessen Rotlicht-Geschäfte weiter. Er macht nicht viel Wind im Milieu und gilt als sehr diszipliniert. Seine asiatischen Kampfkünste sind dafür umso berühmter und gefürchteter. Keiner in der Dresdner Rotlichtszenerie würde es im Frühsommer 1996 wagen, sich im Kampf Mann gegen Mann mit Bek anzulegen. Vielleicht ist es gerade dieser Nimbus, der den Kirgisen auf den Gedanken bringt: Eigentlich könnte er mehr sein, als nur ein angestellter Wirtschafter in Felix Fischers Puff. So beschließt Bek, sich mit einem Kompagnon selbstständig zu machen. Es beginnt mit Türsteherdiensten, die Bek mit Leuten aus seinem Freundeskreis absichert. Anfang Mai 1995, fast auf den Tag, an dem sein Widersacher Kerimow sterben muss, mietet Bek eine Drei-Zimmer-Wohnung in der Weimarischen Straße in Dresden und richtet darin einen kleinen Wohnungspuff ein.

Tatort Weimarische Straße in Dresden: Mord im vierten Obergeschoss, der weiße Pfeil zeigt das Wohnungsbordell, in dem Bek und die beiden Mädchen sterben.

Ein reichliches Jahr später, Anfang Juni 1996, haben die Ermittler des LKA Beks Wohnungsbordell lokalisiert und vom Gericht die Erlaubnis erhalten, seine Telefone abzuhören. Denn Bek hat offenbar auch damit begonnen, Geld einzutreiben und ist deshalb wegen des Verdachts der Schutzgelderpressung im Visier des Landeskriminalamtes. Und nun ist ihm auch noch die Dresdner Mordkommission auf den Fersen. Doch da werden die Polizei und die Öffentlichkeit am 15. Juni 1996 zum zweiten Mal durch ein Blutbad geschockt.

Es ist noch früher Morgen an diesem Sonnabend, als eilig alarmierte Ermittler, Kriminaltechniker, Staatsanwälte und Rechtsmediziner in die Wohnung Nummer 10 in der Weimarischen Straße 11 gerufen werden. Beks kleiner Puff ist eine Drei-Zimmer-Wohnung. In zwei spartanisch möblierten Schlafräumen gehen normalerweise zwei Damen in Beks Diensten ihrem Gewerbe nach, vermittelt über einen Telefondienst. Ein dritter Raum ist das gemeinsame Wohnzimmer.

Dort bietet sich den Beamten und Medizinern ein unwirklicher, grausiger Anblick. Einer der Augenzeugen vergleicht das gespenstische Szenario später mit einer Szene aus dem berühmten Wachsfigurenkabinett der Madame Tussaud's. Zwei schwarze Ledersofas dominieren den Raum. Sie sind über Eck gestellt. Davor steht ein kleiner quadratischer Couchtisch. Ein Aschenbecher und eine Videokassette sind darauf die einzige Zierde. Auf einem der Sofas sitzen aneinander gelehnt zwei junge Frauen. Bekleidet nur mit dem Notwendigsten, was Huren bei ihrer Arbeit so brauchen. Man glaubt, sie schlafen. Wären da nicht die Schusswunden. Beide Mädchen sind durch Kopfschüsse aus kurzer Distanz augenscheinlich hingerichtet worden. Auf dem anderen Sofa sitzt etwas zur Seite gebeugt Satybaldy Bek. Einige Ermittler erkennen den gefürchteten Kickboxer sofort. Der übervorsichtige Kirgise, der keinen so schnell an sich ranlässt — auch er wurde durch eine ganze Salve von Kopfschüssen und mehrere Schläge gegen die Schläfe regelrecht hingerichtet. Fassungslos stehen selbst hartgesottene Kriminalisten vor den drei Leichen auf den beiden Sofas und rätseln: Was ist hier nur passiert? Ist das ein Jahr nach Kerimows Tod die späte Rache der Tschetschenen? Am nächsten Tag rätseln mit ihnen auch die Dresdner Zeitungen und orakeln in großen Schlagzeilen über einen „neuen Rotlicht-Krieg" in Dresden und über die „Tschetschenen-Mafia".

Der Golf des erschossenen Zuhälters mit eingeschlagenen Rädern: So parkte Bek nur, wenn er in großer Eile ist. Diesmal wartet sein Mörder.

Alarmiert worden ist die Polizei von André G., dem deutschstämmigen Aussiedler aus Kriwoj Rog in der Ukraine. Er hatte Bek 1994, einige Monate nach seiner Ankunft in Dresden, in einer Trainingshalle kennen gelernt. Wie Bek trainierte auch André G. diverse Kampfsportarten, schaffte es aber nie bis zu Beks Perfektion. Dennoch wurden beide Freunde. Bek half André G., in Deutschland einigermaßen Fuß zu fassen und sich zurechtzufinden. Der Kirgise hatte dem deutschstämmigen Ukrainer auch den ersten Türsteherjob im Radebeuler „Bussard" verschafft. Im Frühjahr 1995 vertraut der vorsichtige Bek André G. offenbar unbeschränkt. Der Mann aus der Ukraine darf sogar Beks Freundin Ainura D. und deren gemeinsames Kind nach Dresden holen. Als deutscher Staatsangehöriger heiratet André G. Beks Freundin schließlich auch. Nur zum Schein natürlich, um ihr eine Aufenthaltsgenehmigung in der Bundesrepublik zu verschaffen. In dem kleinen Puff in der Weimarischen Straße macht Bek seinen Freund André G. schließlich zum Wirtschafter, der auf die Mädchen aufpassen soll und schlichten muss, wenn es Streit mit den Freiern gibt. Es schien also ganz normal, dass André G., der in der Wohnung ein und aus geht, die Toten entdecken musste.

Das gemeinsame Wohnzimmer von Anjelika und Elena: „gecleanter" Tatort.

Es vergeht nicht viel Zeit nach der grausigen Tatortbesichtigung, da liefern die Rechtsmediziner aus der Uniklinik erste Erkenntnisse, die die Mordkommission stutzig machen. Bek und die unbekannten Mädchen sind nicht in der Nacht vom Freitag zum Sonnabend erschossen worden, sondern waren bereits deutlich länger als 24 Stunden tot. Sofort taucht die Frage auf: Wieso wurden Bek und die Mädchen am Freitag von keinem vermisst?

Die Untersuchungen am Tatort zeigen außerdem: Die Opfer waren an Ort und Stelle schnell gestorben. An einer Wand finden die Spezialisten ein paar Blutspritzer, sind aber ansonsten höchst verwundert und irritiert. Denn sie haben es mit einem „gecleanten" Tatort zu tun, wie es neudeutsch heißt. Das Wohnzimmer ist auf das Sorgfältigste gesäubert, das spärliche Mobiliar ist geputzt, der Teppich mit einem Staubsauger bearbeitet. Sie finden kein benutztes Geschirr, kein Krümel auf dem Fußboden, nicht mal einen Fingerabdruck an den Türen. Und obwohl der Mörder seine Pistole mindestens achtmal abgefeuert hatte, entdecken sie nur zufällig noch eine Hülse unter einem der Sofas, die der Mörder wohl vergessen hat. Wer hatte die Zeit, am Tatort so gründlich aufzuräumen?

André G. und die beiden Männer, die die Leichen gefunden hatte, zeigen sich zwar alle von Beks Tod schwer betroffen, können der Mordkommission aber nicht wirklich weiterhelfen. Einen ganzen Tag lang werden sie als Zeugen vernommen, ihre Aussagen sind aber teilweise unlogisch und wenig plausibel. Alle drei Männer stammen aus dem Dunstkreis von Felix Fischers Bordellbetrieb. Auch die üblichen Ermittlungen im Wohngebiet helfen nicht recht weiter. Dort sind die beiden Mädchen zwar seit einiger Zeit in Geschäften gesehen worden, und es ist auch bekannt, dass sie ihre erotischen Dienstleistungen per Zeitungsannoncen und per Handzettel anbieten. Aber bei der Suche nach Hinweisen zur Tat hilft all das nicht weiter.

Gab es nun eine Verbindung zwischen den Morden an Kerimow sowie an Bek und den beiden Mädchen? Drohte nun tatsächlich ein „russischer" Bandenkrieg? Seltsamerweise passen die Fakten und erste neue Erkenntnisse aus dem „Milieu" nicht zu dieser Version. Es wäre das erste Mal gewesen, dass tschetschenische Killer einen Tatort so sauber putzen.

Den ersten brauchbaren Hinweis, der die Ermittlungen der Mordkommission in eine ganz andere Richtung lenkt, liefert die Technik. Genauer, die rund um die Uhr laufenden Aufzeichnungsmaschinen der Telefonüberwachung (TÜ). Die war wenige Tage vor den Morden gerade angelaufen. Ihnen entgeht nicht, wenn auf Beks „Geschäftstelefonen" gesprochen wird, und auch die Standorte der Handys lassen sich ziemlich genau feststellen. Eigentlich sollte diese Telefonüberwachung im Ermittlungsverfahren gegen Bek Beweise liefern. Schließlich stand der Kirgise selbst wegen Mordes, Erpressung und anderer Delikte unter Verdacht.

Vollkommen unerwartet soll diese „TÜ" nun dabei helfen, seinen Mörder zu überführen. Denn am Abend des 13. Juni 1996 gegen 22.29 Uhr schneiden die Aufzeichnungsmaschinen einen Anruf in russischer Sprache bei Bek mit. Übersetzt wird dabei in wenigen Sätzen Folgendes besprochen:

Der Anrufer sagt: *„Ich bin´s, kannst du kommen? Die Ausländerbehörde war da, ich will (oder soll) Dir etwas sagen, wenn Du kannst. Und ich soll Dich etwas fragen, wenn es möglich ist. Wir haben um 11 Uhr noch Kunden. Kannst Du bis 12 Uhr kommen? Ich werde bleiben."*
Bek antwortet: *„Gut, ich komme."*
Der Anrufer beendet das Gespräch mit dem Satz: *„Ich werde warten".*

An diesem Abend sitzt Bek mit seiner Freundin, der Kirgisin Ainura, in der gemeinsamen Löbtauer Wohnung. Wie die Ermittler später von der jungen Frau erfahren, bereitet sie gerade das Essen. Als das Telefon klingelt, so sagt sie aus, habe ihr Freund noch etwas trainiert. Bek trimmt sich, wo immer es möglich ist. Ainura bestätigt auch, was die Ermittler schon ahnen. Der Anrufer war André G. Bek sei danach beunruhigt gewesen, habe geglaubt, die Ausländerbehörde habe wegen seiner Freundin vorgesprochen. Gleich nach dem Abendessen, gegen 23 Uhr, habe Bek die Wohnung verlassen, gibt seine Freundin zu Protokoll.

Eigentlich hätte der Wirtschafter Bek zum Dienst ins Bordell auf die Dresdner Wachsbleichstraße gemusst, aber der Anruf ist ihm wichtiger. So lenkt er seinen dunkelgrünen Golf in die Weimarische Straße, stellt ihn gegen 23.15 Uhr überhastet und ganz gegen seine Gewohnheit mit eingeschlagenen Vorderrädern in einer Parklücke ab. Was sich in den näch-

215

sten 20 Minuten ereignet, wird auch später vor Gericht nicht aufgeklärt. Fest steht für die Ermittler jedoch: gegen 23.30 Uhr sind Bek und die beiden Mädchen in der Wohnung schon tot. Die Frage ist nur: Hatte André G. seinen Freund Bek nur in die Wohnung gelockt und stand selbst unter Zwang. Oder hat er ihn und die beiden Mädchen gar selbst auf dem Gewissen. Technisch lässt sich schnell nachweisen, dass André G. aus der Wohnung in der Weimarischen Straße angerufen hatte oder aus der unmittelbaren Umgebung. Doch André G. bestreitet vehement die Tat und sagt ansonsten überhaupt nichts zu den Ereignissen. Über Monate schleppen sich nun die Ermittlungen hin.

Welches Motiv sollte André G. auch haben? Er hatte Bek schließlich viel zu verdanken. War er inzwischen neidisch auf seinen Gönner geworden? Die Ermittler erfahren immerhin, dass der kleine Puff in der Weimarischen Straße recht gut angelaufen war und bereits gutes Geld abwarf. Satybaldy Bek hatte zwar noch bei Felix Fischer gejobbt, aber verfügte nebenbei über zusätzliche, ganz ansehnliche Einkünfte. So konnte er mit seiner Freundin und dem Kind in einer schicken Wohnung ein verhältnismäßig unbeschwertes Familienleben führen. Selbst bezahlte Bek seine eigenen Leute aber nur mäßig, so heißt es. Und auch André G., sein engster Vertrauter, musste zusehen, wie er seine persönlichen Bedürfnisse absichern konnte. Es gelinge ihm angeblich eher mühselig, erfahren die Ermittler aus der Szene. Aber das reicht nicht für einen begründeten Verdacht.

Aber vielleicht hat André sich deshalb mit einigen Kumpanen russischer Herkunft noch auf andere kriminelle Geschäfte eingelassen. Denn etwa acht Wochen vor dem Mord taucht der Mann aus Kriwoj Rog mit Komplizen in den Geschäftsräumen der Firma Atlantis GmbH auf und teilt dem Geschäftsführer ohne Umschweife mit, er werde ihn umlegen, wenn er seine Schulden von einer halben Million Mark nicht bezahle. Der Geschäftsführer versichert André G. offenbar glaubhaft, dass er so viel Geld nicht aufbringen kann. Denn André G. dreht spontan den Spieß um und bietet dem Mann an, er könne ihm für 90.000 Mark seinen Auftraggeber, eine Baufirma, „vom Hals schaffen". Doch der Erpressungsversuch schlägt fehl.

Später versucht André G. ein zweites Mal Geld einzutreiben. Diesmal ist es Beks Geld. André G. fordert 12.000 Mark von einem Typ aus dem Milieu.

Der wird Monate später sogar geschlagen und mit dem Tode bedroht, weil er nicht zahlt. Beide Erpressungsversuche werden der Polizei bekannt und bringen André G. schließlich für viereinhalb Jahre ins Gefängnis. Als er im Mai 1998 in Haft muss, trauen die Ermittler der Mordkommission André G. zwar die Tat zu, aber beweisen können sie ihm die Morde noch immer nicht.

Wohnungsbordell in der Weimarischen Straße: Liebesdienste nach telefonischer Vermittlung, André G. sorgte für die Sicherheit der Mädchen.

Doch das soll sich ändern. Denn als André G. quasi aus dem Verkehr gezogen ist, kommt die Mordkommission auch bei ihren Ermittlungen im Umfeld des kleinen Bek´schen Unternehmens weiter. Einige hatten wohl Angst vor André G. und sind nun aussagefreudiger. Denn in Bek´s Umgebung ist nach all den Monaten auch die Erkenntnis gereift, dass der dreifache Mord in der Weimarischen Straße kein Rachefeldzug für den Mord am Tschetschenen Kerimow war, und dass der Mörder vielmehr in den eigenen Reihen zu finden ist. Eines der ersten Signale: Eines Tages tauchen plötzlich die Reisepässe der beiden Mädchen auf, die mit Bek zusammen sterben mussten. Anonym und in einem neutralen Briefumschlag werden sie in der Wache der Dresdner Polizeidirektion abgegeben. Zwei Jahre nach der Tat können die beiden Opfer als die 26-jährige Anjelika K. aus Tscheljabinsk und die 24-jährige Elena K. aus Ekatarinenburg identifiziert werden. Und bald erfahren die Ermittler der Mordkommission von mehreren Zeugen auch, warum keiner Bek und die Mädchen einen ganzen Tag lang vermisst hatte, insbesondere André G. nicht. Bald puzzelt sich nun das Geschehen dieses Tages zusammen.

Beks Freundin Ainura war nämlich schon am Morgen des 14. Juni in großer Sorge. Ihr Mann ist an diesem Freitag nicht wie immer gegen 4 Uhr früh nach Hause gekommen. Auch auf seinem Handy ist er nicht erreichbar. Die junge Frau fragt bei Beks Boxtrainer nach und bei seinem Kompagnon. Von dem erfährt sie, dass Bek in der Nacht überhaupt nicht in Fischers Bordell aufgetaucht war. Nun kann nur noch André G. wissen, wo ihr Freund geblieben ist. André hatte ihn schließlich in die Weimarische Straße gerufen. Doch auch André G. gibt sich ahnungslos und startet eine auffällige telefonische Suchaktion im Milieu. Als sich Beks Schein-Ehefrau Maria W. bei André nach ihrem Ehemann erkundigt, sagt er ihr am Freitagabend, sie brauche sich keine Sorge zu machen, Bek sei mit den Mädchen weggefahren. Schließlich entdeckt einer von Beks Bekannten den Golf des Kirgisen in der Weimarischen Straße und ruft G. an. Gemeinsam betreten sie am Freitagabend gegen 21 Uhr die Wohnung und sehen die drei Toten im Wohnzimmer. In der Nacht kommt es zu einer Art Krisensitzung in Beks Freundeskreis, denn alle rätseln, wer ein solches Blutbad angerichtet haben könnte. André G. verlässt das Treffen und informiert Ainura vom Tod ihres Freundes Bek. Die junge Frau ist schockiert, verzweifelt und bricht in Tränen aus. André G. fordert sie auf, mit in seine Wohnung zu kommen, da sie in Gefahr sein könnte. Sie willigt ein. Danach kehrt André G. zum Krisentreffen der Bekannten zurück, wo insbesondere Beks Kompagnon verlangt, endlich die Polizei zu informieren. Auch andere verlangen das. Vorher will sich Beks Teilhaber aber selbst noch ein Bild von der Wohnung machen. Das nutzt André G. für eine Absprache wegen der bevorstehenden Vernehmungen durch die Polizei. Man vereinbart, dass André G. den Schlüssel zum Bordell bei Beks Teilhaber geholt hat. Danach sei man zu dritt zu der Wohnung in die Weimarische Straße gefahren. Er, der die Toten schließlich entdeckt hatte, wolle sich nicht verdächtig machen, begründet G. die Absprache.

Die Ermittler wissen bereits seit längerer Zeit, dass André G. auch Beks Freundin Ainura gebeten hatte, bei der Polizei zu schwindeln. Die junge Frau sollte das Telefonat vom Abend des 13. Juni 1996 nicht erwähnen, in dem G. seinen Freund aufgefordert hatte, ins Bordell in die Weimarische Straße zu kommen. Sie sollte ihm offenbar sogar ein Alibi verschaffen. Denn André G. bat Ainura auch, der Polizei zu sagen, sie habe die Nacht vom Donnerstag zum Freitag bei ihm verbracht. Schließlich seien sie ja verheiratet, wenn auch nur zum Schein, aber davon müsse die Polizei ja nichts mitbekommen. Warum sollte sie das ausgerechnet von dieser Nacht sagen? Kannte André G. den tatsächlichen Zeitpunkt der Morde?

In einer der Vernehmungen hatte er außerdem zugegeben, nach Beks Tod das mobile Telefon seines Freundes bei sich gehabt zu haben. Was er nicht ahnte: Die Techniker hatten festgestellt, dass Beks Handy in jener Tatnacht vom Donnerstag zum Freitag gegen 23.30 Uhr seinen Standpunkt von der Weimarischen Straße ins Ostragehege verlagert hatte und dort bis Freitag 8.31 Uhr verblieben war. Da war Bek längst tot. Diese Indizien und weitere Zeugenaussagen nach André G.s Inhaftierung zeichnen ein Szenario, in dem Beks Freund nunmehr auch dringend mordverdächtig ist.

Im Juni 1999 steht der inzwischen 26-Jährige vor der Schwurgerichtskammer des Dresdner Landgerichts – angeklagt, allein die beiden Mädchen und Bek im Bordell in der Weimarischen Straße erschossen zu haben. André G. beteuert nach wie vor seine Unschuld und sagt, dass er keinen Grund hatte, seinen Freund und die Mädchen umzubringen. Auch in der mehrtägigen Beweisaufnahme bleibt unklar, wo die Tatwaffe geblieben ist und wann der Tatort so gründlich gesäubert wurde. Doch „mit der für die Verurteilung nötigen Sicherheit" sehen die Richter das Ermittlungsergebnis der Mordkommission als wahr an. Sie verurteilten André G. zu einer lebenslänglichen Freiheitsstrafe. Er beantragt beim Bundesgerichtshof, das Urteil zu revidieren. Insbesondere der Tatzeitpunkt sei nicht exakt festgestellt, argumentiert sein Verteidiger. Doch der BGH verwirft seinen Antrag im Juni 2000 als unbegründet.

„DIE MUSSTEN WEG"

Mit einem Taxifahrermord in der Dresdner Neustadt wird 1996 die unheimliche Karriere des Killers Frank Irmer bekannt. Er richtet sich schließlich selbst.

Von Manfred Müller

Andreas Zschimbang ist zufrieden. Seit einiger Zeit hat er eine feste Anstellung bei einem kleinen Dresdner Taxiunternehmen. Nicht gerade sein Traumjob, aber immerhin ein neuer Anfang, nachdem er seine Arbeit im Arzneimittelwerk verloren hatte. Nun fährt er einen flotten Toyota und macht vorwiegend Nachtschichten. Er ist Junggeselle und entlastet so seine verheirateten Kollegen, die abends lieber bei ihren Familien sein möchten.

So ist es auch am 20. Juni 1996, einem Donnerstag. Pünktlich 20 Uhr rollt er zu seinem Platz am Neustädter Bahnhof. Die Schicht beginnt mit zwei kurzen Fahrten in den Süden der Stadt und wieder zurück. Dann steigt ein jüngerer Fahrgast ein und nennt Radeberg als Fahrziel. Andreas Zschimbang fährt ihn kreuz und quer durch Radeberg. Ein seltsamer Kauz, denkt er sich, der scheint weder Radeberg noch sein eigentliches Fahrtziel zu kennen. Auf einmal will der Fahrgast wieder zurück nach Dresden. Am Stadtrand unterbricht Zschimbang die Fahrt und fordert eine Zwischenkasse. Das Taximeter zeigt bereits auf 40 DM. Doch der Fahrgast hat kein Geld. Über Taxinotruf fordert Zschimbang Unterstützung an. Das ist in solchen Situationen unter Taxifahrern üblich.

Der Fahrgast beteuert gegenüber Andreas Zschimbang und einem hinzugeeilten Taxifahrer, dass er im Hotel „Martha-Hospiz" wohne und dort Bargeld habe. Damit scheint sich die Sache zu klären und Andreas Zschimbang fährt auf direktem Weg dorthin. Er parkt den Wagen am Hotel. Der Fahrgast nutzt den Halt, springt aus dem Taxi und rennt davon. Zschimbang erkennt die Situation sofort und setzt dem Flüchtenden nach. Der ist inzwischen in eine Parkanlage eingebogen. Stück für Stück holt ihn der Taxifahrer ein, kommt ihm näher und näher. Kurz bevor er ihn greifen kann, bleibt der unbekannte Fahrgast plötzlich stehen, dreht sich um und holt zum Hieb aus. Etwas blinkt in seiner Hand. Andreas Zschimbang spürt einen heftigen Schlag am Kopf. Dann wird es dunkel und er fällt zu Boden. Ein Messerstich in die linke Schläfe hat ihn tödlich getroffen. Der Unbekannte läuft einige Schritte davon. Dann kommt er zurück, zieht das Messer aus dem Kopf des Taxifahrers und wischt es sorgfältig an dessen Bekleidung ab. Dabei fällt die Geldtasche des Opfers aus der Jackentasche. Etwa 250 DM sind darin. Der Mörder nimmt sie an sich und schleift die Leiche vom Weg über eine Wiese in ein nahe gelegenes Gebüsch. Danach entfernt sich der Unbekannte langsam und verschwindet in der Nacht.

Tatort Parkweg in der Nähe des Dresdner Palaisplatzes: Messerstich in die Schläfe.

Ermordeter Taxifahrer Andreas Zschimbang: Der Mörder schleift sein Opfer vom Tatort weg in ein Gebüsch.

In den frühen Morgenstunden sehen Passanten die Blutlache auf dem Weg und die Schleifspur im Gras. Das Verbrechen ist entdeckt, die Polizei wird informiert.

Unmittelbar danach nimmt die Mordkommission Dresden die Arbeit auf und untersucht den Tatort. Der Tote ist schnell identifiziert, der Mord an einem Taxifahrer spricht sich im Nu herum. Die ersten polizeilichen Ermittlungen konzentrieren sich auf die Fahndung nach dem unbekannten Fahrgast. Im Taxi finden die Kriminaltechniker an der Beifahrertür innen drei unterschiedliche Finger- und Handflächenabdruckspuren. Sie können gesichert werden und eignen sich gut zur Identifizierung des Spurenverursachers, wie es in der Kripo-Fachsprache heißt. Ob es Täterspuren sind? Das bleibt zunächst mit Fragezeichen versehen.

Zum Glück hat sich der Taxifahrer, der Andreas Zschimbang in der Nacht zu Hilfe kam, das Äußere des seltsamen Fahrgastes sehr gut eingeprägt und kann auch zum Auftreten des Mannes so manches berichten. Ein Phantombild entsteht, und die Polizei macht sich ein Gesamtbild des Gesuchten. Die Fahnder gehen davon aus, dass es sich offensichtlich um einen schüchternen, fast ängstlichen und weinerlichen Typen handelt, um einen Einzelgänger, der zurückgezogen und kontaktarm lebt und psychisch auffällig wirkt. Gezielt suchen sie in sozialen Betreuungs- und Ausbildungsstätten nach ihm. Erzieher, Betreuer, Ausbilder, Sozialarbeiter und viele andere erhalten das Phantombild und werden in die Fahndung einbezogen.

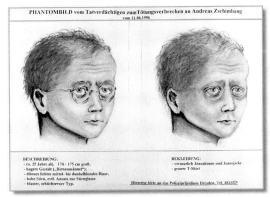

Phantombild des Mörders: Ein anderer Taxifahrer hat Andreas Zschimbangs Fahrgast während der Irrfahrt gesehen.

Die MDR-Fernsehfahndung „Kripo Live" berichtet am 30. Juni 1996 über den Fall und führt zu einem verblüffenden Hinweis. Noch am gleichen Abend erreicht die Dresdner Mordkommission ein Fernschreiben vom Polizeirevier Dessau: „...Am 30.06.1996 um 21.52 Uhr teilte Frau Sieglinde P. wh. Dessau ... über Polizeinotruf folgenden Sachverhalt mit:

Bei der Liveübertragung des Fußballendspieles der Europameisterschaft 1996 erkannte sie unter den Zuschauern im Stadion eine zur Fahndung ausgeschriebene Person. Bei dieser Person soll es sich um den in der Fernsehsendung „Kripo Live" gesuchten Taximörder aus dem Bereich Dresden handeln. Ein Phantombild wurde ausgestrahlt. Diese Person erkannte sie und ihr Mann unter den Zuschauern des Fußballspieles bei einem Schwenk über die Zuschauer in der 88. Minute. Sie ist sich ziemlich sicher, die gesuchte Person erkannt zu haben ...", heißt es in dem Fernschreiben im besten Polizeideutsch. Dennoch wissen die Dresdner sofort, wie es gemeint ist.

Unglaublicher Hinweis: Beim Fußball-EM-Endspiel erkennt eine Frau aus Dessau diesen Mann in ihrem Fernseher während eines Kameraschwenkes – Beobachtung im Sekundentakt. Es ist aber ein tschechischer Zuschauer.

War so etwas tatsächlich möglich? Die Ermittler besorgen sich einen Videomitschnitt des Spiels und schauen gebannt auf die 88. Minute. Tatsächlich schwenkt die Kamera über die Zuschauer, und tatsächlich taucht dabei eine Person auf dem Bildschirm auf, die dem Gesuchten verblüffend ähnlich sieht. Doch die Person ist, wie sich herausstellt, ein tschechischer Schlachtenbummler und als Täter auszuschließen. Dennoch bleibt es der bemerkenswerteste und erstaunlichste Hinweis, an den sich die Ermittler der Dresdner Mordkommission erinnern. Der Kamera-Schwenk über diese Zuschauergruppe dauerte gerade mal vier Sekunden. Die Ermittler ziehen respektvoll den Hut vor dem unglaublichen Beobachtungsvermögen der Sieglinde P. aus Dessau.

Als der Betreuer Peter Herz* am 26. Juli 1996 aus dem Urlaub zurückkommt und sein Dienstzimmer im Obdachlosenheim Dresden-Nord betritt, schaut ihm vom Schreibtisch das Phantombild des Mannes entgegen, nachdem die Polizei seit Tagen fieberhaft sucht. „Das ist doch der Irmer", sagt er und fragt bei den Kollegen nach. Als er die näheren Zusammenhänge erfährt, ruft er unverzüglich die Polizei an. Noch am gleichen Abend wird der 33-jährige Heiminsasse Frank Irmer verhaftet. In der Nacht sitzen die Kriminaltechniker über den Spuren und vergleichen und vergleichen. Am Morgen das Ergebnis: eine Handflächenspur aus dem Taxi hat Frank Irmer mit seiner rechten Hand verursacht. Das ist der Moment, in dem Kriminaltechniker, Fahnder, Ermittler und Vernehmer vor Freude an die Decke springen könnten. Die Aufklärung des Mordes ist greifbar nahe.

* Name geändert

Im Laufe des Vormittags gesteht Frank Irmer den Mord am Taxifahrer Andreas Zschimbang. Er wirkt danach erleichtert und wird redselig. So erzählt Irmer den Vernehmern von seinen Ängsten, dass er sich verfolgt fühlte und von seinen Beweggründen zur Tat. Dabei nennt er den Mord „unumgänglich" und „zeitgemäß". Nur durch den Tod seines Verfolgers hätte er sich vor Schlägen und Schmerzen schützen können. Aber es sind auch noch andere Gedankengänge, die Frank Irmer den Vernehmern anvertraut: Gedanken über Leben und Tod und vor allem von seinem Konzept, „kurz und schmerzlos" Sterbehilfe zu leisten. Ein kalter Schauer läuft den Kripo-Beamten den Rücken herunter, als Irmer dieses Konzept näher erläutert. Mit Sterbehilfe meint er seine aktive Rolle bei der Beseitigung, sprich Tötung von „Individuen", die eine Schande und ein Skandal für die Menschheit seien. Auf die Nachfrage der Vernehmer nennt er als Beispiel die Personen, die „in Wartehäuschen sitzen, aus Bierdosen saufen, herumrülpsen und andere Passanten anpöbeln". Diese würde er so im Vorbeifahren abknallen und damit ein gutes Werk für „Gott und die Menschheit" tun.

So viel offenbar ernstgemeinte Menschenverachtung veranlasst die Kripo, dass familiäre Umfeld des Frank Irmer und seinen Bekanntenkreis zu durchleuchten. Und tatsächlich treten dabei mysteriöse Dinge zu Tage. Da ist zum einen sein Vater Karl Irmer, seit Herbst 1994 als vermisst gemeldet. Frank Irmer, der in dieser Zeit mit seinem Vater zusammen auf der Rothenburger Straße wohnte, sagte damals der Polizei, dass sein Vater zu Bekannten in den Westen verzogen sei. Das erscheint den Ermittlern der Mordkommission nun merkwürdig, denn Nachforschungen ergeben, dass Karl Irmer als bodenständiger Dresdner bekannt ist. Doch es gibt seit seinem Umzug in den Westen keinerlei Lebenszeichen von ihm. Die Tochter des Karl Irmer, eine Halbschwester von Frank, hat sich wiederholt nach ihrem Vater erkundigt. Sie glaubt nicht an die Geschichte von der Abwanderung in Richtung Westen. Deshalb hatte sie bei der Dresdner Polizei eine Vermisstenanzeige erstattet.

Deshalb wird nun, zwei Jahre nach dem Verschwinden des Karl Irmer, auch sein Sohn Frank nach dem Verbleib des Vaters intensiv vernommen. Eines dieser Gespräche findet am 14. August 1996 statt. Beim Abschluss der Vernehmung wirkt Irmer sehr nachdenklich und sagt den Vernehmern, dass er alles erst einmal gedanklich ordnen muss, denn die Sache mit seinem Vater sei eine „Familien- und persönliche Angelegenheit". Aber am nächsten Tag wolle er darüber sprechen. Und so kommt es. Frank Irmer erzählt vom gestörten Verhältnis zu seinem Vater, davon, dass es ihm unerträglich wurde, mit seinem Vater zusammenzuwohnen. Man habe sich nicht verstanden und sich gegenseitig missachtet. Dann sagt Irmer: „Die Spannung war bei uns beiden im Hinterkopf reserviert. Bis zu dem Tag im Januar 1994, wo es dann geschah. Ich kam in die Wohnung, wir trafen zusammen. Er erschrak und schrie: Du sollst dich nicht so reinschleichen. Ich war wie auf 100. Er ging in die Küche und sah nach dem Ofen. Ich ging hinterher, nahm das Beil aus der Holzkiste und schlug auf ihn ein, so schnell ich konnte. Ich habe dabei gedacht: Davon erholst du dich nicht mehr. Dann bin ich ins Wohnzimmer, habe dem Nymphensittich den Hals umgedreht und ihn in den Kohleeimer geworfen. Das muss wohl der Grund gewesen sein, dass der Sittich sein Lieblingstier war ...“

Wie sich erst später herausstellt, hat Frank Irmer seinem Vater regelrecht den Schädel gespalten – durch wuchtige Schläge mit der scharfen Schneide eines Beiles. Karl Irmer war offensichtlich sofort tot. Sohn Frank trägt den Leichnam ins Schlafzimmer und wickelt ihn dort in Textilien und Gardinenreste ein. Er weiß offenbar nicht wohin mit dem toten Vater. Den zunehmenden Verwesungsgeruch dämmt Frank Irmer mit Folien ein, die er in verschiedenen Baumärkten kauft und immer wieder um die Leiche wickelt. Zusätzlich verklebt er jede noch vorhandene Öffnung mit Klebeband. Wochenlang lebt er mit der Leiche in seiner Wohnung. Erst im März 1994 entschließt er sich, sein Opfer aus dem Schlafzimmer zu entfernen. Er nimmt sich das Auto eines Bekannten, der davon aber nichts merkt, und fährt nachts mit dem ungewöhnlichen Paket zum Dresdner Hammerweg auf einen wilden Müllplatz. Er habe gehofft, dass dieser „Unrat“, wie er sagt, irgendwann vom Städtischen Müllunternehmen auf die große Deponie gebracht und die Leiche so unwiederbringlich entsorgt wird. Doch es kommt anders.

Spielende Kinder entdecken im März 1994 auf dem Dresdner Hammerweg einen verschnürten großen Gegenstand. Aus Neugier öffnen sie dieses Paket und machen einen grausigen Fund. Sie entdecken die teils verweste Leiche, die in mehreren Folien und verschiedenen Textilien eingewickelt ist. Trotz intensiver Bemühungen und dem Einsatz neuester wissenschaftlicher und Computer-Erkenntnisse kann die Dresdner Polizei den damals unbekannten männlichen Toten nicht identifizieren. Er kann auch keiner vorliegenden vermissten Person zugeordnet werden. So wird der Vorgang im Juni 1994 vorerst geschlossen und kommt zu den Akten.

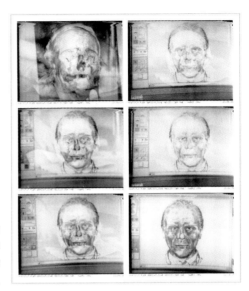

Rekonstruktion eines Gesichts am Computer: Anders ist Karl Irmer nicht mehr zu identifizieren, sein Sohn Frank hatte ihm den Schädel gespalten.

Als Karl Irmer im September 1994 als vermisst gemeldet wird, denkt keiner an den unbekannten Toten, den die spielenden Kinder ein halbes Jahr vorher am Hammerweg gefunden hatten. Zu groß ist die Zeitspanne zwischen beiden Ereignissen. Außerdem hat der vermisste Karl Irmer nicht annähernd Ähnlichkeit mit dem unbekannten Toten vom Hammerweg, dessen mögliches Aussehen nur mittels Computerprojektion rekonstruiert werden konnte. So kommt niemand auf den Gedanken, dass Karl Irmer bereits seit Januar 1994 verschwunden war. Er hatte keinerlei Kontakte nach außen, sein Verschwinden fiel lange überhaupt nicht auf.

Bei den Befragungen in der Umgebung, in der Frank Irmer vor seiner Verhaftung wohnte, machen einige Leute die Ermittler der Mordkommission auch auf den seltsamen und plötzlichen Tod der 86-jährigen Josepha E. aufmerksam. Sie bewohnt im Frühjahr 1996 als letzte Bewohnerin das zur Sanierung anstehende Wohnhaus Rothenburger Straße, in dem auch Karl Irmer lebte, ehe er verschwand. Nun wird Frank Irmer, der danach dort auszog, auch mit diesem Todesfall konfrontiert. Lange sagt er nichts dazu. Doch nach geraumer Zeit gesteht er, auch die alte Frau getötet zu haben.

Als er auch diesen Mord schildert, offenbart sich erneut, wie abartig sein Motiv zu töten ist. Die Frau habe sich geweigert, aus dem Haus auszuziehen, erzählt er. Sie habe damit die Rekonstruktion behindert. Auch ansonsten sei sie „nicht immer nett" zu ihm gewesen, habe ihn oft zur Rede gestellt, weil er die Haustür nicht verschlossen hatte.

Auch am 1. Juni 1996 kommt es zu einem solchen eher belanglosen Wortwechsel. Frank Irmer hält sich in seiner Wohnung auf, will aber das Haus verlassen. Da stellt ihn die alte Frau wieder mal zur Rede. Was er hier noch zu suchen hätte, so soll sie geschimpft haben. In ihm sei der Zorn hochgestiegen, sagt Irmer und er habe sich gefragt, „was diese Frau eigentlich noch auf der Welt zu suchen habe". Ihr Tod sei doch „längst überfällig". Es sei doch „ein Witz, dass die noch lebt". Mit diesen Gedanken habe er sich in die Wohnung der Josepha E. im Erdgeschoss geschlichen und einen günstigen Moment abgewartet. Von hinten habe er der alten Frau dann mit voller Wucht eine volle Mineralwasserflasche auf den Kopf geschlagen. Die Flasche zerspringt und die Frau fällt sofort zu Boden. „Sicherheitshalber" habe er ihr noch das Elektrokabel eines Rauchverzehrers um den Hals gelegt und kräftig zugezogen. Da Irmer zu dieser Zeit kein Zuhause hat, lebt er noch einige Tage in dieser Wohnung, wieder Tür an Tür mit der Leiche. Dann verlässt er das Haus.

Bewohner des Nachbarhauses werden stutzig, weil sich in der einzigen noch belegten Wohnung des Hauses nichts mehr rührt. Sie trauen der längeren Ruhe nicht und rufen die Polizei. Die Beamten finden die Leiche der Josepha E. Der herbeigerufene Arzt stellt bei der alten Frau einen natürlichen Tod fest. Weder der Mediziner noch die Beamten schöpfen einen Verdacht. Der Mord musste aber eine Schädelverletzung und Spuren der Strangulation am Hals hinterlassen haben. Doch angesichts des Alters glaubten Arzt und Polizei wohl an einen Sturz. Eine gründliche Leichenschau wurde unterlassen. Das soll später zu disziplinarischen Konsequenzen für den Arzt und den Polizisten geführt haben. Gut, dass es besorgte und aufmerksame Nachbarn gibt!

Am 27. Januar 1997 beginnt die Hauptverhandlung vor der 1. Strafkammer des Landgerichts Dresden. Der Angeklagte ist geständig, aber wie ist seine Schuld einzuordnen? Frank Irmer wird auf Antrag der Staatsanwaltschaft Dresden untersucht. Es ist zu klären, ob er überhaupt schuldfähig

ist und ob es notwendig ist, ihn später in einem psychiatrischen Krankenhaus unterzubringen. Prof. Dr. med. Bach, Direktor der Klinik für Psychiatrie der Technischen Universität Dresden, begutachtet Frank Irmer und stellt danach fest: „...*Die Persönlichkeitsentwicklung von Herrn Irmer wird gutachterlicherseits als schizotype abnorme Persönlichkeitsentwicklung eingeschätzt; daraus leitet sich eine eindeutige Schuldminderung für die ihm zur Last gelegten Taten ... ab...*"
„*... Schuldunfähigkeit nach § 20 StGB kommt ... nicht in Betracht ...*"
„*... die Prognose der Erkrankung ist höchst problematisch. Die Einlassungen des Beschuldigten ..., seine Überzeugung, wieder Ähnliches tun zu müssen, wenn es die Situation ergäbe, seine Erklärung, auch vor anderen Situationen gestanden zu haben, wo er hätte töten können, weisen auf ein schweres Gefährdungspotential hin ...*".

Außerdem kommt der Gutachter zu dem Ergebnis: „...*Herr Irmer stellt in seiner gegenwärtigen Verfassung und diese ist zunächst als eine Dauerverfassung zu charakterisieren – eine außerordentliche Gefahr dar...*"

Nach mehreren Verhandlungstagen erkennt das Dresdner Schwurgericht am 4. Februar 1997 für Recht: Der Angeklagte Frank Irmer ist des Mordes in zwei Fällen sowie des Totschlags schuldig. Er wird zu einer Gesamtfrei-

Frank Irmers letzte Tat in der geschlossenen Psychiatrie in Arnsdorf: Er stranguliert sich 1999 mit einem Bettlaken am Gitter seines Fensters.

heitsstrafe von 27 Jahren und 3 Monaten verurteilt. Die Unterbringung in einem psychiatrischen Krankenhaus wird angeordnet.

Am 15. April 1998 wird Frank Irmer deshalb in die geschlossene Station des Sächsischen Krankenhauses für Psychiatrie und Neurologie Arnsdorf verlegt. Auch in zahlreichen Therapiegesprächen zeigt er weiterhin keinerlei Reue. Er bekräftigt vielmehr seine Ansicht von der Konfliktlösung durch das Töten anderer. Deshalb muss er isoliert leben und ist in einer so genannten Einzelunterbringung.

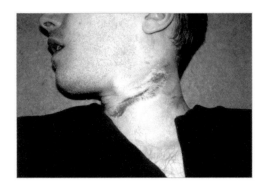

Toter Frank Irmer: Psychiater diagnostizieren eine „schizotype abnorme Persönlichkeitsentwicklung", er ist auch eine Gefahr für sich selbst gewesen.

Doch Frank Irmer wird zunehmend mit sich, seiner Bestrafung und seiner Lebenssituation nicht mehr fertig. Offenbar findet er nun sein eigenes Leben nicht mehr lebenswert. Und er fasst den Entschluss, ein letztes Mal zu töten. Am 24. Mai 1999 reißt er einen Streifen von seinem Bettlaken und bindet ihn am Gitter seines Fensters fest. Am anderen Ende knotet er eine Schlinge. Gegen 17.50 Uhr setzt Frank Irmer seinem Leben selbst ein Ende und erhängt sich in seinem Zimmer im Arnsdorfer Krankenhaus.

FOTONACHWEIS

Archiv Polizeipräsidium Dresden
Seite 8, 9, 10, 12, 13, 14 ,15, 20, 22, 24, 26, 27, 30, 32, 34, 35, 36, 39, 41, 42, 43, 45,
46, 66, 68, 69, 70, 73, 74, 80, 81, 85, 89, 93, 94, 95, 97, 98, 99, 100, 106, 107, 108, 111,
129, 131, 132, 135, 137, 138, 142, 224, 229, 230

Archiv Staatsanwaltschaft Dresden
Seite 158, 159, 160, 163, 184, 186, 187, 193, 211, 212, 213, 217, 222, 223

Landeskriminalamt
Seite 114

Archiv Sächsische Zeitung
Seite 83, 112, 113, 176, 177, 180, 196, 198, 199, 202, 227

Sächsisches Hauptstaatsarchiv
Seite 122, 124,125, 157, 162

Richard Blaha
Seite 102

Oliver Killig
Seite 49, 54, 166, 195

Steffen Liebig
Seite 44

Thomas Schade
Seite 29, 63, 78, 119, 148